LES

ŒUVRES

COMPLETES

DE

VOLTAIRE

18A

VOLTAIRE FOUNDATION

OXFORD

2007

ISBN 978 0 7294 0893 6

Voltaire Foundation Ltd
99 Banbury Road
Oxford OX2 6JX

A catalogue record for this book
is available from the British Library

OCV: le sigle des *Œuvres complètes de Voltaire*

www.voltaire.ox.ac.uk

PRINTED IN ENGLAND
AT THE ALDEN PRESS
OXFORD

Direction de l'édition

1968 · THEODORE BESTERMAN · 1974

1974 · W. H. BARBER · 1993

1989 · ULLA KÖLVING · 1998

1998 · HAYDN T. MASON · 2001

2000 · NICHOLAS CRONK ·

Sous le haut patronage de

L'ACADÉMIE FRANÇAISE

L'ACADÉMIE ROYALE DE LANGUE ET DE
LITTÉRATURE FRANÇAISES DE BELGIQUE

THE AMERICAN COUNCIL OF LEARNED SOCIETIES

LA BIBLIOTHÈQUE NATIONALE DE RUSSIE

THE BRITISH ACADEMY

L'INSTITUT ET MUSÉE VOLTAIRE

L'UNION ACADÉMIQUE INTERNATIONALE

Ouvrage publié avec le concours du

CENTRE NATIONAL DU LIVRE

Œuvres de 1738

I

Ce volume a été réalisé avec le soutien
de la Columbia Foundation

TABLE DES MATIÈRES

ILLUSTRATION

ABRÉVIATIONS

Arsenal	Bibliothèque de l'Arsenal, Paris
Bengesco	Georges Bengesco, *Voltaire: bibliographie de ses œuvres*, 4 vol. (Paris, 1882-1890)
BnC	*Catalogue général des livres imprimés de la Bibliothèque nationale: auteurs, tome 214, Voltaire*, éd. H. Frémont et autres, 2 vol. (Paris, 1978)
BnF	Bibliothèque nationale de France, Paris
Bodley	Bodleian Library, Oxford
BV	M. P. Alekseev et T. N. Kopreeva, *Bibliothèque de Voltaire: catalogue des livres* (Moscou, 1961)
CN	*Corpus des notes marginales de Voltaire* (Berlin et Oxford, 1979-)
D	Voltaire, *Correspondence and related documents*, éd. Th. Besterman, in *Œuvres complètes de Voltaire*, vol.85-135 (Oxford, 1968-1977)
DP	Voltaire, *Dictionnaire philosophique*
Essai	Voltaire, *Essai sur les mœurs*, 2e éd., éd. R. Pomeau, 2 vol. (Paris, 1990)
ImV	Institut et musée Voltaire, Genève
Kehl	*Œuvres complètes de Voltaire*, éd. J. A. N. de Caritat, marquis de Condorcet, J. J. M. Decroix et Nicolas Ruault, 70 vol. (Kehl, 1784-1789)
M	*Œuvres complètes de Voltaire*, éd. Louis Moland, 52 vol. (Paris, 1877-1885)
ms.fr.	manuscrits français (BnF)
n.a.fr.	nouvelles acquisitions françaises (BnF)

OCV	*Œuvres complètes de Voltaire* (Oxford, 1968-) [la présente édition]
OH	Voltaire, *Œuvres historiques*, éd. R. Pomeau (Paris, 1957)
SVEC	*Studies on Voltaire and the eighteenth century*
Taylor	Taylor Institution, Oxford
Trapnell	William H. Trapnell, 'Survey and analysis of Voltaire's collective editions', *SVEC* 77 (1970), p.103-99
VF	Voltaire Foundation, Oxford
VST	René Pomeau, René Vaillot, Christiane Mervaud et autres, *Voltaire en son temps*, 2ᵉ éd., 2 vol. (Oxford, 1995)

L'APPARAT CRITIQUE

L'apparat critique placé au bas des pages fournit les diverses leçons ou variantes offertes par les états manuscrits ou imprimés du texte.

Chaque note critique est composée du tout ou d'une partie des indications suivantes:

– Le ou les numéros de la ou des lignes auxquelles elle se rapporte.

– Les sigles désignant les états du texte, ou les sources, repris dans la variante. Des chiffres arabes, isolés ou accompagnés de lettres, désignent en général des éditions séparées de l'œuvre dont il est question; les lettres suivies des chiffres sont réservées aux recueils, w pour les éditions complètes, et t pour les œuvres dramatiques; après le sigle, l'astérisque signale un exemplaire particulier, qui d'ordinaire contient des corrections manuscrites.

– Les deux points (:) marquant le début de la variante. A l'intérieur de la variante, toute remarque de l'éditeur est placée entre crochets.

– La variante proprement dite, dont le texte, s'il en est besoin, est encadré par un ou plusieurs mots du texte de base.

Les signes typographiques conventionnels suivants sont employés:

– Les mots supprimés sont placés entre crochets obliques < >.

– La lettre grecque bêta β désigne le texte de base.

– La flèche horizontale → signifie 'remplacé par'.

– Les mots ajoutés à la main par Voltaire sont précédés, dans l'interligne supérieur, de la lettre ^V.

– La flèche verticale dirigée vers le haut ↑ ou vers le bas ↓ indique que l'addition est inscrite au-dessus ou au-dessous de la ligne.

– Le signe + marque la fin de l'addition, s'il y a lieu.

– Deux traits obliques // indiquent la fin d'un paragraphe ou d'une partie du texte.

REMERCIEMENTS

La préparation des *Œuvres complètes de Voltaire* dépend de la compétence et de la patience du personnel de nombreuses bibliothèques de recherche partout dans le monde. Nous les remercions vivement de leur aide généreuse et dévouée. Parmi eux, certains ont assumé une tâche plus lourde que d'autres, dont en particulier le personnel de la Bibliothèque nationale de France et de la Bibliothèque de l'Arsenal, Paris; de l'Institut et musée Voltaire, Genève; de la Taylor Institution Library, Oxford; et de la Bibliothèque nationale de Russie, Saint-Pétersbourg.

PRÉFACE

1738: long séjour à Cirey. Voltaire travaille à *Mérope* et à réviser l'édition parisienne des *Eléments de la philosophie de Newton*. Il continue sa correspondance avec le Prince Royal de Prusse: échange empesé de bonnes manières et de vers corrigés par Voltaire. Mais c'est à Paris, si près et si loin, que Voltaire envoie ses messages les moins fardés: à l'abbé Moussinot pour les affaires financières et à Thiriot pour le reste. De nouveaux visiteurs paraissent, Helvétius et Mme de Graffigny. L'ennemi universel, Jean-Baptiste Rousseau, est rejoint par un acolyte très peu recommandable, Guyot-Desfontaines. Enfermé dans le cabinet de physique de Cirey (D1531), Voltaire médite pour l'Académie des sciences un mémoire sur la nature du feu; et, sans qu'il le sache, Mme Du Châtelet en fait de même. Voltaire est conscient que l'Académie, où règnent Fontenelle et les cartésiens, ne peut voir que d'un œil critique le philosophe qui se targue de franciser Newton. L'appui d'Algarotti – rival à plus d'un titre – et de Maupertuis ne change rien à sa situation. En avril, il enrage de voir que l'édition hollandaise des *Eléments* par Ledet est grossièrement complétée et défigurée (D1481). L'écho du monde lui parvient par la correspondance. Il y répond en construisant sa propre image de l'écrivain victime des méchants et du malade sur lequel on s'acharne: il suit de près la gravure de son portrait par La Tour.

L'illustre malade qu'il se plaît à être depuis près de vingt ans est victime en février 1738 d'une infection épidémique (D1452); en août, il succombe pour une grande semaine au surmenage: 'Neuton, Merope, etc. m'ont tué' (D1594, D1608); fin décembre, assommé par la publication de *La Voltairomanie* de Desfontaines, il est soudain l'objet de fièvre et d'évanouissements. Un nouveau personnage de la geste voltairienne était apparu au début de l'année 1738: Marie-Louise Mignot, qui épouse Nicolas Denis le 25 février, saura gérer plus tard les maladies de son oncle. Pour l'heure,

Voltaire a tout fait pour contrarier le mariage de sa nièce avec ce personnage. En avril, le couple visite Cirey pourtant à l'invitation de Mme Du Châtelet (D1483). Toujours préoccupé des affaires d'Emilie, Voltaire propose, en août, au Prince Royal d'acheter des fiefs appartenant entre Juliers et Trêves à Mme Du Châtelet (D1574, D1579): le futur Frédéric II temporise. Le 3 décembre, Mme de Graffigny arrive à Cirey: sa correspondance va donner un éclairage nouveau sur la vie qu'on y mène.[1] Le 21, on joue *Le Comte de Boursoufle* sur la scène du château. Le 22 et le 23, Voltaire donne lecture du *Grand Boursoufle* (ou *Les Originaux*).

Mais c'est la science qui règle, en apparence, les journées de Ferney. En avril, Voltaire et Mme Du Châtelet jouent au chat et à la souris en se dissimulant leurs projets académiques. Voltaire embauche un physicien assistant (D1480, D1483): l'homme de lettres fait largement place au savant; il envoie de longues épîtres de physique à Dortous de Mairan et à Maupertuis que l'on attend à Cirey avec Bernoulli. Voltaire et Emilie font une collecte de fonds pour les Lapones ramenées du Nord par Maupertuis (D1698). En juillet, Mme Du Châtelet pense que l'Académie a le projet de publier les deux mémoires, même s'ils n'ont pas obtenu le prix.

Voltaire se sent perpétuellement menacé: les œuvres qu'il reconnaît et celles qu'il renie ont une fâcheuse tendance à circuler. On peut toujours nier une paternité que tout indique; cela ne convainc personne, mais Voltaire ne se prive pas de cet exercice. Publiée dans les *Pièces libres de Monsieur Ferrand*, l'épître à Uranie est évidemment de feu l'abbé de Chaulieu, le fameux libertin du Temple (D1461). La *Réponse aux trois épîtres du sieur Rousseau*, où tout le désigne, ne saurait être de lui (D1481). Il nie de même être l'auteur du *Préservatif* (D1702) et de l''Epître sur le bonheur' 'qu'on m'attribue et que je n'ai point lue' (D1477). S'il envoie à Thiriot sa 'Lettre à Monsieur Rameau', c'est comme un document qu'on lui 'a fait voir' (D1474). Par bonté d'âme, il cède à l'abbé de La Marre la paternité, voire le revenu à la Comédie-Française, de

[1] *Correspondance de Madame de Graffigny*, éd. English Showalter et autres (Oxford, 1985-), t.i, p.192-320.

L'Envieux, mais la pièce ne sera pas jouée (D1536, D1691). Quant aux textes qu'il reconnaît, des libraires hollandais indélicats les trahissent – les *Eléments* – ; et pour ceux qu'il veut conserver à l'abri de la publication, des amis peu scrupuleux sont soupçonnés de les copier – Mme de Graffigny et *La Pucelle* – ou d'intriguer pour en avoir communication – le Prince Royal et *Le Siècle de Louis XIV*. Thiriot lui-même passe à l'ennemi au scandale d'Emilie. Le libraire rouennais Claude-François Jore a remis au lieutenant de police René Hérault un factum où il sollicite contre Voltaire en règlement de son édition des *Lettres philosophiques*: cette vieille affaire va empoisonner encore longtemps l'existence de Voltaire, malgré l'intervention d'Emilie et de ses amis parisiens. [2]

D'autres vieux démons refont surface: Jean-Baptiste Rousseau, qui a fait mine de se réconcilier, continue ses menées souterraines, ce qui conduit en juin Voltaire à se dévoiler dans une lettre ostensible (D1526) que publiera la *Bibliothèque française*. Au cours du printemps, il a déjà rédigé une *Vie de Monsieur Jean-Baptiste Rousseau*, mais il ne la publie pas. Piron intrigue en sous main et, rappelant le souvenir cuisant de la feinte Mlle Malcrais de La Vigne, il s'emploie à ridiculiser Voltaire, en janvier, sur la scène de la Comédie-Française dans une *Métromanie* dont le succès est un autre crève-cœur pour l'auteur de *Mérope*, sa tragédie que l'on ne joue toujours pas. S'il n'y avait pas les fidèles Pont de Veyle et d'Argental, qui ont l'oreille du ministre d'Argenson et du lieutenant de police, il faudrait, peut-être, déguerpir de Cirey. Emilie songe un moment au voyage de Flandre. La dernière lettre de l'année est pour le père Tournemine: il y promet au jésuite 'd'effacer sans miséricorde tout ce qui peut scandaliser' dans son œuvre (D1729). On se doute qu'il ne tiendra pas parole.

Car la plume de Voltaire ne se limite pas à batailler depuis Cirey dans une correspondance diversifiée entre affaires financières, instructions à ses agents parisiens, missives d'admiration un peu outrées à un Prince Royal qui se mêle de vers, petites dénonciations

---

[2] D1941, D1875, D1887.

et récriminations variées. Elle est mise à contribution dans une
période où il s'agit surtout de compléter ou de corriger des
ouvrages en cours d'élaboration: les *Eléments de la philosophie de
Newton*, pour lesquels il tente vainement d'obtenir un privilège
d'impression (D1423, D1436) et qui paraîtront, après réfection et
sous permission tacite, chez le libraire parisien Laurent-François
Prault. Outre *Mérope* toujours sur le métier et *L'Envieux* qu'il
envoie en juillet à d'Argental (D1536), il continue secrètement la
rédaction du *Siècle de Louis XIV*, qu'il promet néanmoins, vers
décembre, au libraire hollandais Henri Du Sauzet (D1692).
L'auteur dramatique, toujours soucieux d'une perfection dont la
postérité devrait lui savoir gré, confie à Mlle Quinault, sa meilleure
correspondante à la Comédie-Française, qu'il corrige ses pièces
pour de futures représentations (D1417) et fait rééditer *Œdipe* par
Prault (D1463). Mais si la Comédie reprend *L'Enfant prodigue* en
novembre (D1662), le monde du théâtre lui semble de plus en plus
étranger à celui de la science, où il se pique de participer au grand
mouvement du progrès en tant que diffuseur autorisé de la pensée
de Newton en France: 'Neuton me retient, et je crains les sifflets'
(D1662). C'est un univers où l'on n'est pas moins violent, pourtant,
qu'au parterre de la Comédie-Française, dont la claque est animée
par le chevalier de Mouhy que Voltaire recrute en juillet comme
agent littéraire (D1563): la prudence serait, une fois de plus, mère
de sûreté.

La polémique ne va pas manquer d'alimenter la verve de
Voltaire dans un domaine nouveau, où il est sans doute plus mal
à l'aise que dans d'autres secteurs de la pensée et de la littérature.
S'il prend soin d'envoyer de longues lettres explicatives à
Maupertuis, encore son ami, et à Dortous de Mairan,[3] les
académiciens les plus ouverts au 'newtonianisme' – des savants
plus sérieux qu'un Algarotti qui écrit 'pour les dames', fussent-elles
à l'image d'Emilie[4] –, s'il condamne l'édition pirate d'Amsterdam

---

[3] D1519, D1611, D1622.
[4] D1489, D1500, D1505, D1578.

(D1480, D1481), il n'en est pas moins l'objet de critiques directes ou biaisées où il croit retrouver de vieux ennemis ravis de l'attaquer sur un terrain que la majorité de l'Académie des sciences considère avec suspicion. Desfontaines n'est pas loin, qui agresse dans les *Observations sur les écrits modernes* 'ces esprits prévenus et bornés [...] qui s'érigent en sublimes physiciens'.[5] La contre-attaque s'impose. En septembre, Voltaire diffuse, grâce au *Pour et Contre*, son 'Ode pour Messieurs de l'Académie des sciences, qui ont été sous l'équateur et au cercle polaire, mesurer les degrés de latitude' (D1578, D1583): cela ne saurait déplaire à ses amis, et il va utiliser régulièrement le périodique de l'abbé Prévost pour répondre à ses adversaires. Car les mauvais esprits ne désarment pas. 'Je serais fort aise que cet abbé [...] fût de mes amis', note-t-il en août (D1572), après la publication, en juillet, de la 'Lettre de Monsieur de Voltaire sur l'ouvrage de Monsieur Du Tot et sur celui de Monsieur Melon' et d'un compte rendu des *Eléments de la philosophie de Newton* (D1531, n.1, D1571).

Jean-Philippe Rameau avait donné au *Pour et Contre* une réplique à la critique sanglante qu'avait faite le père Castel de sa *Génération harmonique*: l'ancien ami avait trahi.[6] Voltaire, qui soupçonne Castel de l'avoir brocardé, l'année précédente dans les *Mémoires de Trévoux* (D1519), va prendre fait et cause pour 'Orphée-Rameau' contre 'Zoïle-Castel' (D1471) en diffusant, sous forme de brochure, en mars-avril,[7] une 'Lettre à Monsieur Rameau', qui accuse Castel de combattre 'une des plus belles démonstrations de Newton'. Ce crime de lèse-majesté le range immédiatement dans la classe des ennemis inexpiables, malgré les bonnes relations que Voltaire tient à conserver avec ses anciens maîtres jésuites et le manque de sympathie d''Euclide-Rameau' pour Newton (D1514). Même s'il n'a plus de projet, depuis *Samson*, avec le musicien d'opéra, il s'intéresse toujours à ses productions,

---

[5] 10 mai 1738, t.13, p.141.
[6] 1738, t.14, p.74-78.
[7] D1474, D1480, D1483.

telle *Dardanus* qui sera créé l'année suivante, dont il sollicite le livret de la part de son ami Leclerc de La Bruère (D1625, D1657).

La seconde moitié de l'année 1738 sera notablement occupée par la polémique autour des *Eléments*. Les *Mémoires de Trévoux* jésuites avaient fait une large publicité du livre: 'tout Paris retentit de Newton',[8] écho du père Tournemine à Voltaire sur le même sujet: 'Neuton n'est intelligible que dans votre ouvrage' (D1600). Après la publication d'une première note au *Journal des savants*,[9] Voltaire reprend espoir en envoyant une lettre ostensible à la *Bibliothèque française* (D1602) pour servir de réponse à la critique des *Eléments* parue dans les *Mémoires historiques pour le siècle courant* (juillet 1738). Sous le voile de l'anonyme, Mme Du Châtelet publie, pour sa part, en septembre sa 'Lettre sur les *Eléments*' dans le *Journal des savants*. Dans une *Lettre d'un physicien sur la philosophie de Neuton, mise à la portée de tout le monde*, le père Noël Regnaud osait affirmer que Voltaire 'n'instruit ni les savants ni les ignorants'.[10] Le *Pour et Contre* de Prévost va servir de truchement à la réponse cinglante de Voltaire (D1571). Le malade chronique reprend des forces dans le combat.

Il reste la littérature et de nouveaux amis. C'est au début du printemps qu'il entreprend une correspondance avec un jeune fermier général plein d'avenir, Claude-Adrien Helvétius. Voltaire joue le mentor pour cet apprenti poète qu'on attend à Cirey pour le début du mois d'août.[11] Cela ne lui déplait apparemment pas de lui fournir des conseils *Sur la composition et sur le choix du sujet d'une épître morale*, en parallèle à sa propre réflexion sur les 'discours en vers'. Car, à côté de l'épître à Charles-Etienne Jordan, qui fait autant l'éloge de son maître le Prince Royal que du dédicataire dont les vers princiers avaient déjà ornés le front (D1628), Voltaire a un chantier poétique qui va marquer cette année 1738: la publication des *Discours en vers sur l'homme*, qu'il a rédigés au

[8] Août 1738, p.1674.
[9] Juin 1738, p.381-83.
[10] S.l., 1738, p.2.
[11] D1521, D1560, D1673.

cours des années précédentes. La correspondance permet de suivre l'histoire mouvementée et complexe de cette publication: commentaires pour le Prince Royal, dont Voltaire se fait, cette fois encore, le mentor;[12] corrections de Mme Du Châtelet (D1688); négociations pour une impression à Paris chez Prault, dont des approbations particulières datent du 1er mars, du 24 avril et du 2 août; et impression subreptice en Hollande (D1679).

François Moureau

[12] D1432, D1459, D1524, D1621, D1711.

Vie de Monsieur Jean-Baptiste Rousseau

Edition critique

par

François Moureau

TABLE DES MATIÈRES

INTRODUCTION

1. *Attribution et datation*

'La Vie du sieur Rousseau [...] a été nouvellement recouvrée manuscrite. Le rapport qu'elle a avec la lettre de M. de Voltaire aux Auteurs de la *Bibliothèque française*, du 20 septembre 1736 [...] nous a déterminé à joindre ici cette Vie', indiquait au verso du titre l'éditeur de 1748 (w64r). Les liens très étroits entretenus par le texte avec la missive ostensible de Voltaire (D1150) envoyée pour répondre à une lettre de Rousseau publiée dans le même périodique (D1078) sont, en effet, un argument essentiel en faveur de l'attribution. Les deux seules copies manuscrites connues sont des versions tardives indépendantes des imprimés. Si l'on ne conserve aucun autographe de la *Vie*, les documents récoltés par Voltaire sur son ennemi intime ne manquent pas, en particulier le dossier transmis par Rousset de Missy de la part du banquier Médina, que l'on retrouve, outre la lettre de Médina à Rousset de Missy, dans la *Vie* elle-même.[1] Chaudon et Decroix[2] penchaient de toute évidence pour une attribution à Voltaire, de même que Beuchot et Augustin Jal, qui avait inventorié les archives parisiennes.[3] En revanche, Wagnière[4] et Bengesco étaient plus que réticents: 'On remarquera que les éditeurs de Kehl n'ont admis,

---

[1] Voir p.80, n.124.

[2] 'Je profite d'une occasion, Monsieur et cher ami, pour vous adresser tout ce que j'ai trouvé d'utile dans les 4 vol. imprimés et fournis par Longchamps. 1° *La Vie de Rousseau*. Je ne doute point qu'elle ne soit de Voltaire. On peut la placer avec la *Vie de Molière*, et ces deux ouvrages pourraient être mis à la suite du *Commentaire sur Corneille* dans le cas où il ne fournirait pas, seul, 2 vol. 4° ou 3 –8°. J'en garde copie' (Lettre de Decroix à Ruault du 30 juillet 1781, BnF, n.a.fr. 13139, f.222).

[3] *Dictionnaire critique de biographie et d'histoire*, 2ᵉ éd. (Paris, 1872), p.1089.

[4] 'Ces mémoires ne sont point de M. de Voltaire. C'est un ouvrage imprimé depuis longtemps avec ce titre: *La Vie de J.-B. Rousseau*' (*Mémoires sur Voltaire et sur ses ouvrages, par Longchamp et Wagnière, ses secrétaires*, 2 vol., Paris, 1826, t.2, p.82).

dans leur édition, ni la *Vie de J.-B. Rousseau*, ni les *Anecdotes sur Fréron*.[5] L'absence de la *Vie* dans les éditions patrimoniales de Voltaire s'explique aisément par son extrême violence de ton contre un poète lyrique qui restait, pour le dix-huitième siècle, 'le grand Rousseau'.[6]

La datation du texte lui-même pose moins de problèmes, même s'il n'en est jamais directement question dans la correspondance de Voltaire. On rencontre cependant une allusion à ce projet dans une lettre à l'abbé Bonaventure Moussinot du 29 avril 1738: 'Je vous prie de ne point égarer le billet de Médina. [...] Je prie instamment monsieur votre frère de vouloir bien passer dans la rue de la Harpe et s'informer s'il n'y pas un cordonnier nommé Rousseau, parent du scélérat Rousseau qui est à Bruxelles' (D1485).[7] La lettre est celle qui fut adressée à Voltaire par Médina sur Rousseau, le 23 mars 1738 (D1472), et l'interrogation sur le Rousseau de la rue de la Harpe reprenait une demande identique du 3 avril 1738 (D1478), qui concernait les premières pages de la *Vie* traitant des origines de Rousseau. Le 10 avril encore, il écrivait à Thiriot: 'Ne pourriez-vous me faire part de cette vie de Rousseau? Si l'auteur faisait bien il s'adresserait à moi, je lui donnerais de bons mémoires' (D1480). On peut en conclure que Voltaire rassemblait des documents, voire rédigeait la *Vie* au printemps 1738.

La critique interne confirme cette datation. On y trouve une référence à la lettre de Voltaire de septembre 1736 publiée par la *Bibliothèque française*,[8] et, plus nettement encore, l'évocation de la première crise d'apoplexie de Rousseau, 'au commencement de l'année 1738 où nous sommes', comme le précise la *Vie* p.81). La mort du poète à Bruxelles en 1741 est signalée dans une note

[5] Bengesco t.4, p.134, n.1. Voir aussi t.2, p.23-25 et t.4, p.71-73, 324.

[6] Voir la mise au point de Sylvain Menant, *La Chute d'Icare: la crise de la poésie française, 1700-1750* (Genève, 1981).

[7] Rousseau avait un seul demi-frère, prénommé Jean, né en 1695 et qui fit profession dans l'ordre des Carmes sous le nom de frère Léon de Saint-Joseph (A. Jal, *Dictionnaire critique*, p.1090; BnF, ms.fr. 15008, f.132; Cat. vente, Paris, 22-23 novembre 2005: 'Lettres et manuscrits autographes', n°306).

[8] Voir p.70, n.107.

postérieure, peut-être apocryphe. On peut donc conclure que la *Vie* fut rédigée au cours du printemps 1738 et, sans doute, discrètement diffusée sous forme manuscrite. Le MS1 annote d'ailleurs en tête de sa copie de la *Vie*: 'finit en 1738'. Le 8 mai 1738, Dubuisson écrivait au marquis de Caumont: 'Il court une vie manuscrite de Rousseau, où il est déchiré à belles dents. On attribue ce libelle à M. de Voltaire, mais je ne puis me persuader qu'il soit de lui'.[9]

Cette date est à l'origine d'un petit imbroglio bibliographique: l'édition Dalibon-Delangle datait la *Vie* de 1738 sur la foi d'une mythique édition portant ce millésime.[10] De fait, cette édition en soixante-six pages n'était qu'un défet de l'édition de 1748. La pagination identique signait une erreur, qui fut pourtant reprise par Jal: 'un petit volume in-12 de soixante-six pages'.[11] Hélas, ce merle blanc de la bibliophilie avait déjà été rendu au néant par Bengesco.[12]

2. *Jeu de rôles et échos*

Si, comme le suggère notre annotation au texte, la paternité de Voltaire n'est pas douteuse, le locataire de Cirey a pris un plaisir certain à dérouter son lecteur en introduisant dans son texte la présence d'un auteur de contrebande parlant avec une distance admirative d'un certain M. de Voltaire. Dans le but de tromper un lecteur vraiment naïf? On n'aura pas, pour notre part, la simplicité de le penser. Il s'agit, une fois de plus, d'un masque assez mal fixé sur un visage où chacun reconnaîtra très aisément l'auteur de *La Crépinade* et de l'*Utile Examen des trois dernières épîtres du sieur Rousseau* composés deux ans auparavant contre le poète exilé.[13]

---

[9] Bengesco, t.2, p.23.
[10] *Œuvres complètes de Voltaire*, 95 vol. (Paris, 1824-1832), t.35, p.xi.
[11] A. Jal, *Dictionnaire critique*, p.1088.
[12] Bengesco, t.2, p.24.
[13] *OCV*, t.16, p.315-30, 331-52.

L'Avertissement de Decroix à la *Vie* parlait d''anachronismes qu'on y trouve et qui, sans doute, y ont été mis à dessein'.[14] L'auteur feint de la *Vie* appartenait, en effet, de toute évidence à la propre génération de Rousseau, né en 1671, et non à celle de Voltaire: ce personnage supposé, honorable titulaire d'un office de Cour 'chez le Roi' (p.65), assistait en août 1694 – l'année de la naissance de François Arouet – à une représentation du *Café* à la Comédie-Française et, six ans plus tard, à celle d'*Hésione* à l'Académie royale de musique. L'auteur feint assista à la rixe qu'eut alors Rousseau avec le danseur Pécourt dans la rue Cassette. Bien plus, il intervint pour séparer les combattants! 'C'est alors que je rompis tout commerce avec Rousseau' (p.41). Familier du café de la Veuve Laurent – ce qui ne sera pas inutile pour des scènes futures – il ne manque pas de rapporter ensuite 'une plaisanterie du jeune Voltaire' (p.59), pour lequel il a plus que de la sympathie et une admiration certaine: 'M. de Voltaire, déjà connu par le seul poème épique dont la France puisse se vanter' (p.70), par des chefs-d'œuvre tragiques qu'il cite parmi les meilleures productions du siècle (p.72) et par une modestie qui lui épargna de briguer l'Académie pour y être élu (p.48), 'il s'est toujours fait un mérite d'aider les gens de lettres' (p.66). S'il s'interroge sur la cause de 'l'inimitié si publique' de ces 'deux hommes célèbres' (p.70), il doute que le 'conte' diffamatoire de *La Crépinade* soit de l'auteur de *La Henriade* (p.73). Ce qui lui permet de moraliser sur la distance qui existe entre le satirique Rousseau et son adversaire: 'Il est triste qu'un homme comme M. de Voltaire, qui jusque-là avait eu la gloire de ne se jamais servir de son talent pour accabler ses ennemis, eût voulu perdre cette gloire' (p.73). Sur ce point, l'auteur feint aurait dû mieux connaître son héros!

Car l'ombre de Voltaire plane évidemment sur toute la *Vie de Monsieur Jean-Baptiste Rousseau*. Issus tous deux de la moyenne bourgeoisie parisienne, quoique à des générations différentes, les deux hommes ne manquaient pas de ces liens habituels dans le

---

[14] BnF, Rés. Z Beuchot 873, p.[2].

6

microcosme de l'époque. Le maître cordonnier, père de Rousseau, avait bien pu chausser l'ancien notaire au Châtelet, nouveau 'trésorier de la Chambre des comptes, père de celui qui a été depuis si célèbre dans le monde sous celui de Voltaire' (p.28). Voltaire avait pu tirer ses informations sur Rousseau de personnes qui l'avaient connu et protégé comme le baron de Breteuil, père de Mme Du Châtelet, ou Mme de Ferriol, mère de d'Argental et de Pont de Veyle, à Paris, ou le duc d'Arenberg à Bruxelles, outre ce que le banquier Médina et le publiciste Rousset de Missy lui avaient fourni. Mais la majeure partie de son information vient de la littérature pamphlétaire dirigée contre Rousseau à la suite de son bannissement: au premier chef, pour les années qui conduisent à son exil volontaire, l'*Anti-Rousseau* publié en 1712 à Rotterdam par 'le poète sans fard', François Gacon,[15] petite encyclopédie des faits et méfaits imputés à Rousseau, reproduisant aussi l'Histoire véritable et remarquable arrivée à l'endroit d'un nommé Roux, fils d'un cordonnier, lequel ayant renié son père, le diable en prit possession', vaudeville sanglant de Jacques Autreau sur l'air des Pendus, que Voltaire inséra dans la *Vie*. *La Crépinade* était déjà largement inspirée de ces vers diffamatoires. Il dut prendre aussi à l'*Anti-Rousseau* l'extrait du factum de Saurin et celui de l'arrêt du Parlement exonérant ce dernier de toute charge dans son procès avec Rousseau (p.58, 83-84).[16] Voltaire ne connut pas le *Mémoire pour servir à l'histoire des couplets de 1710. Attribués faussement à Monsieur Rousseau* (s.l., 1752), ouvrage posthume de Nicolas Boindin, dont il n'aurait certainement pas fait usage.

La *Vie* est divisée clairement en trois parties: les deux premières concernant des années que Voltaire ne put connaître que par ouï-dire – celles des débuts de Rousseau dans le monde et la littérature jusqu'à l'affaire des Couplets qui est au centre du procès intenté au poète – et la troisième, les années de 1712 à 1738 dont Voltaire fut un témoin direct ou indirect et parfois un acteur.

[15] BV1410. Il existe deux éditions à la même date chez les libraires Fritsch et Böhm: seule la pagination diffère; nous citons d'après l'édition en [16]-512 pages.
[16] *CN*, t.4, p.22-23.

3. *Sphinx ou cygne: les deux images de Jean-Baptiste Rousseau*

Jean-Baptiste Rousseau avait coutume de fermer ses lettres de divers cachets: ici, c'était un sphinx; là, un cygne. [17] Blancheur et mystère ou blancheur contre mystère: la vie de Rousseau le lyrique et le satirique ne manque pas de contraste. Nous nous intéresserons seulement dans ces pages à l'histoire des relations du poète avec Voltaire à travers leur correspondance, documents chronologiquement ordonnés qui témoignent, en temps réel, des rapports entre deux hommes, qui ont reconstruit, au cours de leur combat de plumes, l'image que chacun souhaitait donner de sa blancheur de cygne contre le sphinx monstrueux qui les agressait. L'année 1736, celle de *La Crépinade* et de l'*Utile Examen*, est centrale dans cet affrontement: ils combattent enfin à visage découvert dans des lettres ostensibles publiées par la *Bibliothèque française*. Elles y reconstruisent l'histoire. Et l'auteur feint de la *Vie* ne manque pas de citer celle de Voltaire (p.37, 66).

Mais à la lecture de leur correspondance, l'histoire se lit différemment. Si l'on fait abstraction de quelques lettres de convenance et que l'on se penche sur les lettres adressées à des tiers, la courbe de leurs relations se dessine nettement, entre admiration contrainte et détestation hyperbolique. On trouve dans la *Vie* les traces presque effacées de cette admiration pour le grand poète que fut Rousseau, avant de sombrer, selon Voltaire, dans la satire, les divers libertinages et la ratiocination: 'supériorité du génie' d'un jeune poète plein d'avenir qui invente la version française de la cantate italienne: 'c'est un genre nouveau dont nous lui avons l'obligation' (p.32); talent pour le théâtre dont témoigne *Le Flatteur*, comédie 'bien écrite, naturelle, sagement conduite' (p.33-34); supériorité dans les odes sur son rival, le moderne

---

[17] Sphinx: lettre à Maluet, avocat au Parlement à Paris, Malines, 18 juillet 1729; cygne: lettre à Boutet de Moustier, Bruxelles, 24 juillet 1737 (BnF, ms.fr. 15008, f.36-37, 43-44).

Houdar de La Motte (p.40). Il est clair qu'avant l'affaire des Couplets, au tournant de la décennie 1710, l'image de Rousseau, fût-ce dans la *Vie*, n'est pas négative en ce qui concerne le talent: pour l'homme et le fils, c'est autre chose. La rupture littéraire n'est pas parallèle à l'affaire des Couplets, où d'ailleurs l'essentiel des adversaires de Rousseau formait le bataillon le plus actif des Modernes, Fontenelle et La Motte en tête, alors que Rousseau se donnait pour le disciple le plus soumis du grand Boileau, ce qui aurait dû inspirer de la sympathie à un François Arouet qui se cherchait alors un nom. La *Vie* instruit le procès de Rousseau à partir du factum de Saurin rédigé par La Motte et ne tient nul compte de celui de Rousseau en défense, diffusé alors et reproduit en 1752 dans le *Mémoire pour servir à l'histoire des couplets* de Boindin. Au moment de l'affaire, Voltaire avait entre seize et dix-huit ans.

L'affaire des Couplets est l'une des querelles littéraires les plus célèbres du dix-huitième siècle et, peut-être, l'histoire d'une erreur judiciaire. Rappelons-en rapidement le décor et les circonstances:[18] dans le café de la Veuve Laurent au coin des rues Dauphine et Christine, se réunissait, dans la première décennie du siècle, une assemblée d'écrivains, dont divers académiciens et auteurs drama-tiques. Rousseau y avait naturellement sa place. Membre de l'Académie des Inscriptions, le poète ambitionnait d'être élu à la Française: en janvier 1710, ce fut La Motte qui y entra. En février, on remit à Nicolas Boindin, l'un des habitués du café, un paquet contenant quinze couplets calligraphiés de satire personnelle violente contre ses confrères: obscénités et diffamation s'y dis-putaient la palme de l'abjection. Neuf ans auparavant (janvier-février 1701), à l'époque d'*Hésione*, Rousseau avait commis des couplets bâtis sur le même modèle: ils avaient suscité un premier scandale. Assez logiquement, les soupçons se portèrent sur un homme dont la récente déconvenue académique expliquait le venin.

[18] Pour plus de détails, outre Gacon et Boindin, voir la synthèse de Henry A. Grubbs, *Jean-Baptiste Rousseau. His life and works* (Princeton, 1941), p.74-100, et les notes de notre édition.

9

Des auteurs comme Crébillon père, Danchet, Roy ou La Motte, voisinaient dans ces couplets avec les frères La Faye, la comtesse de Verrüe – la 'Dame de volupté' protectrice des Modernes –, et le banquier Hoguer. L'académicien des sciences, Joseph Saurin, ancien pasteur converti par Bossuet au catholicisme, n'était pas épargné. Malgré ses dénégations, Rousseau fut agressé au Palais-Royal par des spadassins aux ordres des La Faye: ceux-ci l'accusèrent devant la justice d'être l'auteur des couplets et Saurin fit chorus. Le 24 mai, un 'arrêt de décharge' lava pourtant Rousseau de cette accusation en exonérant d'un même mouvement les La Faye de tout délit. Mais Rousseau, qui ne renonçait pas à son enquête, orienta la police et la justice vers Saurin. On prouva que les couplets adressés à Boindin lui avaient été apportés par un voisin de Saurin, un certain Guillaume Arnould, qui était le fils d'une servante de la maison Arouet, d'où la 'plaisanterie du jeune Voltaire' rapportée par la *Vie* (p.59). On trouva chez Saurin une copie des couplets. Les relations de Rousseau à la Cour et l'appui de Mme Voysin (p.56) lui permirent de faire arrêter Saurin, le 24 septembre, par le lieutenant criminel Lecomte, dont la *Vie* évoque les remords futurs (p.57). A la Bastille, les interrogatoires du prisonnier semblèrent confirmer son lien avec les deux messagers incarcérés au For l'Evêque.

Un factum en son nom rédigé par La Motte, la mobilisation de l'intelligentsia parisienne, dévots compris, firent de Saurin ce que Henry A. Grubbs appelle une sorte de 'Socrate en prison': 'Tout le monde l'aida et sollicita pour lui', confirme la *Vie* (p.57). La situation se retourna contre Rousseau: n'avait-il pas suborné les témoins de l'accusation? N'était-il pas coutumier de ces épigrammes et satires contre ses meilleurs amis et ses protecteurs: *Baronnade*, *Picade* ou *Francinade*, sans parler de *La Moïsade*, où l'auteur des 'odes sacrées' se révélait un libertin affranchi de toute morale chrétienne, voire un homosexuel scandaleux? Sous le cygne perçait le mufle du sphinx. Il ne fut pas difficile d'en convaincre ses nombreux ennemis du parti dévot, et ses amis se tinrent cois. Le 12 décembre, Saurin était déchargé de toute accusation par la justice et

Rousseau condamné à l'amende. Saurin l'attaqua aussitôt en subornation de témoins. C'est alors que le poète commit l'erreur qui lui fut fatale et décida de sa vie: il quitta secrètement Paris, le 22 décembre, et se rendit en Suisse pour se mettre sous la protection d'un de ses amis, le comte Du Luc, ambassadeur de France en résidence à Soleure. Cette fuite équivalait à un aveu pour le public qui le conçut ainsi.

Ce fut dans ce refuge singulier pour quelqu'un qui souhaitait échapper à la justice française que Rousseau suivit les événements parisiens: le 27 mars 1711, son appel interjeté contre le jugement de décembre 1710 était rejeté et Saurin reçu en sa plainte de subornation; le 7 avril 1712, enfin, la justice déclara Rousseau coupable d'avoir 'composé et distribué les vers impurs, satiriques et diffamatoires qui sont au procès' et d'avoir calomnié Saurin; il était 'banni à perpétuité du royaume', ses biens confisqués; l'arrêt concluait: 'et ladite condamnation sera écrite dans un tableau attaché dans un poteau qui sera planté en la place de Grève'.[19] Outre la condamnation, c'était le déshonneur qui s'abattait sur Rousseau.

Etait-il coupable ou fut-il victime d'une erreur judiciaire? Les contemporains furent partagés, et les victimes des couplets ne se sont guère exprimées à ce sujet. Dans son éloge académique de Saurin, Fontenelle n'omit pas de dire quelques paroles aimables sur Rousseau. Seul Boindin, pourtant objet d'un des couplets les plus infâmants, prit un parti: celui de Rousseau contre Saurin. Selon que l'on voyait en Rousseau le poète lyrique des 'odes sacrées' ou le venimeux et obscène auteur d'épigrammes qu'il était aussi, le jugement variait de toute évidence. Son ami Evrard Titon Du Tillet le place au sommet de son Parnasse français; Gacon le salit avec un sadisme où le racisme social se combine à la pure diffamation: Voltaire en fera son miel, un miel assurément peu ragoûtant, où 'Rousseau Judas', ce 'juif' aux 'poils roux' selon *La Crépinade*, annonce d'autres victimes expiatoires de la plume

---

[19] Arrêts reproduits dans l'*Anti-Rousseau* (Rotterdam, 1712), p.506-509; et plus bas, p.62, 83-84.

voltairienne. Henry A. Grubbs, peut-être saisi d'empathie pour son objet, conclut, après une étude sérieuse des documents, à l'innocence de Rousseau dans l'affaire des Couplets.

4. *De Soleure à Bruxelles: 'ce monstre né pour calomnier' (D1409)*

La dernière partie de la *Vie* narre le long exil de Rousseau entre Soleure, Vienne et Bruxelles où il mourut en 1741. C'est là que se placent naturellement les relations directes de ce dernier avec Voltaire. Les deux lettres ostensibles de 1736 publiées par la *Bibliothèque française* donnent la version de chacun des deux écrivains. Celle de Rousseau évoque sa première rencontre avec Voltaire, en août 1710, lors de la distribution des prix du Collège Louis-le-Grand: on présenta à l'illustre poète qu'il était un 'jeune écolier [...] d'assez mauvaise physionomie', 'qui avait des dispositions surprenantes pour la poésie' (D1078): c'était François Arouet. Pour se faire une idée de l'évolution des sentiments chez les deux hommes, il est préférable de se référer à la correspondance réelle et d'oublier la reconstruction qu'ils en ont voulu donner ensuite. La première lettre conservée de Voltaire date de mars 1719; elle 'renoue' avec Rousseau 'un commerce' épistolaire dont nous ne savons rien; mais l'auteur d'*Œdipe* s'y adresse avec 'admiration' et 'amitié' à celui qu'il nomme 'mon maître' et qu'il prie de transmettre au prince Eugène, protecteur viennois du poète, un exemplaire de sa tragédie (D72). Rousseau lui répondit de Vienne le 25 mars: 'je suis obligé d'avouer que le Français de vingt-quatre ans a triomphé en beaucoup d'endroits du Grec de quatre-vingts' (D73), allusion emphatique à Sophocle. Claude Brossette, l'ami lyonnais de Rousseau et l'éditeur de Boileau, se chargea de répandre dans Paris des copies de cette lettre sur le nouveau Racine.[20] Mais il

---

[20] *Correspondance de Jean-Baptiste Rousseau et de Brossette*, éd. P. Bonnefon, 2 vol. (Paris, 1910), t.i, p.189.

existait auparavant déjà des échos croisés concernant les deux écrivains, l'illustre poète exilé et François Arouet, qui lui annonçait dans sa lettre de 1719 qu'il se nommait maintenant M. de Voltaire, 'chez M. Arouet, cour du Palais' (D72). Dans la correspondance de Rousseau avec Brossette, le 'jeune Arouet' apparaît en janvier-mars 1716 comme l'auteur d'une épigramme impie et obscène que condamne Rousseau, qui n'en connaissait pas, de toute évidence, le rédacteur.[21] Il apprit rapidement à apprécier les talents du 'petit Arouet' et à exprimer au moment d'*Œdipe* 'une fort bonne opinion de ce jeune homme'.[22] Mais, sans qu'il le sût, François Arouet avait adressé, pendant l'été 1716, à l'un des protagonistes de l'affaire des Couplets, Jean-François Leriget de La Faye, une lettre, où, après une référence aimable aux habitués de la Veuve Laurent, un éloge de La Motte et avant de bonnes paroles sur Saurin, il passait en revue pour la déchirer l'œuvre de Rousseau: 'c'est le mauvais cœur et le malhonnête homme qui perce à chaque ligne. [...] Son style [...] me paraît inégal, recherché, plus violent que vif et teint, si j'ose m'exprimer ainsi, de la bile qui le dévore' (D39). Rousseau put lire cette lettre en 1732 dans l'édition que Voltaire en donna;[23] mais, sous la Régence, il ne soupçonna rien de cette épître destinée à flatter le parti adverse à sa cause.

Ce type d'hypocrisie ne fit pas longtemps illusion. En 1721, Rousseau commence à se montrer un peu réticent à l'égard de ce 'M. Arouet', qui prend 'trop aisément des impressions de ceux avec lesquels il passe sa vie'.[24] Mais Voltaire ne fait faute, encore, de lui exprimer, en février 1722, sa satisfaction que son 'poème de *Henri IV*' ne soit pas 'indifférent' à celui qu'il appelle 'mon Oracle' (D103). Cette lettre, qui est aussi un moyen d'utiliser Rousseau pour s'introduire auprès du prince Eugène, se termine par une exécution en règle des anciens habitués de la Veuve Laurent et de ce qu'ils représentent: 'vous guérir[ez] nos Français de la contagion

---

[21] *Correspondance de J.-B. Rousseau*, t.i, p.35, 41.
[22] *Correspondance de J.-B. Rousseau*, t.i, p.111; Vienne, 18 mai 1717.
[23] w32, t.i, p.128; Voltaire justifie sa décision de la publier en D504.
[24] *Correspondance de J.-B. Rousseau*, t.i, p.213; Vienne, 18 juin 1721.

du faux bel esprit qui fait plus de progrès que jamais. [...] j'irai chercher à Bruxelles le véritable antidote contre le poison des La Motte et des Fontenelle. Je vous supplie, Monsieur, de compter toute votre vie sur moi comme sur le plus zélé de vos admirateurs'. A défaut d'être un sphinx, Voltaire savait serpenter.

Très rapidement, les relations vont se tendre, pour le moins dans leur correspondance respective avec des tiers. Celle de Voltaire est particulièrement insultante à l'égard du poète exilé: en juin 1723, les 'nouveaux ouvrages' de Rousseau sont jugés 'au-dessous de Gacon', le très peu estimable auteur de l'*Anti-Rousseau* cependant (D155). Dans les années qui suivirent, Voltaire eut connaissance de lettres critiques de Rousseau à l'égard de ses propres œuvres dramatiques; de la part d'un écrivain qui n'avait guère eu de succès sur la scène, c'était tendre des verges pour se faire battre. C'est ce qui semble ressortir d'une lettre de Brossette à Voltaire sur les causes de leur brouille: il évoque 'tout ce qu'[il] en sait par le bruit commun', une critique d'*Hérode et Mariamne* et une autre de *Zaïre*.[25] La même question adressée par Brossette à Rousseau sur ses lettres critiques et sa 'brouillerie avec Voltaire' n'eut pas de réponse claire.[26] On connaît une lettre sans date (1725?) de Rousseau à son ami Jean-Gilles de Lasseré qui est une analyse très sévère de *Hérode et Mariamne*: des copies durent en circuler.[27] Voltaire apprit l'existence d'une épigramme dirigée contre lui, 'si mauvaise qu'elle est inconnue quoique imprimée'[28] (D504, vers le 10 juillet 1732) et se répandit pour son correspondant en une analyse sans complaisance des divers genres poétique pratiqués par Rousseau.

Le conflit était engagé; il allait être sans merci. Ce fut Voltaire qui, de cette 'brouillerie', fit une guerre publique. Il publia son ancienne lettre à La Faye et, surtout, il attaqua violemment Rousseau dans *Le Temple du goût* (1733). Brossette écrivit alors

[25] *Correspondance de J.-B. Rousseau*, t.2, p.167; 28 décembre 1733.
[26] *Correspondance de J.-B. Rousseau*, t.1, p.170, 173-74; 21 et 30 janvier 1734.
[27] *Correspondance de J.-B. Rousseau*, t.2, p.202-204.
[28] Sans doute: 'Petit renieur antichrétien'. Voir *OCV*, t.20A, p.114, 176.

à Rousseau: 'Voltaire passera toujours pour l'agresseur à votre égard'.[29] Dans une *Lettre de M.*** à un ami au sujet du 'Temple du goût' de M. de V**** (brochure de 7 pages s.l.n.d.), l'abbé Goujet se scandalisait que Voltaire ait diffamé 'M. Rousseau, son maître en poésie'. Cela autorisa Rousseau à piquer ce 'roi des fous' par deux épigrammes qu'il publia en 1734 dans l'édition d'Amsterdam de ses *Œuvres diverses*.[30] Ensuite, les noms d'oiseau les plus variés furent échangés tant dans la correspondance que par l'imprimé. Donnons-en un court florilège. Rousseau de Voltaire: 'le petit faquin d'auteur du *Temple du goût*', 'cet insensé rimeur', le 'grand apôtre de l'athéisme et de l'irréligion, connaisseur prétendu en tout et ignorant les moindres choses', etc. Voltaire y mit encore plus d'entrain, sinon de cordialité: 'Rousseau le cynique', 'Rousseau mon ennemi', le 'doyen des fripons, des cyniques et des ignorants', 'le cruel et infâme ennemi qui m'honore de sa haine depuis si longtemps', 'ce monstre décrépit qui n'a ni dents ni griffes', ce 'vieux faquin', 'ce vieux serpent', 'ce scélérat imprudent', 'ce maraud', 'ce monstre né pour calomnier', 'ce cynique hypocrite', 'ce doyen des médisants', 'cet errant hypocrite / d'un vieil Hébreu, vieux parasite', etc. Dans la même veine, il y a encore du 'Rufus' et une série d'invectives un peu répétitives: 'Je hais Rousseau', 'Je le méprise', etc. Tout cela permit à Voltaire de se mettre en bouche pour le billet d'injures qu'il adressa à Rousseau probablement en juin 1734; il commençait par un vocatif: 'Coquin' et s'achevait par un: 'Ah! maraud que tu es ennuyeux', allusion à la comédie des *Aïeux chimériques* (D763). C'est d'ailleurs plus l'auteur dramatique que le poète qui exerçait la veine satirique de Voltaire: il avoue dans sa correspondance que son *Enfant prodigue* est une réponse aux 'règles sur la comédie' prônées par Rousseau (D1220, à Cideville, 8 décembre 1736); quelques mois auparavant, il l'avait attaqué de façon très transparente dans le 'Discours préliminaire' d'*Alzire*,[31]

---

[29] *Correspondance de J.-B. Rousseau*, t.2, p.170; 21 janvier 1734.
[30] 'Voltaire devenu maçon', 'Voltaire sur Montmartre endormi', t.2, p.327-28.
[31] *OCV*, t.14, p.117-123.

qu'il soupçonnait Rousseau d'avoir déchiré dans sa correspondance. Certes, à la même époque, Voltaire reconnaissait parfois le talent poétique de Rousseau (D1037, 16 mars 1736), même s'il le jugeait un 'versificateur qui n'est que versificateur' (D1113, juillet 1736): 'C'est un ouvrier et je veux un génie' (D1285; 18 février 1737). Il venait pourtant d'écrire et de laisser publier *La Crépinade* et l'*Utile Examen* qui démentaient ce jugement modéré. S'il faisait mine dans une lettre à Cideville d'être navré de ces querelles assez peu littéraires: 'La sotte guerre entre Rousseau et moi continue toujours. J'en suis fâché, cela déshonore les lettres' (D1154; 25 septembre 1736), il n'en attisait pas moins le feu par des insultes choisies. Dans une formule aussi menaçante que sibylline, il annonça même des révélations sur l'affaire des Couplets dont l'écho refroidi se trouvera dans la *Vie*: 'Je sais sur cela bien des particularités' (D1129; 15 août 1736). La lettre de Voltaire à la *Bibliothèque française* fut rédigée un mois plus tard. C'est l'époque où Voltaire, entre Cirey et Bruxelles, se sentait perpétuellement menacé par les menées souterraines de Rousseau, qu'il voyait nourrir la presse hollandaise et les nouvelles à la main parisiennes de ragots diffamatoires (D1270, D1272).

Voltaire avait reçu le renfort assez inattendu de la part de Nicolas Lenglet-Dufresnoy qui avait complété le tome 2 de *De l'usage des romans* (Amsterdam, 1734) par des 'Pièces curieuses sur le poète Rousseau', ainsi que par une 'Epître dédicatoire de la nouvelle édition des poésies de Régnier, mais supprimée en Hollande. A M. Rousseau, le modèle des poètes satiriques français'. Cette Epître était un faux destiné à une contrefaçon de l'édition hollandaise de Régnier procurée par Brossette en 1729: les amis de Rousseau s'en scandalisèrent.[32] Outre les accusations habituelles portées contre Rousseau (l'origine sociale, *La Moïsade*, l'homosexualité), on y trouvait un long compte rendu de ses trahisons à l'égard du prince Eugène, qui aurait découvert que l'exilé l'espionnait au profit de la France. Voltaire soupçonnait

---

[32] *Correspondance de J.-B. Rousseau*, t.2, p.108-40.

toujours Rousseau de manœuvres souterraines conformes à sa naturelle duplicité.

Quelques mois après la rédaction de la *Vie*, *La Voltairomanie* publiée par Pierre-François Guyot-Desfontaines renforça sa méfiance, quand il en eut connaissance en décembre 1738: on y trouvait plusieurs textes de Rousseau dirigés contre lui; il crut même que le poète s'était rendu en Hollande pour y rééditer le pamphlet (D1837) et se protégea avec *Le Préservatif* contre les attaques vraies ou feintes de ses ennemis. La santé de Rousseau était fragile depuis une crise d'apoplexie en janvier 1738; Voltaire en profita pour rimer un sonnet sur l'"infâme satirique' victime de 'l'apoplexie au regard éperdu', et il lui envoya ces vers dans une lettre signée La Faye, Saurin fils, Voltaire, etc. (D1416). A la fin de l'année, Rousseau fit un court séjour secret à Paris, mais il n'obtint pas son rappel. Informé, Voltaire aurait apprécié qu'on l'arrêtât (D1733, D1784). Ils se croisèrent une dernière fois, sans se voir, à Bruxelles quand Voltaire y vint avec Mme Du Châtelet en août 1739: Rousseau évoque alors les 'basses escroqueries' de son adversaire.[33] C'est alors que Voltaire publie dans la *Bibliothèque française* une 'Lettre de Monsieur de Voltaire à Monsieur R*** qui lui avait envoyé une ode de Monsieur Rousseau sur une paralysie' datée de Cirey le 20 juin de l'année précédente (D1526): la critique de ces vers dédiés au comte de Lannoy est un prétexte pour refuser, à un Rousseau vieillissant, tout talent poétique et pour s'opposer à une réconciliation avec un adversaire très affaibli par la maladie. Une seconde crise d'apoplexie frappa Rousseau en octobre 1740: elle lui fut fatale. Il mourut le 17 mars 1741 à Bruxelles dans des sentiments chrétiens honorables et en attestant encore de son innocence dans l'affaire des Couplets. Quelques jours auparavant, le 2, Voltaire, qui se trouvait lui aussi à Bruxelles, adressait au président Charles Hénault un prosimètre où Rousseau était une dernière fois vilipendé (D2437):

---

[33] *Correspondance de J.-B. Rousseau*, t.2, p.231.

Jean Rousseau banni de Paris
Vit émousser dans ce pays
Le tranchant aigu de sa pince,
Et sa muse qui toujours grince
Et qui fuit les jeux et les ris,
Devint ici grossière et mince.

Telle fut l'oraison funèbre de Voltaire à l'égard du poète des odes et des psaumes. Un des amis de Rousseau s'écria, lui, avec quelque mois d'avance sur l'événement: 'Nous venons de perdre le dernier des Romains! [...] Rousseau est mort, et notre poésie aussi'. C'était l'épitaphe choisie par Louis, le fils du grand Racine.[34] Quant à Voltaire, dans une lettre de Bruxelles à l'abbé Joseph Séguy, futur éditeur des œuvres de Rousseau (Bruxelles, 1743; BV3023), qui sollicitait de lui une souscription, il écrivait le 29 septembre 1741: 'cette inimitié pesait beaucoup à mon cœur. [...] Il semblait que la destinée en me conduisant dans la ville où l'illustre et malheureux Rousseau a fini ses jours me ménageât une réconciliation avec lui. L'espèce de maladie dont il était accablé m'a privé de cette consolation que nous avions tous deux également souhaitée. [...] Ses talents, ses malheurs et sa mort ont banni de mon cœur tout ressentiment et n'ont laissé mes yeux ouverts qu'à ce qu'il avait de mérite' (D2547). Voltaire souscrivit pour deux exemplaires et Séguy publia la lettre. Cela n'empêcha pas Voltaire d'écrire l'année suivante, en septembre, au lieutenant général de police Feydeau de Marville (D2657) pour lui recommander de surveiller de près l'abbé de Moncrif qui devait censurer l'édition parisienne d'un poète qu'il qualifia encore, dans une lettre de février 1743 à ce même censeur, d''ennemi du genre humain' (D2718).

5. *Manuscrits et éditions*

Nous l'avons signalé, Voltaire n'a jamais reconnu la paternité de la *Vie de Monsieur Jean-Baptiste Rousseau*: ce n'est pas le seul texte

---

[34] *Correspondance de J.-B. Rousseau*, t.2, p.261; à Brossette, le 25 octobre 1740.

sorti de sa plume qu'il ait renié ou fait semblant d'ignorer. Il parut pour la première fois sous la date de 1764 dans une contrefaçon rouennaise de l'édition dite d'Amsterdam de la *Collection complète des œuvres de Monsieur de Voltaire* (w64R). Le tome 13 à pagination multiple fournissait une série de textes pour l'essentiel consacrée à Jean-Baptiste Rousseau,[35] dont l'origine était clairement des défets d'imprimerie et les vestiges d'une ancienne édition avortée. La *Vie* en faisait partie. Cette quatrième partie en 108 pages était imprimée sur un papier filigrané daté de 1747 qui témoignait du projet d'une diffusion des œuvres de Voltaire en douze volumes imprimés au printemps 1748 par le libraire rouennais Jean-Baptiste Machuel. Voltaire sollicita aussitôt et obtint l'arrêt de cette 'édition abominable',[36] mais les feuilles imprimées restèrent en stock et furent brochées pour être mises en vente en 1764. La première impression du texte date donc de 1748, même si l'édition originale est, en apparence, plus tardive de seize années. Qu'elles fussent autorisées ou non par l'auteur, les éditions postérieures des œuvres ne recueillirent pas la *Vie*.

Jacques-Joseph Decroix en eut le projet pour l'édition de Kehl: il subsiste un fragment annoté de l'édition de 1764 destiné à cet effet; outre quelques légères variantes qui semblent provenir d'un manuscrit, Decroix substitua à la note initiale un 'Avertissement des Editeurs':[37]

[35] Un portrait de J.-B. Rousseau, gravé par Scotin aîné, est suivi de la 'Vie de Monsieur Jean-Baptiste Rousseau'; 'Histoire véritable et remarquable arrivée à l'endroit d'un nommé Roux, fils d'un cordonnier' [par Autreau]; 'Arrêt du Parlement contre Jean-Baptiste Rousseau, 7 avril 1712'; 'Ode sur l'ingratitude'; 'Lettre de M. Médine à un de ses correspondants, contre M. Rousseau, à Bruxelles, le 17 février 1737'; 'Lettre du sieur Saurin à Mme Voisin, 8 octobre 1710'; 'Extrait de l'arrêt du Parlement rendu au sujet du procès criminel entre Jean-Baptiste Rousseau et Joseph Saurin, de l'Académie royale des sciences, 27 mars 1711'; 'Lettres de M. Rousseau et de son ami aux auteurs de la *Bibliothèque française* concernant M. de Voltaire'; 'Lettre de M. Rousseau à M***, Enghien, 22 mai 1736'.

[36] D3663, D3666, D3667, D3669, D3677, D3737, D3861, D3884.

[37] Voir Andrew Brown et André Magnan, 'Aux origines de l'édition de Kehl. Le *Plan* Decroix-Panckoucke de 1777', *Cahiers Voltaire* 4 (2005), p.83-124 (p.103, n.34).

Cette vie de Rousseau fut imprimée en 1748 dans une mauvaise édition
des œuvres de M. de Voltaire, que l'auteur fit saisir et supprimer parce
que l'on y avait inséré quantité de pièces étrangères et même des libelles
contre lui. La *Vie de Rousseau* que nous réimprimons paraît être
véritablement de M. de Voltaire, malgré les anachronismes qu'on y
trouve et qui, sans doute, y ont été mis à dessein. [38]

A la même époque, la *Vie* fut réimprimée d'après un manuscrit
inconnu par dom Louis-Mayeul Chaudon dans ses *Mémoires pour
servir à l'histoire de Monsieur de Voltaire* (MHV), 'avec quelques
notes, pour rectifier certains faits' défavorables à Rousseau. [39]
Divisée maintenant en sept sections sous-titrées, la *Vie* servait à
l'argumentaire de Chaudon contre Voltaire. 'Cet ouvrage est peu
connu en France, parce qu'il fut imprimé en pays étranger. La
copie que nous faisons imprimer est plus exacte que celles qui ont
paru devant', [40] commentait l'éditeur en prenant pour argent
comptant la localisation de l'édition de 1764. La *Vie* ne reparut
qu'en 1827 au tome 35 des *Œuvres complètes* à Paris, chez Dalibon et
Delangle, volume 1 des 'Mélanges historiques' sous le titre de *Vie
de Jean-Baptiste Rousseau, 1738.*

Manuscrits

MS 1

'Vie de Rousseau', dans *Mélanges historiques, littéraires et bibliographi-
ques*, recueil factice moderne.

Copie manuscrite professionnelle ('25 rôles'), in-12, seconde moitié du
dix-huitième siècle, annotée en tête: 'finit en 1738'. La *Vie* s'achève avec
la citation latine: *Qui bene latuit, bene vixit.* Pas de sous-titres; variantes
qui prouvent que le texte n'est pas copié d'après l'imprimé.

Papier français au griffon, contremarque: 'I (cœur) Cusson' dans un

---

[38] BnF, Rés. Z Beuchot 873, p.[2].
[39] *Mémoires pour servir à l'histoire de Monsieur de Voltaire*, 2 vol. (Amsterdam,
1785), t.1, p.90.
[40] *Mémoires pour servir à l'histoire de Monsieur de Voltaire*, t.1, p.88.

cartouche (papetiers de Thiers: Raymond Gaudriault, *Filigranes*, Paris, 1995, p.135, pl.127-28).

Andrew Brown, 'Calendar of Voltaire manuscripts other than correspondence', *SVEC* 77 (1970), p.11-102 (p.41).

Paris, BnF: n.a.fr. 23808, f.112-36.

MS2

'Vie de Jean-Baptiste Rousseau', 70 f. en 6 cahiers non reliés, in-4°.

Copie de la seconde moitié du dix-huitième siècle avec une note de Pierre Doubrowsky: 'Original unique préparé pour être imprimé, mais il a été saisi avec d'autres papiers. Il sort des archives de la Bastille'. Variantes avec l'imprimé.

Gustave Bertrand, *Catalogue des manuscrits français* (Paris, 1874), p.226.

Fernand Caussy, *Inventaire des manuscrits* (Paris, 1913), p.89.

Saint-Pétersbourg, BnR: Gpb Φ p.7.

Editions

w64r

COLLECTION / *COMPLETE* / DES ŒUVRES / *de Monsieur* / DE VOLTAIRE / NOUVELLE ÉDITION / *Augmentée de ses dernieres Pieces de Théatre, / et enrichie de 61 figures en taille-douce. /* [*fleuron*] / *A AMSTERDAM,* / AUX DÉPENS DE LA COMPAGNIE, / M. DCC. LXIV.

Tome 13, [4ᵉ Partie], p.[1]-66: VIE / DE / MONSIEUR / JEAN-BATISTE / ROUSSEAU. Avec un portrait de Rousseau gravé par Scotin l'aîné.

Edition de Machuel à Rouen (1748), dont Voltaire obtint la destruction et dont les défets furent réutilisés pour cette contrefaçon rouennaise de 22 vol. in-12 de l'édition d'Amsterdam. Le papier est filigrané '1747'.

Bengesco 1566, 2136; Trapnell 64R; BnC 145.

Paris, BnF: Rés. Z Beuchot 26 (13).

W64R BIS

Extrait de cette édition, p.[1]-52, 57-66: VIE / DE / MONSIEUR / JEAN-BATISTE / ROUSSEAU. Sans le portrait. Tirage différent de W64R. Avec des annotations et des corrections de Decroix pour un projet de nouvelle édition.

Bengesco 1566; BnC 148.

Paris, BnF: Rés. Z Beuchot 873.

MHV

MEMOIRES / POUR SERVIR A l'HISTOIRE / *DE* / M. DE VOLTAIRE; / *DANS LESQUELS* / On trouvera divers *ECRITS de lui, peu / connus, sur ses différends avec* J. B. / Rousseau *& d'autres Gens-de-Lettres; / Un grand nombre d'ANECDOTES: / Et une NOTICE critique de ses Pièces- / de-Théâtre. /* 1.re PARTIE / [fleuron] / A AMSTERDAM / M. D CC LXXXV.

2 vol. in-12, attribués à Louis-Mayeul Chaudon (ou le baron de Servières, selon une note de Beuchot sur le premier contreplat de son exemplaire).

Tome 1, p.90-149: MÉMOIRES / *POUR servir à l'HISTOIRE / de* J.-B. *ROUSSEAU, / Par* M. DE VOLTAIRE; / AVEC quelques *NOTES*, pour rectifier / certains faits.

La *Vie* est précédée d'un avertissement (p.87-89) et divisée en sept sections dont chacune a son propre titre.

Bengesco 1566.

Paris, BnF: Rés. Z Bengesco 696, Rés. Z Beuchot 1555 (avec des notes de Beuchot).

6. *Principes de cette édition*

On ne connaît aucun autographe de la *Vie* et les deux manuscrits répertoriés semblent tardifs. Mais d'assez nombreuses copies circulèrent; elles ont servi de modèle aux deux éditions du dix-huitième siècle. Procurée par un ennemi de Voltaire, l'édition de 1785 (MHV) censure à l'occasion le texte quand il attaque les jésuites ou fait allusion aux épigrammes obscènes de Rousseau. L'impression rouennaise de 1748 publiée en 1764 a pour elle l'avantage de l'antériorité. Nous l'avons choisie comme texte de base, en relevant les variantes de MHV et de MSI que nous avons collationnées. La division en sections, qui fut reprise par Beuchot et Moland, est certes pédagogique, mais, absente de w64R et de MSI, elle n'apparaît que dans MHV: elle ne semble pas de Voltaire. w64R, MHV et MSI reproduisent l'*Ode sur l'ingratitude* de Voltaire, et MHV y joint même le poème de *La Crépinade*. Mais, à notre avis, les diverses insertions de textes dans la *Vie* sont le fait de réviseurs, soucieux d'éclairer le propos de Voltaire, plus que de l'auteur lui-même: des réfections du texte introductif de ces textes le suggèrent. Decroix supprime, d'ailleurs, de son projet d'édition l'*Ode sur l'ingratitude*. MHV ne publie pas la chanson d'Autreau et MSI omet une strophe de celle-ci, mais il est le seul à donner le titre du poème dédié par Rousseau à Mme de Ferriol, l''Hélène dangereuse'. Malgré telle leçon absurde 'Athalie' pour 'A Thalie', titre de l'ode de Rousseau, le texte de l'édition originale subreptice nous a paru le moins mauvais choix.

Nous avons modernisé l'orthographe, à l'exception des noms propres, mais nous avons mis *St* en long et ajouté des traits d'union à Mme la duchesse de Saint-Pierre et M. Dupré de Saint-Maur, et unifié l'orthographe de Rouillé (Roüillé) et Fontenelle (Fontenelles). Les noms propres en italiques ou tout en majuscules (la première occurrence de Voltaire, Vertuets, Le Roux, Gaillard, Médine, ainsi que le mot factum) ont été changés en romain avec la majuscule initiale seule.

Au lieu d'imprimer le genre littéraire ainsi que le titre avec une majuscule initiale et en italique, comme dans le texte de base (par exemple, la *Comédie du Café*, l'*Opéra de Jason*, la *Satire de la Francinade*), nous n'avons maintenu qu'au titre la majuscule initiale et les italiques.

Nous avons conservé la ponctuation, mais les esperluettes ont été remplacées par *et*.

Nous avons corrigé les erreurs suivantes dans le texte de base: l.100: 'fait' corrigé en 'faites'; l.353: 'encore' en 'encor'; l.481: 'approche' en 'approchent'; l.623: 'que' en 'qui'; l.715: 'surborneur' en 'suborneur'; l.873: 'du' en 'de'; l.903: 'a' en 'à'.

Le texte de w64R a fait l'objet d'une modernisation portant sur la graphie et l'accentuation. Les particularités du texte de base dans ces domaines sont les suivantes:

I. Particularités de la graphie

1. Consonnes

– redoublement d'une consonne dans: caffé.
– présence d'une seule consonne là où l'usage actuel prescrit son doublement: acusé, apui, éfréné, pupile, etc.
– présence de la consonne ç dans: sçut.
– absence de la consonne h dans: apotiquaire.
– absence de la consonne p dans: tems.
– présence de la consonne s dans: guères, jusques-là.
– emploi de la consonne ʒ à la place de s dans: azile.

2. Voyelles

– présence de la voyelle e dans: écroue, pseaume.
– emploi de la voyelle i à la place de y dans: stile.
– emploi de la voyelle ï à la place de y: Noïers, aïant, apuïer.
– emploi de la diphtongue oi pour certaines terminaisons de l'imparfait.
– emploi de la voyelle y à la place de i dans: satyre.

3. Majuscules

– présence d'une majuscule aux mots suivants: Dame, Diable, Dieux, Lieutenant, Procureur (mais aussi procureur), Rédempteur.

4. Abréviations

– Mr devient M.

5. Le trait d'union

– est présent dans: bien-tôt, long-temps.
– dans les mots composés avec: très.

6. L'apostrophe

– est employé dans: contr'eux, entr'eux.

7. Graphies particulières

– par tout paraît en deux mots.
– Hé! paraît au lieu de Eh!

II. Particularités d'accentuation

1. L'accent aigu

– est présent dans: quérelle.

2. L'accent circonflexe
– est absent dans: eut (subjonctif), bucher.
– est présent dans: vûë (pour vue).

3. Le tréma
– est présent dans: ruë, vûë (pour vue).

VIE DE MONSIEUR
JEAN-BATISTE ROUSSEAU

Jean-Batiste Rousseau naquit à Paris dans la rue des Noyers, en 1670.[1] Dieu, qui donne comme il lui plaît ce que les hommes appellent la grandeur et la bassesse, le fit naître dans un état très humilié, sa mère ayant été longtemps servante, et son père garçon cordonnier; mais une petite succession étant venue au père, il devint maître cordonnier, et acquit même de la réputation dans son métier et dans son corps. Il en fut syndic,[2] et il était regardé par ceux avec qui il vivait comme un très honnête homme; réputation aussi difficile à acquérir parmi le peuple que chez les gens du

a-b   MHV: *Mémoires pour servir à l'histoire de J.-B. Rousseau*, par M. de Voltaire; avec quelques notes, pour rectifier certains faits.

b-1   MHV: [*entre ces lignes ajoute*] § I. *Sa naissance, son éducation, et sa comédie du 'Café'*

1-2   MS1: naquit l'an 1666 à Paris dans la rue des Noyers. Dieu

2   w64R bis: 1671.

[1] Une note dans w64R bis corrige cette date en 1671. En effet Jean-Baptiste Rousseau fut baptisé en l'église Saint-Etienne-du-Mont le dimanche 12 avril 1671: il était né le lundi 6. Les sources d'archives parisiennes ayant été en grande partie détruites sous la Commune, les informations proviennent du *Dictionnaire critique de biographie et d'histoire*, 2ᵉ édition, d'Augustin Jal (Paris, 1872), p.1088-90, qui, dans sa copieuse notice sur Jean-Baptiste Rousseau, avait auparavant fait l'inventaire des documents existants et relevé les erreurs de la *Vie*, qu'il attribuait à Voltaire. Les *Mémoires pour servir à l'histoire de Monsieur de Voltaire* (Amsterdam, 1785) confirment que Rousseau est né 'plutôt le 6 avril 1671, comme porte son extrait baptistaire, inséré dans une feuille de l'*Année littéraire*' (t.1, p.90). La rue des Noyers, qui a disparu au dix-neuvième siècle, au moment du percement du boulevard Saint-Germain, joignait la place Maubert à la rue Saint-Jacques (Jacques Hillairet, *Dictionnaire historique des rues de Paris*, Paris, 1963, t.2, p.112 et 438).

[2] Selon A. Jal, la mère de Jean-Baptiste s'appelait Geneviève Fiacre, et son père, Nicolas Rousseau, était déclaré 'maître cordonnier' au moment de sa naissance. Il fut ensuite 'juré' et non 'syndic' de la communauté des cordonniers. L'erreur de Voltaire vient sans doute de l'*Anti-Rousseau* de François Gacon qui le dit 'syndic' (Rotterdam, 1712, édition en [16]-512 pages), p.186.

monde. Le père n'épargna rien pour donner à son fils une éducation   10
qui pût le mettre au-dessus de sa naissance: il le destinait d'abord à
l'Eglise, profession où l'on fait souvent fortune avec du mérite sans
naissance, et même sans l'un et sans l'autre; mais les mœurs du
jeune homme n'étaient pas tournées de ce côté-là.

Le père de Rousseau, par une destinée assez singulière, chaussait   15
depuis longtemps M. Arroüet, trésorier de la chambre des comptes,
père de celui qui a été depuis si célèbre dans le monde sous le nom
de Voltaire, et qui a eu avec Rousseau de si grands démêlés; le sieur
Arroüet se chargea de placer le jeune Rousseau chez un procureur,
nommé Gentil.[3] Rousseau ne se sentait pas plus destiné aux lois   20
qu'à l'Eglise; il lisait Catulle chez son maître; il allait aux spectacles,
et ne travaillait point. Un jour son maître lui ayant ordonné d'aller
porter des papiers chez un conseiller du Parlement, le petit
Rousseau dit à ce conseiller, avec la vanité d'un jeune homme:
'M. Gentil, mon ami, m'a prié, monsieur, de vous rendre ces   25
papiers en passant dans votre quartier.' Le conseiller étant venu le
jour même chez le procureur, et voyant ce jeune homme dans les
fonctions de son emploi, avertit le maître de la petite vanité du
clerc; le procureur battit son clerc, lequel sortit et renonça à la
pratique. Cette aventure valut à la France un poète distingué.   30

Rousseau débuta, l'an 1694, par la comédie du *Café*, petite pièce
d'un jeune homme sans aucune expérience, ni du monde, ni des
lettres, ni du théâtre, et qui semblait même n'annoncer aucun génie;

30   MS1: pratique, et cette aventure

[3] Procureur: 'Officier créé en justice pour se présenter en justice et instruire les
procès des parties qui le voudront charger de leur exploit ou de leur procuration'
(Antoine Furetière, *Dictionnaire universel*, La Haye, 1690, s.v.: 'Procureur').
François Arouet acheta en 1696 la charge de receveur des épices à la Chambre
des comptes, mais il n'exerça la fonction qu'en 1701 (*VST*, t.1, p.19-20). Si
l'anecdote suivante est exacte, elle renvoie à une époque largement antérieure,
quand Arouet était simple notaire au Châtelet (jusqu'en décembre 1692). Voltaire
écrivait en 1736: 'son père avait chaussé le mien pendant vingt ans, et [...] mon père
avait pris soin de le placer chez un procureur, où il eût été à souhaiter pour lui qu'il
eût demeuré, mais dont il fut chassé pour avoir désavoué sa naissance' (D1150).

28

un jeune officier fit cet impromptu en ma présence à cette
comédie:[4]   35

> Le café toujours nous réveille;
> Cher Rousseau, par quel triste effort
> Fais-tu qu'ici chacun sommeille?
> Le Café chez toi seul endort.[5]

Cette comédie valut à l'auteur quelque argent, mais nulle réputa-   40
tion. Il avait une écriture assez bonne, qui lui fut alors plus utile que
l'esprit; elle lui procura une place de copiste dans la secrétairerie de
M. de Tallard, ambassadeur en Angleterre, et depuis maréchal de
France.[6]

Son génie pour les vers et pour la satire commençait déjà à se   45
développer; il eut l'impudence de faire une épigramme contre M. de
Tallard, qui se contenta de le chasser de sa maison.

47-48   MHV: [entre ces lignes ajoute] § II. Ses premiers maîtres, et ses premières satires

[4] Comédie en un acte et en prose créée à la Comédie-Française le 2 août 1694:
cette petite pièce d'été eut neuf représentations jusqu'au 18 août (Claude et François
Parfaict, Histoire du théâtre français, Paris, 1748, t.13, p.384) et quatorze jusqu'en
1695. Voltaire, né en février, avait quelques mois à la création de la pièce. Elle fut
imprimée chez Pierre Aubouyn (Paris, 1694).
[5] Dernier couplet largement amendé d'un 'Rondeau. Sans refrain' ('Le Café d'un
commun accord', etc.) publié par François Gacon dans son Anti-Rousseau: 'Il
ressusciterait un mort, / Et sur son sujet sans effort / Rousseau pouvait charmer
l'oreille: / Au lieu qu'à sa pièce on sommeille, / Et que chez lui seul il s'endort'
(p.205). Maupoint reproduit ces derniers vers qu'il qualifie d'épigramme (Bibliothèque des théâtres, Paris, 1733, p.61). Jacques-Joseph Decroix les attribue sans la
moindre vraisemblance à Voltaire: 'Il est assez apparent que le jeune officier est M. de
Voltaire lui-même' (BnF, Z Beuchot 873, p.5).
[6] Ambassadeur extraordinaire en Angleterre de mars 1698 à avril 1701, Camille
d'Hostun, duc d'Hostun, comte de Tallard (1652-1728), eut une longue et brillante
carrière militaire: maréchal de camp en 1691, lieutenant général en 1693, créé
maréchal de France en 1703, il fut victorieux à Spire, mais, défait à Hochstett, il resta
prisonnier en Angleterre jusqu'en 1711 (La Chenaye-Desbois et Badier, Dictionnaire
de la noblesse, 3e éd., Paris, 1863-1877, t.10, colonnes 770-71). Après un séjour d'un
an en Angleterre, Rousseau revint à Paris en avril 1699 (Henry A. Grubbs, Jean-
Baptiste Rousseau. His life and works, Princeton, 1941, p.37-38).

Revenu en France assez pauvre, il fut domestique chez un évêque de Viviers.[7] Ce fut là qu'il composa *La Moïsade*, et l'évêque ayant vu cet ouvrage écrit de la main de Rousseau, le chassa très ignominieusement.[8] Obligé de chercher un maître, il entra dans la secrétairerie de l'ambassade de Suède, et n'y resta que très peu de temps: son goût et ses talents le voulaient à Paris; chargé à son retour d'une lettre pour le baron de Breteuil, introducteur des ambassadeurs, il lui récita quelques-uns de ses vers: M. de Breteuil avait beaucoup de goût et de culture d'esprit, il retint Rousseau chez lui en qualité de secrétaire et d'homme de lettres; il eut pour lui beaucoup de bontés.[9]

Dans les maisons un peu grandes, il y a souvent des querelles et castilles[10] entre les principaux domestiques; Rousseau, qui avait cet amour-propre dangereux qu'inspire la supériorité du génie, quand la raison ne le retient point, fut assez maltraité dans un voyage qu'il faisait avec eux à Preuilly, terre du baron en Touraine; Rousseau fit

48   MHV: Rousseau revenu en France assez pauvre fut
59-60   MSI, MHV: des querelles entre les principaux
62   MSI: fut assez mal traité

[7] Antoine de La Garde Chambonas, évêque de Viviers d'octobre 1690 au 21 février 1711 (Pius Bonifacius Gams, *Series episcoporum ecclesiae catholicae*, Ratisbonne, 1873, p.657).

[8] Voir la savante publication de ce texte procurée par Alain Mothu, '*La Moysade* ou *L'Incrédule*. Edition critique', *La Lettre clandestine* 10 (2001), p.199-223. La date de cette 'Satire contre Moïse' est incertaine, mais très antérieure à l'affaire des Couplets qui la révéla au grand jour. *La Moïsade* fut publiée, pour la première fois, sous le titre de *L'Incrédule*, dans l'édition non-autorisée de Rousseau chez Caspar Fritsch et Michael Böhm (*Œuvres*, Rotterdam, 1712, t.i, p.223-26). Chaudon ne la croyait pas de Rousseau: '*La Moïsade* n'est et ne peut être de Rousseau; c'est la production d'un rimailleur inconnu, ou du moins qui méritait de l'être' (*Mémoires pour servir à l'histoire de Monsieur de Voltaire*, t.i, p.93). Decroix partageait cet avis.

[9] Louis-Nicolas Le Tonnelier de Breteuil, baron de Preuilly, né en 1648, introducteur des ambassadeurs de 1698 à 1712. C'était le père de Mme Du Châtelet, née en 1706 (La Chenaye-Desbois et Badier, *Dictionnaire de la noblesse*, t.19, colonne 37). Rousseau consacra une épître à Breteuil: 'De mon naufrage heureux réparateur' (*Œuvres diverses*, 2 vol., Londres, 1723, t.i, p.374-89).

[10] 'Terme populaire, qui signifie petite querelle ou différend entre gens qui se rencontrent souvent ou qui vivent ensemble' (A. Furetière, *Dictionnaire*).

retomber sur le maître le désagrément qu'il recevait de ses gens. Il composa contre lui une petite satire intitulée *La Baronade*,[11] comme il avait intitulé sa pièce contre Moïse, *La Moïsade*; et comme depuis il appela celle contre M. de Francine, *La Francinade*:[12] il l'avoua quelques années après à Mme la duchesse de Saint-Pierre, sœur de M. de Torcy.[13] Le bruit de cette satire vint aux oreilles du baron; mais Rousseau lui protesta avec serment que c'était une calomnie. Il lui fut aisé de persuader son maître, car il n'avait donné aucune copie de cette satire; son maître resta son protecteur; il le mit chez M. Rouillé, intendant des finances, dans l'espérance que M. Rouillé lui procurerait un emploi, à l'aide duquel il pourrait cultiver son talent.[14] M. Rouillé avait lui-même quelque disposition à la poésie, il faisait des chansons de table assez passablement, et ce fut chez lui que Rousseau fit ses premières épigrammes dans le goût de Marot, et quelques vaudevilles. M. Rouillé avait une maîtresse, nommée Mademoiselle de Louvancourt, qui avait une très jolie voix, et qui quelquefois

65

70

75

80

80   MS 1: qui même quelques fois

[11] Satire personnelle dont le texte est inconnu des éditions autorisées ou non des œuvres de Rousseau. Breteuil avait une réputation de libertinage qu'un mariage tardif contribua médiocrement à corriger.

[12] Jean-Nicolas Francini, dit Francine (1662-1735), gendre de Lully et directeur de l'Académie royale de musique de 1687 à 1704 (Marcelle Benoît, *Dictionnaire de la musique en France aux XVIIe et XVIIIe siècles*, Paris, 1992, p.303). Il en sera question plus loin, et de *La Francinade*.

[13] Marguerite-Thérèse Colbert (1682-1769), fille de Charles Colbert de Croissy, épousa en 1704 François-Marie Spinola, duc de Saint-Pierre, Grand d'Espagne. Son frère aîné, Jean-Baptiste Colbert, marquis de Torcy (1665-1746), avait été nommé secrétaire d'Etat en 1689 (La Chenaye-Desbois et Badier, *Dictionnaire de la noblesse*, t.6, colonnes 29-30).

[14] Hilaire Rouillé Du Coudray (1651-1729), intendant des finances (1701), conseiller d'Etat (1703), plus tard membre du Conseil de Régence, disgracié en 1718 (La Chenaye-Desbois et Badier, *Dictionnaire de la noblesse*, t.17, colonne 794). Il avait épousé Denise Coquille en 1675 et multipliait les aventures galantes (voir l'article cité à la note suivante). Evrard Titon Du Tillet date de 1703 l'emploi de Rousseau auprès de Rouillé Du Coudray, qui accueillait volontiers les artistes et les musiciens (*Le Parnasse français*, Premier Supplément, Paris, 1743, p.733-34).

composa les paroles de ses chansons; [15] Rousseau apprit un peu de musique pour leur plaire; il composa aussi les paroles des *Cantates* que Bernier, Maître de la Sainte-Chapelle, mit en musique, [16] et ce sont les premières cantates que nous ayons en français; il les retoucha depuis. Il y en a de très belles; c'est un genre nouveau dont nous lui avons l'obligation. Cette vie qu'il menait chez M. Rouillé eût été délicieuse; mais le malheureux penchant qu'il avait pour la satire lui fit perdre bientôt son bonheur et ses espérances. M. Rouillé avait fait une chanson qui commençait ainsi: 85

> Charmante Louvancourt, 90
> Qui donne chaque jour
> Quelque nouvel amour, etc.

Rousseau la parodia d'une manière injurieuse:

> Catin de Louvancourt,
> Qui prenez chaque jour 95
> Quelque nouvel amour. [17]

Le reste contient des expressions que la pudeur ne permet pas de rapporter.

Voilà donc encore Rousseau chassé de chez ce nouveau patron; et c'est pourquoi, dans les éditions qu'il a faites en Hollande de ses 100

91 MS1, MHV: Qui donnez chaque jour
93 MS1: manière bien injurieuse

[15] Marie de Louvencourt mourut en 1712 à l'âge de trente-deux ans, selon Titon Du Tillet (Premier Supplément, p.550, 670-71). On consultera l'étude très complète de Manuel Couvreur sur cette poétesse et ses liaisons avec Rousseau et Rouillé Du Coudray: 'Marie de Louvencourt, librettiste des *Cantates françoises* de Bourgeois et de Clérambault', *Revue belge de musicologie* 44 (1990), p.25-40.

[16] Nicolas Bernier (1665-1734) fut nommé en 1704 à la maîtrise de la Sainte-Chapelle. Ce musicien italianisant publia sept livres de cantates entre 1703 et 1723 (M. Benoît, *Dictionnaire de la musique*, p.67-68), dont huit cantates sur des vers de Rousseau (Titon Du Tillet, Premier Supplément, p.752). Voir David Tunley, *The Eighteenth-century French cantata* (Londres, 1974) et l'édition des *Cantates* de Jean-Baptiste Rousseau par Teresa di Scano (Bari-Paris, 1984).

[17] Epigramme contre Mlle de Louvencourt inconnue des *Œuvres* de Jean-Baptiste Rousseau (Rotterdam, 1712) et de toutes les éditions ultérieures consultées.

ouvrages, il a ôté le nom de M. Rouillé de la dédicace d'une ode qu'il lui avait adressée, qui commence ainsi:

Digne et noble héritier des premières vertus
Qu'on adora jadis sous l'empire de Rhée.[18]

Il désigna aussi, dans une satire très violente, Mlle de Louvancourt,   105
et ses deux sœurs, par ces vers:

Et ces trois louves surannées,
Qui, tour à tour, à me mordre acharnées, etc.[19]

Privé de toute ressource dans le monde, il songea à réussir au théâtre; il ne jouait pas mal la comédie. Son dessein était d'abord   110
d'établir une troupe, et d'y jouer; mais cette idée n'eut aucune suite. Cependant, dans les intervalles de ses aventures, il avait fait la comédie du *Flatteur*, dans laquelle on voit un style très supérieur à la comédie du *Café*; la pièce fut jouée en 1695.[20] Elle était bien

108-109   MHV: [*entre ces lignes ajoute*] § III. *Sa comédie du 'Flatteur'; ses opéras*
109   MHV: Rousseau, privé de toute ressource dans le monde, songea

[18] 'A M. Rouillé Du Coudray, conseiller d'Etat, ci-devant Directeur des Finances', *Œuvres diverses* (Soleure, 1712), p.64. L'ode avait déjà été publiée avec cette dédicace par Dufresny dans le *Mercure galant* de février 1711, p.21-27 (François Moureau, *Le 'Mercure galant' de Dufresny (1710-1714) ou le journalisme à la mode*, *SVEC* 206, 1982, p.28, 102). En fait, les éditions hollandaises donnent le nom: 'A M. Rouillé pour l'inviter à venir à sa terre de Coudrai' (*Œuvres*, Rotterdam, 1712, t.1, p.57) ou des initiales assez transparentes: 'A M. D. C., Conseiller d'Etat et Intendant des Finances' (*Œuvres diverses*, Amsterdam, 1734, t.2, p.86).

[19] 'Dans leur fureur semblent s'entre-prêter / L'unique dent qui leur a pu rester?' ('A Clément Marot', *Œuvres diverses*, Soleure, 1712, p.188). Les armes parlantes de la famille de Louvencourt portaient d'argent à trois têtes de louves de sable. Les deux sœurs de Marie de Louvencourt étaient Mesdames de Boisville et Françoise Cadot de Bourdareau (Titon Du Tillet, Premier Supplément, p.550; M. Couvreur, 'Marie de Louvencourt, librettiste des *Cantates françoises* de Bourgeois et de Clérambault', n.38).

[20] Comédie en cinq actes et en prose créée sur le Théâtre-Français le 24 novembre 1696 et publiée chez Claude Barbin en 1697. Rousseau la mit par la suite en vers pour la joindre à ses œuvres. La pièce eut un certain succès dans sa nouveauté (dix représentations) et fut reprise en 1697, 1698, 1717, 1721, 1730 et 1732 (Parfaict, *Histoire du théâtre français*, t.14, p.31-35).

33

écrite, naturelle, sagement conduite; elle eut une espèce de succès,   115
quoique un peu froide, et qu'elle fût une imitation assez faible du
Tartuffe de Molière.

Son père, qui vivait encore, et qui tenait toujours sa boutique rue
des Noyers, ayant entendu dire que son fils avait fait une pièce de
théâtre où tout Paris courait, ce bon homme se crut trop payé des   120
peines qu'il avait prises, pour l'éducation d'un fils qui lui faisait tant
d'honneur, et quoique l'auteur, depuis qu'il était répandu dans le
monde, eût méprisé le cordonnier, et que le fils eût oublié le père,
cependant la tendresse paternelle fit voler ce vieillard à la Comédie.
Il entra dans le parterre pour son argent; là il se vanta à tout le   125
monde d'être le père de l'auteur, avec cette complaisance qu'on
imagine bien dans un artisan simple et dans un père tendre;
Rousseau, qui se trouva dans le parterre, remonta vite en haut,
craignant une vue qui l'humiliait; le père le suivit, et en présence de
La Torilière,[21] bon comédien, qui était une de ses pratiques, il se   130
jeta au cou de son fils en versant des larmes: 'Ah! pour le coup, dit-
il, vous ne me méconnaîtrez pas pour votre père'. 'Vous, mon
père!' s'écria Rousseau, et il le quitta brusquement, laissant tout le
monde consterné, et le père au désespoir.[22]

122   MHV: d'honneur. Quoique l'auteur

[21] Pierre Le Noir, dit La Thorillière (1659-1731), fils du comédien du même nom
compagnon de Molière, débuta à la Comédie-Française en 1684 où il reprit les rôles
de l'illustre comédien-auteur (Georges Mongrédien, *Dictionnaire des comédiens
français du XVIIe siècle*, Paris, 1961, p.107-108).
[22] Anecdote rapportée dans le factum de Saurin au moment de l'affaire des
Couplets (1710) (F. Gacon, *Anti-Rousseau*, p.468). Gacon insiste à plusieurs reprises
sur la 'malheureuse obstination [de Rousseau] à désavouer son père' (p.186). Il
publie le pont-neuf de Jacques Autreau, repris par Voltaire dans la *Vie*: l''Histoire
véritable et remarquable arrivée à l'endroit d'un nommé Roux, fils d'un cordonnier,
lequel ayant renié son père, le diable en prit possession', qui évoque une scène assez
proche (p.224). Dans le manuscrit de Chartres cité par H. A. Grubbs (*Jean-Baptiste
Rousseau*, p.42), Rousseau réfute ces assertions. Chaudon cite Louis Racine qui dit
'avoir appris par des personnes dont le caractère le force à les croire, que Rousseau
n'avait jamais rougi de sa naissance; qu'il répétait toujours qu'il était né comme
Horace, et qu'il n'avait jamais coûté de larmes à son père, que des larmes de joie'
(*Mémoires pour servir à l'histoire de Monsieur de Voltaire*, t.1, p.99).

34

Cette action fit plus de tort à Rousseau que toutes les comédies 135
du monde n'eussent pu lui faire d'honneur. M. Boindin, procureur
général des trésoriers de France, jeune encore et présent à cette
scène, lui dit hautement que 'cette action était détestable, et qu'il
n'entendait pas même les intérêts de sa vanité, qu'il y aurait eu de la
gloire à reconnaître son père, et qu'il ne devait rougir que de l'avoir 140
méconnu'. [23] Ce fut là l'origine de l'inimitié que Rousseau conserva
toute sa vie contre M. Boindin, qu'il désigna bientôt par des vers
cruels dans son *Epître à Marot*.

Rousseau alors changea de nom; il prit celui de Vertuets. C'était
le nom d'un jeune homme avec qui il avait été clerc; il se fit produire 145
sous ce nom chez M. le prince d'Armagnac, grand écuyer de
France; [24] mais, malheureusement pour lui, le prince d'Armagnac
avait le père de Rousseau pour cordonnier; celui-ci vint un jour
pour chausser le prince, dans le temps que le fils était assis auprès de
lui; le père, indigné et attendri, se mit à pleurer, et se plaignit au 150
prince, qui fit à Rousseau la réprimande la plus humiliante; et ce
qu'il y a de cruel, c'est qu'elle fut inutile: le père mourut de chagrin
bientôt après, et le fils ne porta pas le deuil. [25]

144   MS1: celui de Verinètes.
      MHV: celui de Verniettes.
145   MS1: clerc en pension; il

[23] Nicolas Boindin (1676-1751), dont l'athéisme flamboyant fit plus pour la
réputation que ses pièces de théâtre ou son appartenance à l'Académie des
Inscriptions, publia, à titre posthume, sa propre version de l'affaire des Couplets
où il déchargeait Rousseau de toute accusation (voir p.54, n.73). Rousseau
le dénonce dans 'A Clément Marot': 'Et cet athée au teint blême, à l'œil triste, /
Qui de Servet s'est fait évangéliste, / Et qui sifflant Moïse et saint Matthieu, / Parle
de moi comme il parle de Dieu?' (*Œuvres diverses*, Soleure, 1712, p.189). Titon Du
Tillet lui consacre une notice assez favorable dans *Le Parnasse français*.

[24] Prince de la maison de Lorraine, Louis, comte d'Armagnac, 1641-1718, grand
écuyer de France (La Chenaye-Desbois et Badier, *Dictionnaire de la noblesse*, t.12,
colonne 433).

[25] Nicolas Rousseau mourut le 17 mars (mai?) 1736; son fils n'assista pas à ses
obsèques (A. Jal, *Dictionnaire critique*, p.1090). L'*Anti-Rousseau* développe le thème:
'il refusa obstinément de le reconnaître, l'évita avec grand soin, et loin de le regretter
après sa mort, témoigna qu'il était bien aise d'en être débarrassé' (p.130).

Un jeune page qui était dans la chambre du prince lorsque Rousseau, sous le nom de Vertuets, fut reconnu par son père, trouva sur le champ que l'anagramme de Vertuets était juste. [26]

Je me souviens d'une fin d'épigramme que fit M. Boindin en ce temps-là, elle finissait ainsi:

> Le Dieu, dans sa juste colère,
> Ordonna qu'au bas du coupeau
> On fît écorcher le faux frère,
> Et que l'on envoyât sa peau
> Pour servir de cuir à son père.

Après la comédie du *Flatteur*, Rousseau eut accès chez M. de Francine, maître-d'hôtel du Roi, gendre du célèbre Lully, et alors directeur de l'Opéra: M. de Francine engagea Rousseau à composer l'opéra de *Jason*. [27] Cette tragédie, mise en musique par Colasse, n'eut aucun succès; cependant M. de Francine donna cent pistoles à Rousseau pour l'encourager. Ce poète composa dans l'année suivante *Adonis*, qui tomba encore; [28] et M. de

155 MS1: Verinètes

155-56 MHV: sous le nom de Verniettes fut reconnu par son père, cita sur le champ l'anagramme de Verniettes, mot dans lequel quelques ennemis de Rousseau avaient trouvé *Tu te renies*.

156 MS1: Verinètes

162 MS1: l'on corroyât sa

[26] Toujours l'*Anti-Rousseau*, signalant l'"injure' qu'il fit à son père 'de changer son nom en celui de *Vernietes*, dont l'anagramme est: *tu te renies*; ce qui lui attira la malédiction paternelle' (p.186). W64R donne une leçon qui n'est pas confirmée par les autres sources.

[27] Tragédie lyrique, en cinq actes et un prologue, créée le 6 janvier 1696; ultime représentation le 5 février (Théodore de Lajarte, *Bibliothèque musicale du théâtre de l'Opéra*, Paris, 1878, t.1, p.65, et Spire Pitou, *The Paris Opéra*, Westport-Londres, 1983, p.244). Rousseau attribua la chute à Pascal Colasse (1649-1709), qu'il accusa de plagier Lully (M. Benoît, *Dictionnaire de la musique*, p.368).

[28] *Vénus et Adonis*, tragédie lyrique en cinq actes et un prologue, musique de Henry Desmarets, créée le 17 mars 1697, reprise à Paris en 1717. Le livret s'inspire de l'*Atys* de Quinault, et la musique est d'une qualité exceptionnelle (M. Benoît, *Dictionnaire de la musique*, p.702; T. de Lajarte, *Bibliothèque musicale*, t.1, p.67; S. Pitou, *The Paris Opéra*, p.331-32).

36

Francine, malgré ces deux essais malheureux, eut encore la générosité de donner mil francs à l'auteur des vers. Rousseau se crut mal payé, et, pour s'en venger, il fit sa satire de *La Francinade*, pièce cruellement mordante, qu'il a fait imprimer sous le nom de *Masque de Laverne*, et dans laquelle il a mis le nom de *Mancine*, au 175
lieu de *Francine*:[29] cette correction a été faite dans son édition de Soleure;[30] parce que dans une quête que Mme de Bouzole faisait pour Rousseau, pendant son évasion en Suisse,[31] M. de Francine eut la bonté de donner vingt louis d'or; ce trait singulier est rapporté dans un journal de 1736, imprimé à Amsterdam.[32] Il faut 180
souvent se défier de ces journaux; mais c'est un trait dont j'ai été témoin oculaire.

Rebuté du mauvais succès de ses opéras, sorte d'ouvrage pour lequel il n'était pas propre, Rousseau se remit à faire des comédies,

---

175   MS I: *Masque de la Vérité*

[29] L'ingratitude de Rousseau à l'égard de Francine est rapportée longuement par l'*Anti-Rousseau*: 'Ce nouveau patron lui donna sa table, et l'excita à composer pour son théâtre, en lui faisant entendre, que pour peu qu'il rimât lyriquement, il en serait bien récompensé [...] Quelque mauvais que fût ce second opéra [*Vénus et Adonis*], M. de Francine voulait le favoriser, il le poussa tant qu'il put aux dépens des oreilles du public, et régala son auteur de cent pistoles pour ne pas le décourager. Cette somme [...] passa dans l'esprit du Sr Rousseau pour un faible paiement de son travail. Il publia partout que M. de Francine l'avait escroqué' (p.204-10). Chaudon, défendant toujours Rousseau, note qu'il nie avoir visé M. de Francine dans son allégorie (*Mémoires pour servir à l'histoire de Monsieur de Voltaire*, t.1, p.101).

[30] En fait, *La Francinade* est absente de l'édition de Soleure (1712); la même année, elle apparaît sous le titre de *La Franc...* dans l'édition de Rotterdam, t.1, p.227-31. Ensuite, sous un nouveau titre, *Le Masque de Laverne* est classé parmi les allégories dans le recueil de ses *Œuvres diverses* (Londres, 1723), t.1, p.395-99.

[31] Marie-Françoise Colbert (1671?-1724), sœur de la duchesse de Saint-Pierre et M. de Torcy (voir p.31, n.13), épousa en 1696 Louis-Joachim de Montaigu, marquis de Bouzoles. Elle passait pour la maîtresse de Rousseau (*Chansonnier Clairambault*, BnF, ms.fr. 12694, p.582).

[32] Il s'agit de la propre 'Lettre de Monsieur de Voltaire à Messieurs les Auteurs de la *Bibliothèque française*' (D1150), publiée dans ce périodique (Amsterdam, 1736, t.24, p.152-66).

37

et fit *Le Capricieux*;[33] cette pièce réussit encore moins que ses   185
opéras, et l'auteur eut la mortification de se voir siffler lui-même
quand il parut sur le théâtre.

Il y avait alors à Paris un café assez fameux, où s'assemblaient
plusieurs amateurs des belles-lettres, des philosophes, des musiciens, des peintres, des poètes.[34] M. de Fontenelle y venait   190
quelquefois, M. de La Motte, M. Saurin, fameux géomètre,
M. Danchet, poète assez méprisé, mais d'ailleurs homme de lettres
et honnête homme, l'abbé Alazy, fils d'un fameux apothicaire,
garçon fort savant, M. Boindin, procureur général des Trésoriers
de France, M. de La Faye, capitaine aux gardes, de l'Académie des   195
sciences; M. son frère, mort secrétaire du cabinet, homme délié et
qui faisait de jolis vers, le sieur Roy, depuis chassé de l'Académie
des inscriptions et du Châtelet, où il était conseiller, mais qui avait
quelques talents pour les ballets, le sieur de Rochebrune, qui faisait
des chansons;[35] enfin plusieurs lettrés s'y rendaient tous les jours.   200

187-88   MHV: [*entre ces lignes ajoute*] § IV. *Histoire des fameux Couplets*
188   MS1: alors dans Paris
193   MS1: l'abbé Alari, fils
       MHV: l'abbé Alary, fils
197   MS1: le sieur Le Roy
199   MS1: le sieur Rochebrune

[33] Comédie en cinq actes et en vers, créée à la Comédie-Française le 17 décembre
1700; neuf représentations jusqu'au 5 janvier 1701 (Parfaict, *Histoire du théâtre
français*, t.14, p.181).

[34] Le café de la Veuve Laurent au coin des rues Dauphine et Christine: il en sera
longuement question dans la procédure des couplets. Sur Catherine Bertaut, femme
et veuve Laurent, voir A. Jal, *Dictionnaire critique*, p.748-49.

[35] Ensemble d'écrivains et d'amateurs connus pour leur libertinage plus ou moins
érudit et leur attachement général au mouvement moderne: Bernard Le Bovier de
Fontenelle, des deux Académies, qui en était le patriarche; Antoine Houdar de La
Motte, l'étoile montante (Titon Du Tillet, Premier Supplément, p.655-57); Joseph
Saurin, ancien pasteur converti et membre de l'Académie des sciences, parrain de la
fille de la Veuve Laurent (A. Jal, *Dictionnaire critique*, p.748); l'abbé Pierre-Joseph
Alary (Nicolas Clément, *L'abbé Alary (1690-1770). Un homme d'influence au
XVIIIᵉ siècle*, Paris, 2002); Nicolas Boindin, déjà cité, le seul partisan des 'anciens'
(Titon Du Tillet, Second Supplément au *Parnasse français*, 1755, p.60-61); les deux

Là, on examinait avec beaucoup de sévérité, et quelquefois avec des railleries fort amères, tous les ouvrages nouveaux.

On faisait des épigrammes, des chansons fort jolies. C'était une école d'esprit, dans laquelle il y avait un peu de licence.

La Motte-Houdard, après avoir, par une faiblesse d'esprit assez 205 bizarre, été un an novice à la Trappe, revint à Paris: son génie pour les vers commençait à se développer. Il débuta par le ballet de *L'Europe galante*, en 1697, et il le lut à MM. Boindin, Saurin, et La Faye le cadet, qui étaient de bons juges. Ils dirent publiquement que Rousseau faisait fort bien de renoncer à l'opéra, et qu'il 210 s'élevait un homme qui valait bien mieux que lui en ce genre; Rousseau commença dès lors par haïr La Motte; ils firent tous deux ensuite des odes, et la haine devint plus grande. La Motte était d'un commerce infiniment doux.[36] Je n'ai guère connu d'homme plus poli et plus attentif dans la société. Il avait toujours quelque chose 215 d'agréable à dire. Il avait tout l'art qu'il faut pour se faire des amis et de la réputation: ses talents s'étendaient à tout; mais ils n'étaient guère élevés au-dessus du médiocre, si vous en exceptez quelques odes. Il est devenu totalement aveugle sur la fin de sa vie; mais il était encore fort aimable; tout le monde préférait son commerce à 220 celui de Rousseau. En effet, il n'y avait nulle comparaison à faire

206   MS1: Paris, et son génie
210   MS1, MHV: Rousseau ferait fort
217-18   MS1: ils ne sont guère

---

frères La Faye: Jean-Elie (1671-1718) (La Chenaye-Desbois et Badier, *Dictionnaire de la noblesse*, t.11, colonne 888) et Jean-François Leriget, marquis de La Faye (1674-1731), dit La Faye le cadet (*Mercure de France*, juillet 1731, p.1769-77; Titon Du Tillet, Premier Supplément, p.653-54); Pierre-Charles Roy, poète (*Œuvres diverses*, 2 vol., Paris, 1727), et Rochebrune, chansonnier – qui passait pour le véritable père de Voltaire et qui avait composé les vers de deux cantates de Clérambault (Titon Du Tillet, Premier Supplément, p.604, 671).

[36] Jugement confirmé par Titon Du Tillet: 'dès l'âge de vingt-quatre ans, La Motte était privé de l'usage de ses yeux [...] Son commerce doux et engageant, utile et aimable lui avait fait un très grand nombre d'amis, et même du premier rang' (Premier Supplément, p.656).

entre eux, soit pour le cœur, ou pour l'esprit; car, quoique Rousseau entendît mieux les vers marotiques, et sût mieux tourner une épigramme, et répandît dans ses odes plus de feu et d'harmonie, il était néanmoins bien loin d'avoir cet esprit juste et 225 philosophique qui caractérisait La Motte.

Rousseau était beaucoup meilleur versificateur, et La Motte avait plus d'esprit; car l'esprit et le talent sont deux choses fort différentes.

Cependant, en 1700, on nous donna l'opéra d'*Hésione*;[37] les paroles étaient de Danchet, et la musique était du sieur Campra, 230 déjà connu par *L'Europe galante*: cette musique eut un prodigieux succès; il y avait même dans les paroles quelques morceaux de Danchet très bien faits, quoique en général la pièce soit mal écrite. Rousseau fit alors un couplet contre Danchet, Campra, Pécour le danseur, et plusieurs autres: ce couplet était sur un air d'*Hésione*; 235 canevas malheureux des couplets qui ont été si funestes. Celui dont je parle finissait ainsi.

> Que le bourreau, par son valet,
> Fasse un jour serrer le sifflet
> De Berrin et de sa séquelle; 240
> Que Pécour, qui fait le ballet,
> Ait le fouet au bas de l'échelle.[38]

Pécour fut piqué, et rencontra Rousseau dans la rue Cassette; j'y étais présent, et il n'est pas tout à fait vrai (comme on le dit dans la *Bibliothèque française*) que Pécour ait outragé Rousseau: il était 245

---

223 MS1: mieux l'art du vers marotique, sût
    MHV: mieux les vers marotiques, sût
228 MS1: choses bien différentes.

[37] Tragédie lyrique créée à l'Opéra le 21 décembre 1700, reprise en 1709, 1729, 1730, 1743 (T. de Lajarte, *Bibliothèque musicale*, t.2, p.90-91; S. Pitou, *The Paris Opéra*, p.233-34).
[38] Le couplet débute: 'Que jamais de son chant glacé / Colasse, ne nous refroidisse; / Que Campra soit bientôt chassé, / Qu'il retourne à son bénéfice, / Que le bourreau, par son valet' etc. Pièce publiée comme inédite par les frères Parfaict (*Histoire du théâtre français*, t.14, p.194, n.*a*). Avant même la *Vie*, Voltaire avait reproduit les cinq derniers vers dans sa lettre à la *Bibliothèque française* (D1150).

prêt de le faire, je le retins. Rousseau lui demanda pardon, et lui
jura qu'il n'était point l'auteur de cette chanson. [39] Pécour ne le
crut pas, et je les séparai; ce fut alors que je rompis tout commerce
avec Rousseau, dont j'aimais beaucoup certains ouvrages, mais
dont le caractère me parut trop odieux; je cessai même d'aller au   250
café, lassé des querelles des gens de lettres, et irrité de l'usage
indigne que les hommes font souvent de leur esprit. Danchet
répliqua à Rousseau par une chanson assez forte, parodiée encore
de l'opéra d'*Hésione*.

Fils ingrat, cœur perfide,   255
Esprit infecté,
Ennemi timide,
Ami redouté,
A te masquer habile,
Traduis tour à tour   260
Pétrone à la ville,
David à la cour;
Sur nos airs
Fais des vers,
Que ton fiel se distille   265
Sur tout l'Univers;
Nouveau Théophile,
Sers-toi de son style,
Mais crains ses revers. [40]

Ce que le sieur Danchet disait dans cette chanson s'effectua   270
depuis, Rousseau essuya de plus grandes humiliations que

---

[39] 'Est-ce ma faute, après tout, si Rousseau a eu autrefois des coups de bâton du
sieur Pécourt, dans la rue Cassette, pour avoir fait et avoué ces couplets [...]?'
(D1150). Guillaume-Louis Pécourt (1653-1729), premier danseur à l'époque de
Lully, reparut sur scène en 1697; il est l'auteur d'une célèbre méthode de notation
chorégraphique (S. Pitou, *The Paris Opéra*, p.285).
[40] 'Contre un poète satirique et licencieux', *Œuvres mêlées de M. Danchet* (Paris,
1751), t.4, p.99. Sur Antoine Danchet (1671-1748), voir Titon Du Tillet, *Second
Supplément*, p.43-46.

Théophile,[41] sur quoi on disait: 'Qui l'eût cru, que Danchet eût été prophète?'

Rousseau continua de faire beaucoup de couplets sur cet air dont nous avons parlé; ils étaient la plupart contre des personnes qui s'assemblaient au café de la veuve Laurent. Il en fit jusqu'à soixante-et-douze, que les curieux conservent dans leurs porte-feuilles.[42] Les intéressés ne manquèrent pas de le payer en même monnaie. C'était une guerre d'esprit, et le public riait aux dépens des combattants; M. de La Faye le cadet fit, entre autres, cette épigramme estimée. 275

280

> Un aspirant récitait au Parnasse,
> Riant d'orgueil, satires et dizains,
> Illec[43] portant le fiel à pleines mains
> Etait versé, non quelquefois sans grâce; 285
> Mais aussitôt, reconnaissant son bien,
> Maître Clément à tous le vol exhibe;
> Maître François redemande le sien,
> Voire Melin reconnut mainte bribe.
> Chacun reprit tous les larcins du scribe, 290
> Si qu'en son propre il ne lui resta rien,
> Que sa malice et son fade maintien.

Rousseau, ayant besoin d'un protecteur contre tant d'ennemis, en trouva un très vif dans M. le duc de Noailles, qui le produisit à la

277 MS1: soixante-douze
278 MS1: ne manquaient pas
284 MS1: Illec pourtant[44]
     MHV: Illec partant

[41] Le poète Théophile de Viau, banni de France en 1625 pour impiété.
[42] Une note dans les *Mémoires pour servir à l'histoire de Monsieur de Voltaire* tient à préciser que certains couplets ont été attribués à tort à Rousseau.
[43] 'Vieux mot, qui signifiait autrefois, en ce lieu-là [...] s'emploie avec grâce dans le style marotique, ou quand on affecte l'ancien language' (*Dictionnaire de Trévoux*).
[44] Decroix corrigea 'portant' en 'pourtant' (*sic*) sur son exemplaire de w64R bis.

cour.[45] M. de Chamillard lui fit donner un emploi de directeur   295
d'une affaire dans les Sous-Fermes;[46] il eut le plaisir de voir jouer
une de ses comédies par les principaux seigneurs, et même par des
princes du sang, devant Mme la Dauphine de Bourgogne; cette
pièce est *La Ceinture magique*;[47] elle n'est pas au-dessus de celle du
Café; si l'auteur n'avait fait que des pièces de théâtre, il serait   300
inconnu aujourd'hui, et probablement eût été plus heureux.

Mais alors une vive émulation contre M. de La Motte lui fit
composer des vers, soit profanes, soit sacrés, parmi lesquels il y en a
de très beaux; il fit l'*Epître aux muses* et *à Marot*,[48] où parmi des

298   MHV: Mme la duchesse de Bourgogne
303   MSI: composer des odes, soit profanes
304   MSI: très belles; il
       MHV: et celle *à Marot*

[45] Adrien-Maurice (1678-1766), comte d'Ayen, puis duc de Noailles (1708) avait
épousé en 1698 la nièce de Mme de Maintenon, Françoise Charlotte Amable
d'Aubigné (La Chenaye-Desbois et Badier, *Dictionnaire de la noblesse*, t.14,
colonne 984-89). Rousseau publia dans son premier recueil (Soleure, 1712),
p.200-203, une épître 'A M. le comte de ***', dont l'anonymat avait été percé par
le *Mercure galant* de février 1711, qui avait donné cette pièce marotique sous le titre
d'Epître à Monsieur le comte d'Ayen' (p.40-49). Voltaire lui reprocha dans *Le
Temple du goût* (1733) une épigramme contre son protecteur: 'Oh, qu'il chansonne
bien' (*OCV*, t.9, p.140, n.*p*).
[46] Michel de Chamillard exerça la charge de contrôleur général des finances de
septembre 1699 à février 1708. 'Après avoir été chassé de chez quatre ou cinq
seigneurs, à cause de sa mauvaise langue, il [Rousseau] serait resté sur le pavé, s'il
n'eût trouvé le secret de se produire à la Cour, où il n'était pas encore connu, et où
sous le ministère de M. de Chamillard il attrapa une commission qu'il faisait exercer
par un autre, tandis qu'il exerçait lui-même la profession de poète satirique'
(F. Gacon, *Anti-Rousseau*, p.126). La nomination de Rousseau fut diversement
reçue, même de ses amis, comme le prouve sa 'Réponse à M. l'abbé de Chaulieu, qui
lui avait témoigné de l'étonnement sur son emploi de directeur' (*Œuvres*,
Rotterdam, 1712, t.1, p.215-17).
[47] Comédie en un acte créée à Versailles le 3 février 1702 dans le cabinet de
Mme de Maintenon en présence du clan Noailles: le *Mercure galant* du même mois en
rend compte (p.377). Dangeau évoque le succès de la 'farce nouvelle' qui 'divertit
fort le roi' (*Journal de la cour de Louis XIV*, Paris, 1856, t.8, p.309).
[48] *Œuvres diverses* (Soleure, 1712), p.155-73, 185-99.

43

traits forcés et des choses trop allongées, on trouve des morceaux   305
charmants; heureux si ces ouvrages n'étaient pas infectés d'un fiel
qui révolte les lecteurs sages; il fit des épigrammes excellentes dans
leur genre; telle est, entre autres, celle contre les jésuites.

Un mandarin de la société
.... 49   310

Il serait à souhaiter qu'il n'eût point déshonoré ce talent, par la
licence effrénée avec laquelle il mit en épigrammes les traits les plus
impudiques, et dont la nature s'effarouche davantage, la sodomie,
la bestialité, un prêtre qui se vante d'avoir violé un chat, des
malheureux qui se plaisantent au moment de leur supplice sur le   315
crime qui les y a conduits: voilà les sujets qu'il a traités. (*a*) Est-il
possible qu'un homme qui avait du goût eût pu rimer ces horreurs,
contre la première règle de l'épigramme, qui veut que le sujet
puisse faire rire d'honnêtes gens? Mais ces mêmes infamies qui le
faisaient détester des gens de bien lui donnaient accès chez les   320
jeunes libertins. Il traduisait des psaumes pour plaire à M. le duc de
Bourgogne, prince religieux; et il rimait des ordures pour souper
avec des débauchés de Paris. Un jour que M. le duc de Bourgogne
lui reprochait de mêler ainsi le sacré avec le profane, il répondit que

(*a*) L'on ne décrit ces exécrations que pour l'horreur des infâmes, et
qu'afin d'exciter aux prières les gens de bien contre de pareilles
abominations.

309   MHV: [*des points de suspension indiquent la suppression de cette ligne*]
313-17   MHV: davantage. Est-il possible
319   MHV: rire les honnêtes
323   MSI: avec les débauchés

⁴⁹ 'Un mandarin de la société / A des Chinois prêchait le culte nôtre. / Un bonze
ayant quelque temps disputé / Sur certains points convint avec l'apôtre, / Dont à
part soi, fort contents l'un de l'autre, / Chacun sortit en se congratulant. / Le moine
dit: Grâces à mon talent, / De ce Chinois j'ai fait un prosélyte. / Béni soit Dieu, dit
l'autre en s'en allant, / J'ai converti cet honnête jésuite' (*Œuvres*, Londres, 1749, t.2,
p.277). Decroix reproduisit les dix vers de l'épigramme sur son exemplaire de
w64r bis.

ses épigrammes étaient *le Gloria Patri de ses psaumes*;[50] et à propos   325
d'une épigramme où il était question du temple antérieur d'une
nonnain et de son annexe,[51] une dame lui demanda ce que ce
temple et son annexe signifiaient; il répondit que c'était *Notre-*
Dame et Saint-Jean le Rond. Cette réponse n'était pourtant pas
originairement de lui; c'était un bon mot de l'abbé Servien, frère du   330
marquis de Sablé.[52] Quant aux épigrammes et aux contes, dont le
sujet a toujours roulé sur des moines, ce fut M. Ferrand, très bon
épigrammatiste, qui dit lui-même qu'il n'y a point de salut en
épigrammes et en contes hors de l'Eglise.[53]

Vers l'an 1707, l'Académie française ayant proposé pour sujet du   335
prix de poésie, *la Gloire du roi supérieure à tous les événements*, La
Motte et Rousseau composèrent pour ce prix, chacun très secrètement; aucun des juges ne savait les noms des concurrents; La Motte

325-35   MHV: *étaient les* Gloria Patri *de ses psaumes.* ¶L'Académie française
ayant proposé en 1707; pour sujet
338   MHV: aucuns des juges ne savaient le nom des concurrents

[50] Chaudon doute de l'authenticité de l'anecdote: 'Cette réponse est un bon mot
de quelque ennemi du poète, et l'on trouva plaisant de l'attribuer au poète même'
(*Mémoires pour servir à l'histoire de Monsieur de Voltaire*, t.1, p.109-10, note). Si
Rousseau rima des 'Vers allégoriques à Monseigneur le duc de Bourgogne dans un
mouchoir de gaze, qui avait servi à essuyer quelques larmes échappées à Madame la
Duchesse de Bourgogne, au récit de l'affaire de Nimègue' (*Œuvres*, Londres, 1749,
t.2, p.342-43), on ignore à peu près tout de ses relations avec le prince. L'*Anti-*
Rousseau narre une anecdote à rapprocher de celle de Voltaire: 'Il arriva pourtant un
jour qu'ayant eu la hardiesse de réciter un de ses contes obscènes en présence de M. le
D. de B., il fut fort étonné, lorsqu'au lieu des louanges qu'il en attendait, ce prince lui
dit d'un ton fort sévère, qu'un tel ouvrage n'avait point de mœurs' (p.164).
[51] 'Un moine ayant (c'était un sous-prieur) / D'une nonnain vérifié le sexe, / Las
d'encenser le temple antérieur / Voulut aussi visiter son annexe' etc. (*Œuvres*,
Londres, 1749, t.2, p.282).
[52] François Servien (1597-1650), poète et évêque de Bayeux, frère d'Abel Servien,
marquis de Sablé (1593-1659), secrétaire d'Etat à la Guerre.
[53] Antoine Ferrand (1678-1719), poète galant dont Voltaire a copié dans ses
carnets (*OCV*, t.81, p.264, 279, 280, 281-82, 284, 285-86, 305-306) quelques-uns des
'petits ouvrages charmants' (*Conseils à un journaliste*, *OCV*, t.20A, p.493) et qu'il cite
à plusieurs reprises dans sa correspondance en compagnie de La Fare, La Faye ou
Chaulieu.

eut le prix tout d'une voix, et le méritait. Son ode est très belle; on la connaît, elle commence par ces vers. 340

> Vérité, qui jamais ne change,
> Et dont les traits toujours chéris,
> Seule, aux plus pompeuses louanges
> Donnent leur véritable prix. [54]

Il nous manque [55] deux strophes de l'ode de Rousseau; il n'osa point 345
en faire imprimer davantage. [56] En voici une:

> France, à ces images illustres,
> Reconnais ce Roi glorieux,
> Eprouvé durant tant de lustres
> Par des succès victorieux, 350
> Rappelle ces temps qu'on admire,
> Ces temps qui de ton ferme empire
> Font encor l'immortel appui,
> Où par lui la fortune altière
> Triomphait de l'Europe entière, 355
> Sans pouvoir triompher de lui.

Les autres strophes de l'ode étaient bien différentes; je me souviens de les avoir entendu dire à feu De Brie. [57] Mais quoique

341 MS1, MHV: ne changez
343 MS1, MHV: Seuls, aux plus
345 MHV: nous reste deux

[54] La Motte, 'La Sagesse du Roi supérieure à tous les événements. Ode', *Œuvres* (Paris, 1754), t.1, p.141.

[55] Decroix corrigea 'manque' en 'reste' sur son exemplaire de W64R bis.

[56] Les deux strophes de Rousseau furent, en effet, publiées comme 'Fragment d'une ode' dans l'édition des *Œuvres diverses* (Soleure, 1712), p.314.

[57] Fils d'un chapelier de Paris, De Brie fit représenter, sans le moindre succès, à la Comédie-Française la tragédie des *Héraclides* (1695, non imprimée) et la comédie du *Lourdaud* (1697, non imprimée) (Parfaict, *Histoire du théâtre français*, t.13, p.392-93; t.14, p.57-60). Le *Nouveau Mercure galant* de mars 1715 (p.64-66) publia une notice nécrologique de cet auteur tragique qui professait 'un grand mépris' pour Corneille et pour Racine. Au moment de l'affaire des Couplets, Rousseau s'était réconcilié avec De Brie qu'il avait satirisé (F. Gacon, *Anti-Rousseau*, p.26) (voir p.59).

Rousseau fût fort au-dessous de La Motte dans cette ode, aussi bien que dans ses opéras, il était fort supérieur dans ses autres odes, et il passera toujours pour un meilleur poète.   360

Rousseau était depuis quelque temps de l'Académie des inscriptions et belles-lettres. C'était une espèce de noviciat pour obtenir une place à l'Académie française; il était entré dans celle des inscriptions par le crédit de M. l'abbé Bignon, protecteur déclaré   365 des lettres;[58] mais il eut le malheur d'encourir presque en même temps la disgrâce de M. l'abbé Bignon et celle de M. le duc de Noailles. Il fit des vers contre eux,[59] précisément dans le temps qu'ils allaient lui rendre les meilleurs offices. Je ne sais si M. le duc de Noailles et M. l'abbé Bignon furent informés de ces vers; mais je   370 sais bien que M. de Longepierre[60] montra à M. le duc de Noailles une lettre pleine d'ingratitude et de railleries, que Rousseau avait écrite à M. Dussé,[61] contre M. le duc de Noailles, son bienfaiteur.

369-70   MSI: sais si le duc de Noailles et l'abbé Bignon
371   MSI: montra à M. de Noailles
373   MSI: contre M. de Noailles

[58] L'abbé Jean-Paul Bignon (1662-1743), des trois Académies, fut en charge de la Librairie à partir de 1701 par commission de son oncle, le chancelier de Pontchartrain: dans *Le Temple du goût*, Voltaire reprend Rousseau pour une épigramme contre Bignon (*OCV*, t.9, p.139, n.*o*).

[59] Note des *Mémoires pour servir à l'histoire de Monsieur de Voltaire*: 'On croit pouvoir révoquer en doute ce fait, d'autant plus que M. de Voltaire n'en donne aucune preuve' (t.1, p.111).

[60] Hilaire Bernard de Requeleyne, baron de Longepierre (1659-1721) était traducteur du grec, auteur dramatique et bibliophile éminent: Rousseau lui adressa deux épigrammes, 'A voir Perrault et Longepierre' et 'Toi qui places impudemment' (*Œuvres*, Rotterdam, 1712, t.1, p.391), et une chanson, 'Le traducteur Longepierre' (t.1, p.270-71). Dans la première lettre conservée de Voltaire à Rousseau (D72, mars 1719), il se réjouissait de la chute de l'*Electre* du 'translateur Longepierre', amicale allusion à la chanson de Rousseau.

[61] Titon Du Tillet consacre une notice à Louis Bernin de Valentiné, seigneur d'Ussé, contrôleur général de la Maison du Roi (Second Supplément, p.39-41) et à ses relations avec Rousseau. Le poète jouait la comédie chez d'Ussé, gendre de Vauban, dans son hôtel de la rue Saint-Honoré. Il y interpréta le Sganarelle de *L'Ecole des maris* de Molière, et Apollon ou le Soleil dans un petit prologue du

M. Dussé était un homme de beaucoup de mérite, aimant tous les arts. Il avait fait la tragédie de *Péloppée*, qu'il n'a jamais donnée au théâtre, quoiqu'elle soit estimée des connaisseurs; et il avait donné celle de *Cosroès*, corrigée d'après Rotrou, laquelle ne vaut pas sa *Péloppée*. Il protégeait beaucoup Rousseau. Il l'avait produit chez M. le maréchal de Vauban, son beau-père; mais enfin il ne put le soutenir contre le ressentiment de M. le duc de Noailles. Dans ce temps-là même, Rousseau s'attira encore l'inimitié de M. de Fontenelle par des épigrammes, lesquelles, sans beaucoup de sel pour le public, ne laissaient pas d'être fort piquantes pour celui qu'elles attaquaient. [62] Dans ces circonstances il sollicita une place à l'Académie française, ayant fait tout ce qu'il fallait pour n'en être pas, et parlant même avec mépris de ce corps; chose étrange, que presque tous les beaux esprits aient fait des épigrammes contre l'Académie française, et aient fait des brigues pour y être admis. 'On ne connaît guère que M. de Voltaire qui n'en ait jamais médit satiriquement,[63] et qui n'ait fait aucune démarche[64] pour en être.'[65] M. de La Motte, auteur de plusieurs ouvrages qui avaient du cours,

375

380

385

390

---

chevalier de Saint-Gilles intitulé *Gillotin, précepteur des muses*. A cette occasion, il composa un 'Prologue chanté chez M. Dussé en présence de S. A. R. le Duc d'Orléans, avant la représentation de l'*Ecole des maris*' (*Œuvres*, Rotterdam, 1712, t.1, p.255-58). D'Ussé revit le *Cosroès* de Rotrou pour la Comédie-Française (1704) et publia sa version. Rousseau lui dédia une ode (*Œuvres diverses*, Soleure, 1712, p.68-73) et composa un sonnet sur sa mort: 'Celui que nous plaignons, et qu'un sort glorieux' (*Œuvres diverses*, Amsterdam, 1732, t.4, p.309-10).

[62] *Œuvres diverses* (Amsterdam, 1734), t.2, p.225.

[63] Chaudon cite en contre-exemple des vers de Voltaire 'A Monsieur l'abbé de Chaulieu' (*Mémoires pour servir à l'histoire de Monsieur de Voltaire*, t.1, p.112-13, note). L'édition qu'il en donne est donc bien antérieure à celle de Delangle (*OCV*, t.1B, p.404).

[64] Une note renvoie le lecteur des *Mémoires pour servir à l'histoire de Monsieur de Voltaire* à un chapitre entier consacré aux 'démarches que M. de V... fit pour sa réception à l'Académie française. Des satires et des procès que cette réception occasionna' (t.1, p.113).

[65] Annotation manuscrite de Decroix à w64R bis: 'Oter les guillemets. C'est sûrement le misérable éditeur de cette collection qui a mis des guillemets. Il faut les retrancher'.

et qui n'avait point d'ennemis, se mettait sur les rangs; Rousseau faisait des vers contre La Motte et le décriait partout; et La Motte se contentait de faire des adresses à chaque académicien, qu'il louait de son mieux. La Motte flattait avec un peu de bassesse (il le faut   395
avouer). Rousseau déchirait avec emportement les académiciens, La Motte et ses amis; enfin La Motte, outré, répondit à Rousseau par une très belle ode sur le mérite personnel.[66] Il y avait des traits que l'indignation avait arrachés à son caractère doux.

Cette ode, récitée au café, y fut extrêmement applaudie, et   400
Rousseau fut au désespoir. Il répondit par de nouveaux couplets, qu'il fit distribuer sous main, contre tous ceux qui venaient alors au café, et surtout contre La Motte; il n'est pas permis à un honnête homme de rapporter les paroles de ces satires; tout était dans la tournure de ce couplet que nous avons rapporté contre Pécour et   405
Campra; mais les expressions étaient plus cyniques.

Dans cette guerre, si déshonorante pour l'esprit humain, un nommé Autreau, homme assez franc, d'ailleurs mauvais peintre et mauvais poète, fit contre Rousseau une chanson, qui fut pour lui le plus cuisant de tant d'affronts.[67] Cette chanson, que nous   410

393   MS1: La Motte, il le décriait
394   MS1: faire des odes adressées à chaque
399   MS1: doux. La voici. [*reproduit l'ode à la suite: 'On ne choisit pas son père'*]

[66] La Motte, 'Le Mérite personnel, ode à Monsieur Rousseau', *Œuvres* (Paris, 1754), t.1, p.526-28. La Motte ne souhaitait pas l'imprimer si l'on en croit le factum de Saurin (*Anti-Rousseau*, p.453), mais Gacon s'en empara et la rendit publique (p.227-29). Voltaire en parle comme d'une ode 'fort belle, et où il règne un air de probité charmant' (*Le Temple du goût, OCV*, t.9, p.144, n.*v*).

[67] Sur Jacques Autreau (1657-1745), peintre et auteur dramatique, voir la 'Préface de l'éditeur' à ses *Œuvres* (Paris, 1749), t.1, p.v-xxv, par Charles-Etienne Pesselier. Titon Du Tillet cite son tableau le plus célèbre, acquis en 1738 par La Faye, 'qui représente dans une salle MM. de Fontenelle, La Motte et Saurin' (Second Supplément, p.29-31). Pesselier voit le dramaturge Antoine Danchet dans le troisième personnage, attribution reprise par A. Jal dans sa copieuse notice sur le peintre (*Dictionnaire critique*, p.84-87). Pour une étude de deux versions de ce tableau (Versailles et London Library), voir Nick Childs, 'Jacques Autreau', *The Burlington Magazine* (Londres, 1967), p.335-39.

1. 'Le Salon de Madame de Tencin; Fontenelle, La Motte, Saurin et l'hôtesse', par Jacques Autreau (1657-1745). Avec l'aimable autorisation de la London Library.

rapportons,[68] était dans le goût le plus naïf de celles du Pont-Neuf, et par là même n'était que plus outrageante, comme on le va voir.

*Histoire véritable et remarquable arrivée à l'endroit d'un nommé
Le Roux, fils d'un cordonnier, lequel ayant renié son père,
le diable en prit possession. Sur l'air des Pendus*

> Or, écoutez, petits et grands,
> L'histoire d'un ingrat enfant,
> Fils d'un cordonnier honnête homme;   415
> Et vous allez apprendre comme,
> Le diable, pour punition,
> Le prit en sa possession.
>
> Ce fut un beau jour à midi
> Que sa mère au monde le mit;   420
> Sa naissance est assez publique,
> Car il naquit dans la boutique,
> Dieu ne voulant qu'il pût nier
> Qu'il était fils d'un cordonnier.
>
> Le père n'ayant qu'un enfant   425
> L'éleva très soigneusement;
> Aimant ce fils d'un amour tendre,
> Au collège lui fit apprendre
> Le latin comme un grand seigneur,
> Tant qu'il le savait tout par cœur.   430
>
> Puis il apprit pareillement
> A jouer sur les instruments,
> A faire des airs en musique;
> Et puis il apprit la pratique;
> Car le père n'épargnait rien,   435
> Pour en faire un homme de bien.

412   MHV: on va le voir.
432   MSI: sur des instruments

[68] Note des *Mémoires pour servir à l'histoire de Monsieur de Voltaire* renonçant à publier la chanson (t.I, p.114).

A peine eut-il atteint quinze ans,
Qu'il renia tous ses parents;
Il fut en Suède, en Angleterre,
Pour éviter monsieur son père;   440
Plus traître, plus ingrat, hélas!
Que ne fut le Rousseau Judas.

Pour s'introduire auprès des grands,
Fit le flatteur, le chien couchant;
Mais, par permission divine,   445
Il fut reconnu à la mine,
Et chacun disait en tous lieux:
Que ce flatteur est ennuyeux!

Et pour faire le bel esprit,
Se mit à coucher par écrit,   450
Des opéras, des comédies,
Des chansons remplies d'infamies,
Chantant des ordures en tout lieu [69]
Contre les serviteurs de Dieu.

Un jour en honnête maison   455
Il se vernissait d'un faux nom:
On l'honorait sans le connaître.
Son père vint chausser le maître;
S'écrie, en le voyant, *mon fils!*
Aussitôt le coquin s'enfuit.   460

Aussitôt entra dans son corps
Le diable, nommé Couplegor;
Son poil devint roux, son œil louche.
Il lui mit de travers la bouche;
Et de sa bouche de travers   465
Sortaient des crapauds et des vers.

Un jour, chez M. Francinois,
Il y vomit tout à la fois,

[69] Decroix corrigea ce vers en 'Chantant ordures en tout lieu' sur son exemplaire de w64r bis.

Des serpents, avec des vipères,
Tout couverts d'une bile noire;   470
Et chez M. l'abbé Piquant,
Il en a vomi tout autant.

Or donc ayant mordu quelqu'un,
Qui n'était pas gens du commun,
Ces gens lui cassèrent les côtes   475
Avec une canne fort grosse,
Dont il eut très grande douleur,
Tant sur le dos que dans le cœur.

Vous, père et mère, honnêtes gens,
A qui Dieu donne des enfants,   480
Gardez-vous bien qu'ils ne l'approchent:
Vous en recevriez du reproche;
Il les rendrait, pour votre ennui,
Aussi grands scélérats que lui.

Or, prions le doux rédempteur,   485
Qu'il marque au front cet Imposteur,
Afin qu'on fuie ce détestable,
Comme le précurseur du diable;
Car Nostradamus a prédit
Qu'il doit engendrer l'Antéchrist. [70]   490

On avait résolu de faire chanter cette chanson sur le Pont-Neuf, et à la porte de Rousseau, par les Aveugles de la Ville; mais La Motte, revenant à son caractère doux, aima mieux se réconcilier avec Rousseau, malgré les conseils de MM. de Fontenelle, Saurin et Boindin. Ce qu'il y eut d'assez plaisant, c'est que la réconciliation   495
des deux poètes qui s'étaient attaqués par des satires se fit chez

---

473-78 MSI: [absents]

[70] Sans doute repris de l'*Anti-Rousseau* (p 219-23), qui publie la chanson en y joignant une planche dépliante représentant Rousseau nouveau-né en famille, dans un intérieur décoré de tableaux montrant par anticipation les scènes les moins glorieuses de la vie du poète.

M. Despréaux. Enfin, après la mort de Thomas Corneille, et d'un autre académicien, La Motte obtint une place à l'Académie française, et Rousseau fut refusé. Ce refus aigrit Rousseau; de nouveaux couplets en furent le fruit. Ce fut cette dernière 500 démarche qui causa dans Paris un scandale dont il y a peu d'exemples, et qui finit enfin par perdre sans retour un homme qui eût pu faire beaucoup d'honneur à son pays par ses talents, s'il en eût fait un autre usage.

Cette chanson, si abominable et si connue, contient quatorze 505 couplets contre La Motte, Saurin et Boindin, La Faye, l'abbé de Bragelone,[71] Crébillon,[72] et enfin contre tous les amis de M. de La Motte: on en envoya secrètement des copies chez les principaux intéressés pour les outrager.[73] Ce fut vers Pâques de l'année 1711 que cette aventure éclata; un des plus offensés dans ces couplets 510 était M. de La Faye, capitaine aux gardes, et bon géomètre de l'Académie des sciences. Il venait d'épouser une femme très respectable, et la chanson reprochait à cette dame les choses les plus infâmes, et les maladies les plus honteuses.[74] M. de La Faye

507 MS1: Bragelogne
513 MS1: dame et les choses

[71] L'abbé Christophe-Bernard de Bragelongne (ou Bragelonne) (1688-1744), associé libre et géomètre à l'Académie des sciences (1711-1728), futur membre du Club de l'Entresol.
[72] Prosper Jolyot de Crébillon, le dramaturge rival de Voltaire sur la scène tragique. Rousseau composa une épigramme 'Contre Crébillon': 'Cachez-vous, Licofrons [Lycophrons] antiques et modernes' (*Œuvres diverses*, Amsterdam, 1732, t.4, p.227).
[73] Ces couplets sont reproduits sous forme gravée en annexe du *Mémoire pour servir à l'histoire des couplets de 1710. Attribués faussement à Monsieur Rousseau* (s.l., 1752), ouvrage posthume de Nicolas Boindin, huit pages dépliantes titrées: 'Le véritable paquet adressé à Monsieur Boindin et par conséquent le vrai corps du délit'. Boindin en légua l'original à la Bibliothèque du Roi (BnF, ms.fr. 15161, f.3-7). Il date l'affaire 'des premiers jours du mois de février 1710' (p.29). Les *Œuvres diverses* de Rousseau en avaient déjà donné une version imprimée (Amsterdam, 1732, t.4, p.37-44).
[74] Marie Le Gras, qui épousa, le 22 avril 1708, Jean-François Leriget de La Faye, était fille du Doyen du Grand Conseil. Fontenelle la dit une 'Dame d'une vertu et

rencontra Rousseau un matin vers le Palais Royal. Il sort d'une 515
chaise à porteur (c'était sa voiture ordinaire); il court sur Rousseau
la canne haute, lui en donne vingt coups sur le visage. Rousseau
s'enfuit dans le Palais Royal; La Faye l'y poursuit, et le bat encore
sur la porte. Rousseau informe contre La Faye, comme auteur de
violences commises dans une Maison royale. La Faye informe 520
contre Rousseau, comme auteur de libelles infâmes et dignes du
feu. M. de Contades, alors major des gardes, se chargea d'accom-
moder l'affaire. [75] Rousseau se désista de son procès, moyennant
cinquante louis que La Faye devait donner; [76] mais la suite de cette
aventure priva encore Rousseau de ces cinquante louis. 525

Il se sentait perdu dans le public; il voulut se disculper de
l'infamie de ces couplets, et perdre en même temps un de ses plus
cruels ennemis, qui s'était déclaré contre lui, avec plus de hauteur et
avec ces traits outrageants qui offensent presque autant que
l'insulte qu'il avait reçue de M. de La Faye. 530

Cet ennemi était Saurin, homme du caractère le plus dur que
j'aie jamais connu. Il pensait assez mal des hommes, et le leur disait
en face très souvent avec beaucoup d'énergie. [77] Il avait empêché

519-20   MS I: comme de violence commise
530-31   MHV: [entre ces lignes ajoute] § V. Accusation de Rousseau contre Saurin;
bannissement de ce poète par Arrêt du Parlement
531   MHV: homme d'un caractère

d'un mérite respectables' ('Eloge de M. de la Faye', Œuvres, Paris, 1742, t.6, p.32).
Les couplets évoquent le 'mal immonde' que La Faye 'a donné' à sa femme.

[75] Charles-Pierre Erasme de Contades, dit le chevalier de Contades (1683-1765),
plus tard major-général et commandeur de l'Ordre de Saint-Louis (La Chenaye-
Desbois et Badier, Dictionnaire de la noblesse, t.6, colonne 147). Le 24 mai 1710, la
Grande Chambre prononça un arrêt de décharge qui finit le premier procès, 'la Cour
s'étant mêlée d'un accommodement' (N. Boindin, Mémoire pour servir à l'histoire des
couplets, p.36).

[76] L'allusion aux cinquante livres de La Faye se trouve déjà dans la lettre de
Voltaire à la Bibliothèque française (D1150).

[77] C'est aussi le sentiment de Boindin, qui le qualifie d''esprit ferme revenu des
préjugés et au-dessus des scrupules, dont le moindre défaut était d'avoir changé de
religion par intérêt' (Mémoire pour servir à l'histoire des couplets, p.12). Evidemment,

Rousseau de revenir au café. Il affectait d'ailleurs une philosophie rigide, beaucoup d'aversion pour le caractère de Rousseau, et une estime très médiocre pour ses talents.   535

Rousseau crut que le caractère de Saurin, qui avait peu d'amis, pourrait l'aider à le perdre; de plus, Saurin avait été autrefois ministre à Lauzane dans sa jeunesse; il y avait fait des fautes déshonorantes et publiques. Réfugié en France, il s'était fait   540
catholique; il ne passait que pour philosophe. Rousseau espérait, avec assez de fondement, que s'il pouvait parvenir à le faire arrêter, on découvrirait sûrement dans ses papiers de quoi l'accabler. Ce qu'il y a de certain, c'est que Rousseau avait totalement perdu la tête; et sa conduite fait voir qu'une imprudence attire toujours une   545
nouvelle folie, et un crime un autre crime.

Il fit suborner un malheureux garçon savetier, nommé Arnould, [78] pour déposer que Saurin lui avait donné secrètement les couplets à porter chez les intéressés. [79] Quand il eut suborné ce misérable, il alla se jeter aux pieds de Mme Voisin, femme du   550
ministre de la guerre, depuis chancelier; cette dame fit écrire au

539-40   MHV: fait des fautes publiques.
540   MSI: France où il s'était

---

l'éloge de l'académicien des sciences par Fontenelle a une tonalité assez différente (*Œuvres*, Paris, 1742, t.6, p.578-600): de sa manière inimitable, il évoque longuement l'affaire des Couplets pour disculper Saurin (p.592-94), tout en faisant, d'un même mouvement, l'éloge de Jean-Baptiste Rousseau. Voltaire inséra Saurin dans son catalogue des écrivains du *Siècle de Louis XIV* (*OH*, p.1206-208).

[78] 'Guillaume Arnould, garçon savetier, natif de Paris, âgé de 24 ans' en 1710, 'fils d'un nommé Denis Savetier', sa boutique se situait, dans la paroisse Saint-Landry, à l'Hôtel des Ursins en face de la maison habitée par Saurin (N. Boindin, *Mémoire pour servir à l'histoire des couplets*, p.39, 77, 88, 94, 97, et J.-B. Rousseau, *Œuvres*, Rotterdam, 1712, t.I, p.422). Saurin l'accusa d'avoir 'été surpris à Saint-Landry volant dans un tronc' et 'surpris sur le fait ayant volé de l'argent chez un avocat' (N. Boindin, *Mémoire pour servir à l'histoire des couplets*, p.129).

[79] Ces circonstances sont rapportées d'une tout autre façon, selon que l'on est favorable à Rousseau (Boindin, qui plaide pour lui dans les 'Observations' du *Mémoire pour servir à l'histoire des couplets*, p.58-76) ou à Saurin (Gacon, qui reproduit les mémoires en défense de ce dernier).

lieutenant criminel Le Comte, pour appuyer Rousseau. Il eut un décret de prise de corps contre Saurin, le 24 septembre 1710. Le même jour il est arrêté chez lui au milieu de sept enfants, conduit au Châtelet, interrogé sur le champ; nul intervalle entre l'interroga- 555 toire, le récolement et la confrontation; tout se faisait avec une rapidité et une partialité marquées, capables de faire trembler l'homme le plus ferme; cette procédure violente du lieutenant criminel fut sévèrement condamnée, même avant la conclusion du procès, par M. le chancelier de Pontchartrain; et le lieutenant 560 criminel en eut une remontrance si dure, qu'il en versa des larmes.

Quoique Saurin fût sans aucune protection, il eut pour amis dans cette affaire tous les ennemis de Rousseau, et ce fut presque tout le public.[80] M. de Fontenelle alla dans la prison offrir sa bourse à M. Saurin. Tout le monde l'aida et sollicita pour lui; ce qui gagnait 565 le plus tous les esprits en sa faveur, c'est que lui-même était outragé indignement dans ces couplets, dont Rousseau l'accusait d'être l'auteur, et il gémissait à la fois sous la honte des horreurs que la chanson lui attribuait, et sous l'opprobre d'être accusé de cette chanson. 570

Il fit un factum, moins pour se justifier, que pour remercier le public, qui prenait ainsi sa défense; je ne crois pas qu'il y ait aucun ouvrage de cette nature plus adroit et plus véritablement élo-quent.[81]

552   MHV: Il y eut
565   MS1: l'aida, tout le monde sollicita

[80] 'Rousseau avait contre lui, la maison de N[oailles] et tous les dévots de la Cour' (N. Boindin, *Mémoire pour servir à l'histoire des couplets*, p.49). Il évoque ailleurs 'la cabale des dévots et le vent de la cour' (p.75). Rousseau adressa à Louis XIV une lettre de justification et d'accusation qui fut sans effet (BnF, n.a.fr. 15008, f.30-33: autographe signé).

[81] 'Factum ou Mémoire pour le Sieur Saurin, Pensionnaire Géomètre de l'Académie Royale des Sciences, contre le Sieur Rousseau' (*Anti-Rousseau*, p.445-504). Selon l'abbé Nicolas-Charles Joseph Trublet, ce mémoire avait été rédigé par La Motte (*Mémoires pour servir à l'histoire de la vie et des ouvrages de Monsieur de Fontenelle*, Amsterdam, 1759, p.374). Voltaire qualifie ailleurs le factum de 'chef-d'œuvre d'art et d'éloquence' (*Le Temple du goût*, OCV, t.9, p.142, n.r).

Je ne comprends pas comment M. Rollin peut dire, dans son 575
Traité des études, que nous n'avons aucun plaidoyer digne d'être
transmis à la postérité, et que cette disette vient de la modestie des
avocats, qui n'ont point publié leurs factums.[82] Nous avons plus de
cinquante plaidoyers imprimés, et plus de mille factums; mais il n'y
en a aucun de comparable à celui de M. Saurin; l'effet qu'il fit ne 580
peut se comprendre; je me souviens surtout que M. Gaillard, un des
juges, en lisant l'endroit que je vais rapporter, s'écria: 'Si je tenais
Rousseau, je le ferais pendre tout à l'heure'. Voici le morceau qui fit
tant d'impression à ce juge.[83]

J'avoue que ce n'est point là l'essai d'un scélérat, et qu'il faut être bien 585
habitué à la perfidie pour la pouvoir pousser jusqu'à ces excès: mais qui en
croira-t-on plus capable qu'un homme, qui a désavoué son père dès son
enfance, qui l'a fait mourir de chagrin par ses ingratitudes, qui lui a refusé
les derniers devoirs, qui a calomnié ses maîtres, ses amis, ses bienfaiteurs,
qui fait trophée de satires, d'impudence et d'impiété, et qui pousse enfin 590
l'audace jusqu'à me faire demander par mon juge: Comment je nie
d'avoir fait les couplets en question, moi qui conserve des épigrammes
infâmes? et ces épigrammes qu'il me reproche de conserver, ce sont les
siennes!

584 MS I: d'impression sur ce juge.
586 MS I: pour le pouvoir
587 MS I: père dans son

[82] 'Si nous avions les harangues et les plaidoyers de tant d'habiles orateurs qui
depuis un certain nombre d'années ont si fort illustré le barreau français, et de ceux
qui y paraissent aujourd'hui avec tant d'éclat, nous pourrions y trouver des règles
sûres et des modèles parfaits qu'on y doit suivre. Mais le petit nombre que nous
avons de ces sortes de pièces nous oblige de recourir à la source même, et d'aller
chercher dans Athènes et dans Rome ce que la modestie de nos orateurs, peut-être
excessive, ne nous permet pas de trouver parmi nous' (Charles Rollin, *Traité des
études*, Paris, 1740, t.I, p.514).
[83] F. Gacon, *Anti-Rousseau*, p.503-504. Le même recueil fait l'éloge de Gaillard:
'Son zèle pour la justice lui fit découvrir bien des choses qui avaient échappé à ses
confrères [...] c'est d'ailleurs un beau génie, et qui est très versé dans les belles-
lettres'. Gacon lui consacre un rondeau: 'Gaillard, juge droit comme un terme'
(p.26-27).

Pendant qu'on instruisait ce procès, auquel tout Paris s'inté-   595
ressait, Rousseau parut au Châtelet; le peuple fut prêt de le lapider.
Il était avec un nommé De Brie, contre lequel il avait fait autrefois
cette sanglante épigramme.

> L'usure et la poésie
> Ont fait jusqu'aujourd'hui,   600
> Du fesse-matthieu De Brie,
> Les délices et l'ennui;
> Ce rimailleur à la glace
> N'a fait qu'un saut de ballet
> Du Châtelet au Parnasse,   605
> Du Parnasse au Châtelet. [84]

C'était un spectacle instructif pour les hommes de voir dans
cette occasion un accusateur qui n'avait pour toute ressource et
pour toute compagnie, qu'un malheureux qu'il avait outragé, et un
accusé dont cent mille voix prenaient la défense.   610

Le 12 décembre 1711, M. Saurin fut élargi par sentence du
Châtelet; et permis à lui d'informer criminellement contre Rousseau, et contre les témoins.

Plus de trente personnes se trouvèrent à sa sortie de prison; M. de
La Motte-Houdard et lui allèrent le lendemain dîner chez M. de   615
Mesmes, Premier Président: [85] le procès criminel fut instruit contre
Rousseau. Je ne peux m'empêcher de rapporter ici une plaisanterie
du jeune Voltaire. Une servante de la maison de son père était
impliquée au procès; elle était mère de ce malheureux garçon
savetier que Rousseau avait suborné; cette pauvre femme, crai-   620

---

600   MS I, MHV: fait jusques aujourd'hui
611   MS I: 1710

---

[84] *Œuvres diverses*, Amsterdam, 1732, t.4, p.217. Cette épigramme fait suite à une
autre contre De Brie ('Tu dis partout, maître Usurier', p.216) et en précède deux
autres ('En fait de plaisanterie' et 'Pour disculper ses œuvres insipides', p.218-19).
[85] Jean-Antoine de Mesmes, comte d'Avaux, membre de l'Académie française
(1710) et Premier Président du Parlement de Paris en 1712 (La Chenaye-Desbois et
Badier, *Dictionnaire de la noblesse*, t.13, colonne 755).

gnant que son fils ne fût pendu, étourdissait tout le quartier de ses cris: 'Consolez-vous, ma bonne, lui dit le jeune homme, il n'y a rien à craindre. Rousseau, fils d'un cordonnier, suborne un savetier qui, dites-vous, est complice d'un décrotteur; tout cela ne passera pas la cheville du pied.' 625

Rousseau fut à son tour décrété de prise de corps; il fallut prendre le parti de la retraite et de la fuite. Mme de Férioles, distinguée dans le monde pour[86] son esprit, le retira chez elle pendant quelques jours; le mari de cette dame, qui ne savait pas qu'il fût chez lui, et qui était animé contre lui de la haine du public, 630 n'eût pas souffert qu'on lui donnât asile dans sa maison.[87] Mme de Férioles dit à Rousseau: 'Ne craignez rien; mettez une perruque noire, au lieu de la blonde que vous portez; placez-vous à souper à côté de lui: je vous réponds qu'il ne vous reconnaîtra pas.' En effet, M. de Férioles, fatigué des affaires du jour, se mettait à table le soir 635 sans trop considérer qui était auprès de lui; il soupa trois fois à côté de Rousseau, lui disant à lui-même qu'il le ferait pendre s'il était son juge; et Rousseau défendait de son mieux la cause de Rousseau, que M. de Férioles attaquait si violemment.

Il ne sortit de cette retraite que pour en aller faire une autre au 640 noviciat des jésuites. Il crut que s'il pouvait mettre la religion dans ses intérêts, il serait sauvé. Il s'adressa au vieux père Sanadon, qui était à la tête de ces retraites de dévotion. Il se confessa à lui, et lui jura qu'il n'était auteur d'aucune des choses qu'on lui attribuait; il

628   MS1: monde par son esprit
632   MS1: Férioles a dit
644-45   MS1: choses qu'il lui attribuait et lui demanda

[86] Decroix corrigea 'pour' en 'par' sur son exemplaire de w64r bis.
[87] Augustin de Ferriol (1653-1737) était le père des comtes Antoine de Pont de Veyle et Charles-Augustin d'Argental, deux amis intimes de Voltaire. Il avait épousé en 1696 Marie-Angélique Guérin de Tencin, sœur de la marquise et du futur cardinal de Tencin (La Chenaye-Desbois et Badier, *Dictionnaire de la noblesse*, t.7, colonne 953). L'*Anti-Rousseau* évoque ce séjour chez les Ferriol: 'Il se confina pour cet effet dans le plus secret réduit de la maison d'un de ses amis de Versailles, d'où il ne sortait que la nuit' (p.156).

lui demanda la communion, prêt de faire serment sur l'hostie, qu'il 645
n'était point coupable. Le père Sanadon ne crut devoir l'admettre
ni à la communion, ni à cet étrange serment. C'est un fait que j'ai
entendu conter au père Sanadon, et dont plusieurs jésuites ont été
informés. [88]

Enfin pendant que son procès s'instruisait, il se déroba à la 650
justice, et se retira en Suisse, à Soleure, auprès du comte Du Luc, [89]
ambassadeur de France, avec des lettres de recommandation de
Mme de Bouzoles, de Mme de Férioles, et de quelques autres
personnes.

Le Parlement, saisi de l'affaire, le jugea le 7 avril 1712. Il y eut 655
trois voix qui le condamnèrent à la corde, et le reste fut pour le

[88] Chaudon note à juste titre: 'Il n'est nullement vraisemblable que le père
Sanadon ait rendu compte de ce qui s'était passé en confession entre lui et un de ses
pénitents' (*Mémoires pour servir à l'histoire de Monsieur de Voltaire*, t.1, p.124). Le
père Noël-Etienne Sanadon (1676-1733) était un poète latin et un traducteur de
quelque réputation (Titon Du Tillet, Premier Supplément, p.666-67, avec portrait
gravé). Rousseau entretint toujours des relations étroites avec quelques jésuites
parisiens: ses lettres d'exil en témoignent (p.78, n.116, 118). Boindin note pourtant
que 'les J[ésuites] étaient ses ennemis déclarés' (*Mémoire pour servir à l'histoire des
couplets*, p.49).

[89] Charles-François de Vintimille, marquis Des Arcs, connu sous le nom de
comte Du Luc (1653-1740), fit une brillante carrière militaire avant de servir la
diplomatie française: ambassadeur auprès des Cantons suisses en résidence à Soleure
(1708), plénipotentiaire au traité de Bade en 1714, puis ambassadeur auprès de
l'Empereur (1715), il recueillit Rousseau et fut un ami fidèle (Louis Moréri, *Le Grand
Dictionnaire historique*, Paris, 1759, t.10, p.652). On possède les lettres familières
adressées au poète de 1722 à 1738 (BnF, n.a.fr. 15008, f.87-157). Rousseau 'fut
heureux en 1712 peu de temps après son bannissement de trouver un illustre
protecteur en M. le comte Du Luc, de la maison des comtes de Vintimille et de
Marseille, ambassadeur de France en Suisse, qui fut charmé de l'avoir auprès de lui,
et qui se fit un grand plaisir de lui rendre la vie douce et agréable; aussi Rousseau
témoigna-t-il bien de la reconnaissance à son bienfaiteur et faisait un des plus grands
agréments de sa maison qui était ouverte, non seulement à tous les Suisses, mais
encore à toute la noblesse des pays circonvoisins, qui venaient profiter de la
magnificence bien entendue, avec laquelle vivait cet ambassadeur' (Titon Du Tillet,
Premier Supplément, p.736-37). Rousseau dédia une épître à l'"Ambassadeur du Roi
en Suisse' (*Œuvres diverses*, Londres, 1723, t.1, p.356-74).

bannissement. Voici l'arrêt qui fut rendu par la Tournelle criminelle. [90]

Arrêt du Parlement contre Jean-Batiste Rousseau
De par le Roi, et Nosseigneurs de la Cour de Parlement.

On fait à savoir que, par arrêt de ladite Cour du 7 avril 1712, la contumace a été déclarée bien instruite contre Jean-Batiste Rousseau, de l'Académie royale des inscriptions; et adjugeant le profit d'icelle, a été déclaré dûment atteint et convaincu d'avoir composé et distribué *les vers impurs, satiriques et diffamatoires* qui sont au procès, et fait de *mauvaises pratiques* pour faire réussir l'*accusation calomnieuse* qu'il a intentée contre Joseph Saurin, de l'Académie des sciences, pour raison de *l'envoi* desdits vers diffamatoires au *café de la veuve Laurent*.

Pour réparation de quoi, ledit Rousseau est *banni à perpétuité du royaume*; enjoint à lui de garder son ban, sous les peines portées par la Déclaration du Roi. Tous et un chacuns ses biens, situés en pays de confiscation, déclarés acquis et confisqués à qui il appartiendra; sur iceux, et autres non sujets à confiscation, préalablement pris *cinquante livres* d'amende, et *cent livres* de réparation civile vers ledit Saurin; et *condamné aux dépens*; et ladite condamnation sera écrite dans un *tableau* attaché dans un *poteau* qui sera planté en place de *Grève*.

Cet arrêt n'empêcha pas le comte Du Luc de retirer Rousseau dans sa maison à Soleure. Il s'y comporta d'abord avec la sagesse qui devait être le fruit de tant d'imprudences, de crimes et de malheurs; mais enfin son penchant l'emporta; il fit des vers contre un homme de la maison, que le fils du comte Du Luc aimait beaucoup; il resta protégé du père, mais totalement brouillé avec le fils.

Il fit imprimer à Soleure une partie de ses ouvrages, dans lesquels on estima beaucoup les mêmes choses dont j'ai déjà

660

665

670

675

680

---

674 MS1: planté dans la place
674-75 MHV: [*entre ces lignes ajoute*] § VI. *Sa retraite en Suisse; édition de ses ouvrages; son passage à Vienne auprès du prince Eugène*
680-81 MHV: fils. C'est alors qu'il fit imprimer

[90] Reproduit dans l'*Anti-Rousseau* (p.508-509).

parlé, c'est-à-dire plusieurs psaumes, quelques cantates, et des épigrammes. [91]

Il eut la sagesse de ne point faire imprimer une ode, très bien tournée, qu'il avait faite à Paris contre une de ses protections; [92] mais les mêmes raisons qui l'engagèrent à la supprimer ne subsistant plus, je crois faire plaisir au lecteur de la rapporter. [93]   685

> Quel charme, Hélène dangereuse,
> Assoupit ton nouveau Pâris?   690
> Dans quelle oisiveté honteuse
> De tes yeux la douceur flatteuse
> A-t-elle plongé ses esprits?
>
> Pourquoi ce guerrier inutile
> Cherche-t-il l'ombre et le repos?   695
> D'où vient que déjà vieux Achille,

686   MS I, MHV: ses protectrices
688-89   MS I: [entre ces lignes ajoute] A Madame de Feriole. Sur ses amours avec le maréchal d'Huxelles.
689   MS I: charme, beauté dangereuse
696   MS I: déjà ce vieux

[91] Œuvres diverses du sieur R*** (Soleure, Ursus Heuberger, 1712), 1 vol. in-12 de xxviii-318-[4] pages. Il existe de nombreuses contrefaçons de cette édition, ce qui est un clair indice de son succès (P. Darin, Notice bibliographique sur les dix éditions des 'Œuvres diverses du sieur Rousseau' publiées sous la rubrique 'Soleure', Paris, 1897).

[92] Decroix corrigea 'protections' en 'protectrices' sur son exemplaire de w64r bis.

[93] Pourtant cette pièce avait été publiée à deux reprises dans le Mercure galant, d'abord par Jean Donneau de Visé (août 1703, p.45-49), puis par Charles Dufresny (février 1711, p.91-97): 'Ode. Sur les amours de Madame F*** et de Monsieur le M. D***', avec des variantes: 'Quel charme, beauté dangereuse, / Assoupit un nouveau Pâris'. Elle parut encore sous le simple titre d'Ode' dans les Œuvres choisies – et non autorisées (Rotterdam, 1716, t.3, p.99-101). Selon la copie de la Vie conservée à la BnF (MS I), la pièce était dédiée 'A Madame de Feriole sur ses amours avec le maréchal d'Huxelles' (f.128). Nicolas Chalon Du Blé, marquis d'Huxelles (1652-1750), crée maréchal de France en 1703, présida le Conseil des Affaires étrangères (1715-1718), puis fut membre du Conseil de Régence. Rousseau prétendit avoir renoncé à publier cette ode pour ne pas offenser Mme de Ferriol (Lettres sur différents sujets de littérature, 5 vol., Genève, 1749-1750, t.4, p.203-204).

Il suit le modèle stérile
De l'enfance de ce héros?

En proie au plaisir qui l'enchante,
Il laisse enivrer sa raison;
Et dans la coupe séduisante,
Que le fol amour lui présente,
Il boit à longs traits le poison.

Ton accueil, qui le sollicite,
Le nourrit dans ce doux état.
Eh! qu'il est beau de voir écrite
La mollesse d'un sybarite
Sur le front brûlé d'un soldat!

De ses langueurs efféminées
Il recevra bientôt le prix;
Et déjà ses mains basanées.
Aux palmes de Mars destinées,
Cueillent les myrtes de Cypris.

Mais qu'il connaît peu quel orage
Suivra ce calme suborneur,
Qu'il va regretter le rivage.
Que je plains le triste naufrage
Que lui prépare son bonheur.

Quand les vents, maintenant paisibles,
Enfleront la mer en courroux;
Quand pour lui les dieux inflexibles
Changeront en des nuits horribles
Des jours qu'il a trouvés si doux!

Insensé, qui sur des promesses
Croit fonder son appui

700

705

710

715

720

725

697   MSI: Suit-il le modèle
715   MHV: calme séducteur
724-25   MSI: Insensé qui sur tes caresses
                Croit pouvoir fonder son appui
725   MHV: son fragile appui!

Sans songer que mêmes tendresses,
Mêmes serments, mêmes caresses,
Trompèrent un autre avant lui.

L'Amour a marqué son supplice:
Je vois cet amant irrité,   730
Des dieux accusant l'injustice,
Détester son lâche caprice,
Et pleurer sa fidélité.

Tandis qu'au mépris de ses larmes,
Oubliant qu'il se peut venger,   735
Tu mets tes attraits sous les armes,
Pour profiter des nouveaux charmes
De quelqu'autre amour passager.

Beaucoup de pièces fugitives qu'il imprima n'étaient pas de cette
force; mais le bon l'emportait infiniment sur le mauvais. Ce qu'on   740
blâme le plus dans cette édition, ce fut la préface dans laquelle il
attaqua indignement M. Dufresny, mon camarade, chez le Roi,
homme d'esprit et de talent, auteur de plusieurs comédies
charmantes, qui n'avait envers Rousseau d'autre crime que d'avoir
publié plusieurs de ses pièces fugitives dans le *Mercure galant*.[94]   745

732-733   MSI: Détestant tout lâche caprice
                Déplorer sa fidélité.
735   MHV: se put venger
741   MHV: blâma
742   MSI: mon ancien camarade

[94] Sur cette affaire voir notre ouvrage: *Le 'Mercure galant' de Dufresny*, p.26-29.
Charles Dufresny (1657-1724) avait obtenu en 1710 le privilège du *Mercure galant* où
il succéda à Jean Donneau de Visé. Cet auteur dramatique était aussi un créateur
original de jardins et un esprit très inventif; par l'expression 'mon camarade',
Voltaire, gentilhomme de la Chambre du Roi, évoque, avec quelque emphase, le
statut fort modeste de Dufresny à la Cour en tant que 'garçon de la Chambre' ou
qu''huissier du Chambellan', malgré le titre de 'Valet de chambre ordinaire du Roi'
qu'il se donne parfois dans les actes notariés. Son emploi de 'dessinateur des jardins
du Roi' fut plus important, même s'il n'en reste rien à Versailles (F. Moreau,
Dufresny auteur dramatique (1657-1724), Paris, 1979, p.23, 28, 33, 43).

Rousseau se donne, dans cette préface, pour un homme du monde qui n'a fait des vers que par amusement, et qui est devenu auteur malgré lui. 'Voici enfin, dit-il, le petit nombre d'ouvrages qui m'ont donné, malgré moi, la qualité d'auteur.' Il faut avouer que cette vanité était intolérable dans un homme de son espèce, qui   750
avait passé une partie de sa vie à faire des opéras, et des comédies, pour subsister. Ce qu'il y a peut-être encore de plus honteux, c'est d'avoir, dans cette préface, traité M. de Francine d'homme divin, après lui avoir prodigué dans la *Francinade* les injures les plus grossières. [95]   755

La raison de cette apothéose de M. de Francine était, comme je l'ai déjà insinué, une quête faite en faveur de Rousseau par Mme de Bouzoles; M. de Francine donna vingt louis d'or. J'ai lu dans un journal que le jeune Voltaire en avait aussi donné quelques-uns. [96] Ce fait est très vraisemblable, car on remarque qu'il s'est toujours   760
fait un mérite d'aider les gens de lettres; mais, en vérité, diviniser M. de Francine, parce qu'il en avait reçu vingt louis, et l'avoir accablé d'injures parce que l'opéra de *Jason* n'avait été payé que cent pistoles, c'étaient deux bassesses également méprisables.

Rousseau ne quitta la maison de M. Du Luc, que pour passer au   765
service du prince Eugène, auprès de qui il resta quelques années; [97]

---

[95] Dans sa préface, Rousseau déclare renoncer à publier *La Francinade*, qu'il rebaptise *Le Masque de Laverne*, et il fait l'éloge de Francine, sans le citer nommément, comme d'un 'très galant homme, [...] comme un des plus rares et des plus vertueux amis qu'il y ait au monde' (*Œuvres diverses*, Soleure, 1712, p.xxvii-viii). L'expression 'homme divin' n'apparaît pas. *Le Masque de Laverne* fut publié la même année dans l'édition de Rotterdam, sous le titre de *La Franc...* (1712, t.i, p.227-31). Le passage de la *Vie* est repris presque mot pour mot de la lettre de Voltaire à la *Bibliothèque française* (D1150).

[96] Lettre de Voltaire à la *Bibliothèque française*: 'j'avais donné quatre louis pour mon aumône à Rousseau' (D1150).

[97] Rousseau arriva à Vienne le 1er juillet 1715 (H. A. Grubbs, *Jean-Baptiste Rousseau*, p.125). Titon Du Tillet évoque en détail les circonstances de sa venue, conséquence secondaire de la présence du comte Du Luc à Bade pour négocier le traité de paix avec l'Empereur, dont la délégation était présidée par le prince Eugène, qui appréciait depuis longtemps le poète: 'aussitôt après la conclusion de la paix, il

on espérait même qu'il écrirait la vie de ce prince, qui a joué un si grand rôle; mais, soit qu'il manquât de mémoires, soit qu'il ne se sentît pas les mêmes talents pour la prose que pour les vers, il n'a jamais commencé cette histoire.

770

De Vienne, Rousseau passa à Bruxelles, sous l'espérance que le marquis de Prié,[98] commandant aux Pays-Bas, lui ferait avoir quelque emploi, mais sa principale ressource fut l'Angleterre; car dans un voyage en Hollande, ayant fait sa cour à milord Cadogan,[99] qui était à La Haye, ce seigneur anglais le mena à Londres, et lui procura des souscriptions pour l'impression de ses œuvres.[100] Il revint d'Angleterre avec environ cinq cents guinées;

775

770-71   MHV: [*entre ces lignes ajoute*] § VII. *Son séjour à Bruxelles; ses brouilleries avec Voltaire*
771   MSI: Bruxelles, sur l'espérance
        MHV: Bruxelles, dans l'espérance

l'emmena à Vienne, où il le fit connaître à la Cour de l'Empereur, où il ne tarda pas de faire d'illustres connaissances' (Premier Supplément, p.738). Rousseau lui consacra une ode 'après la paix de Passarovits' (1718) (*Pièces nouvelles*, Londres, 1724, t.1, p.227-35).

[98] Hercule-Joseph Turinetti, marquis de Prié fut ministre plénipotentiaire de l'empereur Charles VI dans les Pays-Bas autrichiens (1716-1725). Il mourut disgracié à Vienne en 1726.

[99] William, comte Cadogan, officier général anglais de la guerre de Succession d'Espagne, poursuivit ensuite une carrière diplomatique aux Pays-Bas. En 1718, il fut envoyé pour la seconde fois comme ambassadeur extraordinaire à La Haye (L. Moréri, *Le Grand Dictionnaire historique*, t.3, p.17). Une lettre du comte Du Luc à Rousseau, du 8 octobre 1722, lui est adressée à Londres chez Milord Cadogan (BnF, n.a.fr. 15008, f.99).

[100] *Œuvres diverses* (Londres, Jacob Tonson, Jean Watts, 1723), 2 vol. in-4°, frontispice. 'Cette édition qui est très belle, lui valut aux environs de dix mille livres qu'il plaça à son retour à Bruxelles sur la Compagnie d'Ostende. [...] Cette compagnie se dérangea dans son commerce, devint à rien, et les actionnaires perdirent leur fonds' (Titon Du Tillet, Premier Supplément, p.739-40).

mais ses vers furent très peu goûtés des Anglais, et plusieurs, qui avaient souscrit deux guinées revendirent pour une.

La raison de cette indifférence de la nation anglaise pour les vers   780
de ce poète vient de ce que le mérite de Rousseau consiste dans un grand choix d'expressions, et dans la richesse des rimes plutôt que des pensées; d'ailleurs tout ce qui est en style marotique demande une intelligence très fine de notre langue pour être, je ne dis pas goûté, mais entendu. Enfin, la plupart des sujets que Rousseau a   785
traités, le regardent assez personnellement; presque toutes ses épîtres roulent sur lui et sur ses ennemis: objets peu intéressants pour des lecteurs anglais, et qui cessent bientôt de l'être pour la postérité.

Revenu à Bruxelles, il lui arriva ce qu'il avait presque toujours   790
éprouvé: il se brouilla avec son protecteur. Il y avait déjà quelque temps que le prince Eugène s'était refroidi envers lui, sur des plaintes que des personnes de distinction de France lui avaient faites; mais la véritable raison de la disgrâce de Rousseau auprès de son protecteur vient de ce misérable penchant à la satire, qu'il ne   795
put jamais réprimer. Il semble qu'il y ait, dans de certains hommes, une prédétermination invincible et absolue à certaines fautes. Lorsque le comte de Bonneval eut à Bruxelles cette malheureuse querelle avec le marquis de Prié, laquelle enfin conduit[101] un excellent officier chrétien à se faire mahométan, et à commander les   800

779   MS1: qui avaient souscrit pour ... une.
781   MS1: le grand mérite
788   MS1: cessent aussi bientôt
791-92   MS1: déjà du temps
795-96   MS1: ne peut jamais
796   MS1: qu'il y a, dans
799   MHV: enfin conduisit un

[101] Decroix corrigea 'laquelle enfin conduit' en 'laquelle a enfin conduit' sur son exemplaire de W64R bis.

armées des Turcs;[102] au temps, dis-je, de cette querelle, le comte de Bonneval fit quelques couplets contre le prince Eugène, et Rousseau eut la criminelle complaisance d'aiguiser ses traits, et d'ajouter une demi-douzaine de rimes à ces injures. Le prince Eugène le sut, et se contenta de lui retrancher la gratification 805 annuelle qu'il lui faisait, et de le priver de l'emploi qu'il lui avait promis dans les Pays-Bas.[103]

Rousseau passa alors en Hollande, où il fut fort mal reçu à cause d'une épigramme contre un Suisse, qui attaquait à la fois les nations suisse et hollandaise; le sel de cette épigramme, s'il y en a, consiste 810 dans ces deux vers:

> C'est la politesse d'un Suisse
> En Hollande civilisé.[104]

Les choses changèrent à Bruxelles; le marquis de Prié, qui voulait punir Rousseau, fut disgracié; l'Archiduchesse gouverna le 815 Pays-Bas flamand. Le duc d'Aremberg, prince de l'Empire, établi à

---

803   MSI: d'aiguiser les traits
806   MSI: annuelle dont il l'honorait, et

[102] Claude-Alexandre, comte de Bonneval (1675-1747), se mit au service de la Porte après avoir été à ceux de la France puis de l'Empereur. Ce compagnon d'armes du prince Eugène provoqua en duel le marquis de Prié et fut détenu à la citadelle d'Anvers (1724). Lenglet-Dufresnoy donne une relation orientée de l'affaire (*De l'usage des romans*, Amsterdam, 1734, t.I, p.11-17). Ensuite, Bonneval fut banni de l'Empire (1729). Converti à l'Islam, il devint l'Achmet-Pacha des Turcs. Le prince de Ligne a écrit des *Mémoires sur le comte de Bonneval* (1817). Rousseau lui consacra une ode (*Œuvres diverses*, Londres, 1723, t.I, p.143-51). Deux lettres de Bonneval à Rousseau datées de Venise, les 17 septembre et 17 novembre 1728, témoignent d'une amitié entre les deux hommes qui se maintint après l'exil du premier ('Bibliotheca Asiatica', Première partie, Londres, 1924, Cat. Maggs Bros 452, n° 487).

[103] Rousseau, qui avait reçu du prince Eugène une 'gratification de mille écus sur le Duché de Limbourg' (Titon Du Tillet, Premier Supplément, p.739), soupçonna Voltaire d'avoir été à l'origine de sa disgrâce: celui-ci nia le fait dans sa lettre à la *Bibliothèque française* (D1150).

[104] Epigramme absente des éditions du dix-huitième siècle, mais publiée par Amar dans les *Œuvres diverses* (Paris, 1820), t.2, p.366.

Bruxelles, ami du général de Bonneval, protégeait Rousseau, et lui donna retraite à Bruxelles au Petit Hôtel d'Aremberg; [105] il y vécut assez paisiblement, jusqu'à ce qu'une nouvelle querelle l'en fit chasser.   820

Cette querelle publique fut contre M. de Voltaire, déjà connu par le seul poème épique dont la France puisse se vanter; par plusieurs tragédies d'un goût nouveau, dont la plupart sont très applaudies; par l'*Histoire de Charles XII*, peut-être mieux écrite qu'aucune histoire française, par quantité de pièces fugitives, qui   825 sont entre les mains des curieux; et enfin par la *Philosophie de Newton*, qu'il nous promet depuis plusieurs années. [106] Je ne saurais dire positivement quel fut le sujet de l'inimitié si publique entre ces deux hommes célèbres; il y a grande apparence qu'il n'y en a point d'autre que cette malheureuse jalousie, qui brouille toujours les   830 gens qui prétendent aux mêmes honneurs. Ils ont écrit, l'un contre l'autre, des espèces de factums fort sanglants, imprimés dans la *Bibliothèque française*. [107] Rousseau imprima qu'une des sources de leur querelle venait de ce que son adversaire l'avait beaucoup décrié un jour chez M. le duc d'Aremberg; M. de Voltaire se   835 plaignit à ce Prince de cette accusation; le Prince lui répondit que c'était une calomnie; et il fut si fâché d'être compris dans cette imposture par Rousseau qu'il le chassa de chez lui. La preuve de ce

823-24 MS1, MHV: sont applaudies
825 MS1: qu'aucune autre histoire
827 MS1: depuis longtemps. Je

[105] Léopold-Philippe de Ligne, duc d'Arenberg (1690-1754), feld-maréchal et gouverneur-général des Pays-Bas autrichiens. Dans sa correspondance, Voltaire traite Rousseau de 'domestique' d'Arenberg (D1172).
[106] L'édition originale parut en 1738 chez Etienne Ledet à Amsterdam.
[107] Ce sont la 'Lettre de Monsieur Rousseau à Monsieur ***' écrite à Enghien, la résidence d'été du duc d'Arenberg, le 22 mai 1736 (*Bibliothèque française*, Amsterdam, 1736, t.23, p.138-54, ou D1134), et la 'Lettre de Monsieur de Voltaire à Messieurs les Auteurs de la *Bibliothèque française*' écrite à Cirey, le 20 septembre 1736 (t.24, p.152-66 ou D1150).

70

fait est une lettre de M. le prince d'Aremberg, rapportée dans la
Bibliothèque en l'année 1736. [108]   840

Rousseau, vers ce temps-là, fit imprimer à Paris trois épîtres
nouvelles: la première, adressée au père Brumoy, jésuite, sur sa
tragédie; la seconde, *Athalie*, [109] sur le genre comique; la troisième,
au sieur Rollin, ancien professeur au collège de Beauvais, auteur
d'un livre estimé concernant les études de la jeunesse, et d'une   845
compilation de l'*Histoire ancienne*, dont les premiers tomes ont eu
beaucoup de vogue en leur temps. [110]

Rousseau, dans sa première épître, semblait désigner par des
traits fort piquants son ennemi, M. de Voltaire; dans la seconde, il
attaquait tous les auteurs comiques, et prétendait que, depuis   850
Molière, nous n'avions rien de bon en fait de comédie. Il se trompait
en cela visiblement: car, sans parler de la comédie inimitable du
Joueur, de l'excellente pièce du *Grondeur*, de *L'Esprit de contradiction*, du *Double Veuvage*, de *La Pupille*, nous avons eu en dernier

840   MSI: *Bibliothèque française* année 1736.
842-43   MSI, MHV: sur la tragédie
843   MSI, MHV: seconde, à Thalie, sur
851   MSI: en comédies. Il
854   MSI: *La Pupille*, etc., nous

[108] La réplique de Voltaire irrita les journalistes: 'Nous publions à regret cette
lettre de M. de Voltaire [...] nous avertissons ces messieurs que nous ne recevrons
plus rien à l'avenir de ce qui viendra de leur part, touchant une querelle si messéante
entre des gens de lettres, estimables par leurs talents' (*Bibliothèque française*, t.24,
p.152). Dans son *Mémoire du sieur de Voltaire* (1739), le philosophe développa à
nouveau ses accusations contre Rousseau et reproduisit la lettre de soutien du duc
d'Arenberg. Il concluait bizarrement sur son adversaire: 'M. de Voltaire, qui a dû se
venger, saurait lui pardonner, s'il se rétractait de bonne foi' (*OCV*, t.20A, p.117).
[109] Decroix corrigea 'Athalie' en 'à Thalie' sur son exemplaire de w64R bis.
[110] 'Au R. P. Brumoy, auteur du *Théâtre des Grecs*' (*Épîtres nouvelles du sieur
Rousseau*, Paris, Rollin fils, 1736, p.3-16), 'A Thalie' (p.17-30) et 'A M. Rollin' (p.31-
45). Approuvées par le censeur Laserre le 22 juin 1736 ('je crois qu'elles seront
agréablement reçues du public'), ces pièces de vers faisaient, de toute évidence,
partie de la campagne de réhabilitation du poète exilé menée par ses amis parisiens.
Voltaire en publia une analyse critique sous le titre d'*Utile Examen des trois dernières
épîtres du sieur Rousseau* (*OCV*, t.16, p.331-51).

lieu *Le Glorieux* de M. Des Touches, ci-devant ministre du Roi à 85ʲ
Londres, et *Le Préjugé à la mode*, de M. de La Chaussée, qui sont de
très bons ouvrages dans leur genre, et infiniment goûtés, surtout *Le
Glorieux*. A l'égard de la tragédie, nous ne conviendrons pas
aisément que *Manlius, Ariane, Electre, Radamiste, Œdipe, Brutus,
Zaïre, Alzire, Maximien*, soient des pièces médiocres. [111] 86(

Les trois épîtres de Rousseau se sentaient de sa vieillesse; parmi
quelques traits forts et bien tournés, on remarquait ce style dur et
dépourvu de grâces, qui caractérise d'ordinaire l'épuisement d'un
homme avancé en âge: ce qu'il y avait de pis; c'est qu'en prétendant
donner des règles du théâtre, il composa dans ce temps-là même 86
une comédie, intitulée *Les Aïeux chimériques*, [112] qui est dans le

[111] Cette série de titres renvoie à des comédies et à des tragédies à succès jouées
sur près d'un demi-siècle: de Jean-François Regnard (*Le Joueur*), de David-
Augustin Brueys et Jean de Palaprat (*Le Grondeur*), de Charles Dufresny (*L'Esprit
de contradiction, Le Double Veuvage*), de Fagan (*La Pupille*), de Philippe Néricault
Destouches (*Le Glorieux*), de Pierre-Claude Nivelle de La Chaussée (*Le Préjugé à
la mode*), d'Antoine de La Fosse (*Manlius*), de Thomas Corneille (*Ariane*), de
Prosper Jolyot de Crébillon (*Electre, Rhadamiste et Zénobie*), de Voltaire lui-même
(*Œdipe, Brutus, Zaïre, Alzire*) et de Nivelle de La Chaussée encore (*Maximien*). Au
moment où Voltaire rédige la *Vie*, deux lettres associent cette dernière pièce créée le
28 février 1738 à sa querelle avec Rousseau: à la mi-février, Voltaire fonde de grands
espoirs sur elle. Il écrit vers le 12 février: 'Je ne doute pas que M. de La Chaussée
n'ait mis dans sa pièce tout ce qui manque à celle de Thomas Corneille [...] je suis
bien aise qu'il continue à confondre le misérable auteur des *Aïeux chimériques* et des
trois épîtres tudesques, où ce cynique hypocrite prétendait donner des règles de
théâtre, qu'il n'a jamais mieux entendues que celles de la probité' (D1450). Et le 8
mars, à Thiriot: 'Je suis bien aise qu'il continue à confondre par ses succès dans des
genres opposés les impertinentes épitres de l'auteur des *Aïeux chimériques*' (D1469).
Mais il lit ensuite la pièce et là, déception exprimée à Thiriot (28 mars, D1474) puis à
d'Argental (3 mai, D1490).

[112] *Les Aïeux chimériques ou la comtesse de Critognac, comédie* dans les *Nouvelles
Œuvres de Monsieur Rousseau* (Amsterdam, 1735), p.23-165. Cette comédie en cinq
actes et en vers ne fut pas représentée. L'édition de cette pièce sur les origines
douteuses d'une aristocrate – sujet que les ennemis de Rousseau n'auraient pas
manqué de relever – est précédée d'une longue préface qui semble dater la pièce de
1732-1733 (p.35) et voit dans 'l'attendrissement naturel' et les 'exemples agissants'
l'exercice purificateur du théâtre (p.26, 28). Voltaire répliqua à ces théories dans
L'Enfant prodigue (1736).

goût de la pièce du *Café*; c'était en quelque façon retomber en enfance.

La comédie des *Aïeux chimériques* fut totalement oubliée en naissant; mais les trois épîtres causèrent une nouvelle guerre sur le Parnasse. Un nommé l'abbé Gyot-Desfontaines, qui faisait une espèce de gazette littéraire, homme extrêmement caustique, bon littérateur, mais manquant de finesse et de goût, fit un éloge outré de ces nouvelles satires, et aggrava encore le coup que Rousseau voulait porter aux auteurs modernes. [113] On répondit par plusieurs pièces à Rousseau et à ce Desfontaines; mais ce qu'il y eut de plus vif et de plus emporté, ce furent deux pièces attribuées à M. de Voltaire. L'une est une *Ode sur l'ingratitude*, et l'autre une espèce d'allégorie et de conte. [114] Je ne sais si effectivement le conte est de M. de Voltaire; mais pour l'ode, elle est sûrement de sa façon, et il est difficile de l'y méconnaître. Il est triste qu'un homme comme M. de Voltaire, qui jusque-là avait eu la gloire de ne se jamais servir de son talent pour accabler ses ennemis, eût voulu perdre cette gloire.

Il est vrai qu'il se croyait outragé par Rousseau, et encore plus par ce Desfontaines, qui lui avait en effet les dernières obligations; car on disait que Desfontaines ne lui devait pas moins que la vie. Il est certain qu'il l'avait retiré de Bicêtre, où cet homme avait été enfermé pour des crimes infâmes; et on assurait que depuis ce temps l'abbé Desfontaines avait fait beaucoup de libelles contre son bienfaiteur; mais enfin il eût été plus beau au chantre du grand Henri de ne se point abaisser à de si indignes sujets. Quoi qu'il en soit, voici l'ode telle qu'elle est parvenue entre nos mains. On y

870

875

880

885

890

892   MHV: voici les deux pièces telles qu'elles sont parvenues entre

[113] Pierre-François Guyot-Desfontaines, *Observations sur les écrits modernes*, t.5 (1736), p.289-310, sur 'l'oracle de la belle littérature et l'Horace de le siècle' (28 juillet 1736).

[114] L'"Ode sur l'ingratitude' est citée plus bas. Comme le note Chaudon: 'Cette ode est différente de celle qu'on trouve dans les éditions de Voltaire; il y a trois stances de plus dans celle que ce poète inséra dans la *Vie de Rousseau*' (*Mémoires pour servir à l'histoire de Monsieur de Voltaire*, t.1, p.139) Ce sont les lignes 925-42. Pour l'édition critique de l'ode, voir *OCV*, t.16, p.460-65. Quant à l'"espèce d'allégorie et de conte', il s'agit de *La Crépinade* (*OCV*, t.16, p.315-29).

voit un homme qui estime bien ses amis, et qui hait beaucoup ses ennemis.

Ode sur l'ingratitude

I

O toi, mon support et ma gloire   895
Que j'aime à nourrir ma mémoire
Des biens que ta vertu m'a faits,
Lorsqu'en tous lieux l'ingratitude
Se fait une pénible étude
De l'oubli honteux des bienfaits.   900

II

Doux nœuds de la reconnaissance,
C'est par vous que dès mon enfance
Mon cœur à jamais fut lié;
La voix du sang, de la nature,
N'est rien qu'un languissant murmure,   905
Près de la voix de l'amitié.

III

Eh quel est en effet mon père?
Celui qui m'instruit, qui m'éclaire,
Dont le secours m'est assuré,
Et celui dont le cœur oublie   910
Les biens répandus sur sa vie;
C'est là le fils dénaturé.

IV

Ingrat, monstre que la nature,
A pétri d'une fange impure,
Qu'elle dédaigna d'animer,   915
Il manque à votre âme sauvage,

894-94a   MHV: [*entre ces lignes ajoute le texte de 'La Crépinade'*]
913   MHV: Ingrats, monstres que

Des humains le plus beau partage,
Vous n'avez pas le don d'aimer.

V

Nous admirons le fier courage,
D'un lion fumant de carnage,   920
Symbole du dieu des combats,
D'où vient que l'univers déteste
La couleuvre bien moins funeste?
Elle est l'image des ingrats.

VI

Tel fut ce plagiaire habile,   925
Singe de Marot et d'Ouvile (*b*)
Connu par ses viles chansons,
Semblable à l'infâme Locuste,
Qui, sous les successeurs d'Auguste,
Fut illustré par les poisons.   930

VII

Dis-nous, Rousseau, quel premier crime
Entraîna tes pas dans l'abîme
Où j'ai vu Thémis te plonger?
Ah! ce fut l'oubli des services;
Tu fus ingrat, et tous les vices,   935
Vinrent en foule t'assiéger.

VIII

Aussitôt le Dieu qui m'inspire,
T'arracha le luth et la lyre
Qu'avaient déshonorés tes mains;
Tu n'es plus qu'un reptile immonde,   940

(*b*) Ancien répertoire des contes obscènes.

930   MHV: par ses poisons.

Rebut du Parnasse et du monde,
Enseveli dans tes venins.

IX

Quel monstre plus hideux s'avance?
La nature fuit et s'offense
A l'aspect de ce vieux Giton;　　　　　　　　945
Il a la rage de Zoïle,
De Gacon l'esprit et le style,
Et l'âme impure de Chausson. (c)

X

C'est Desfontaines; c'est ce prêtre,
Venu de Sodome à Bicêtre,　　　　　　　　950
De Bicêtre au sacré vallon;
A-t-il l'espérance bizarre
Que le bûcher qu'on prépare
Soit fait des lauriers d'Apollon?

XI

Il m'a dû l'honneur et la vie,　　　　　　　　955
Et dans son ingrate furie,
De Rousseau lâche imitateur,
Avec moins d'art, et plus d'audace,
De la fange où sa voix croasse,
Il outrage son bienfaiteur.　　　　　　　　960

XII

Que Makarty, (d) loin de la France,

(c) Mauvais satirique, universellement haï et méprisé: exécuté publiquement pour sodomie.
(d) MaKarty, abbé irlandais, fils d'un chirurgien de Nantes qui se

950　MHV: de S*** à
953　MHV: qu'on lui prépare

Aille ensevelir dans Byzance
Sa honte à l'abri du Croissant;
D'un œil tranquille et sans colère,
Je vois son crime et sa misère,   965
Il n'emporte que mon argent.

XIII

Mais l'ingrat dévoré d'envie,
Trompette de la calomnie,
Qui cherche à flétrir mon honneur;
Voici le ravisseur coupable,   970
Voici le larcin détestable,
Dont je dois punir la noirceur.

XIV

Pardon, si ma main vengeresse
Sur ce monstre un moment s'abaisse
A lancer ces utiles traits,   975
Et si de la douce peinture,
De la vertu brillante et pure,
Je passe à ces sombres portraits.

XV

Mais lorsque Virgile et le Tasse,
Ont chanté dans leur noble audace   980
Les dieux de la terre et des mers,
Leur muse que le ciel inspire

---

disait de l'ancienne maison de MaKarty, ayant subsisté longtemps des
bienfaits de M. de Voltaire, et lui ayant en dernier lieu emprunté deux
milles livres, s'associa en 1733 avec un Ecossais, nommé Ramsai, qui se
disait aussi des bons Ramsai, et avec un officier français, nommé Mornay;   5
ils passèrent tous trois à Constantinople, et se firent circoncire chez le
comte de Bonneval; MaKarty est à présent officier d'artillerie en
Portugal.

> Ouvre le ténébreux empire
> Et peint les monstres des enfers. [115]

Rousseau avait espéré que son épître au père Brumoy lui 985
donnerait les suffrages de tous les jésuites; [116] que celle au sieur
Rollin lui donnerait tout le parti janséniste, et que par là il pourrait
revenir bientôt à Paris, et avoir des Lettres de grâce. On disait
même qu'un homme fort riche devait se charger de satisfaire aux
dépens, dommages et intérêts dus à la Partie civile. [117] Ce dessein 990
paraissait bien concerté. Pour mieux réussir, il fit une ode à la
louange du cardinal de Fleury, au sujet de la paix. [118] L'ode fut assez
bien reçue du ministre, quoique fort indigné de ses premières odes,

992 MS1: cardinal Fleury
993 MS1, MHV: fort indigne de

[115] Decroix supprima l'*Ode* de son exemplaire de W64R bis: 'On lisait ici l'ode sur
l'ingratitude avec les strophes sur Rousseau qui se trouvent aujourd'hui parmi les
variantes. Voyez les poésies diverses'.

[116] La correspondance du père Brumoy avec Rousseau confirme cette intention
(BnF, n.a.fr. 15008, f.69-76, décembre 1736 - février 1739).

[117] Sans doute, 'M. [Henri] Boutet, notaire, homme très estimé et très généreux,
qui lui a toujours envoyé de l'argent dans ses besoins; après la mort de cet ami, il
trouva la même ressource dans la personne de monsieur son fils [Boutet de
Monthéry], conseiller au Châtelet et payeur des rentes sur l'Hôtel de Ville de
Paris, qui hérita des biens et des bonnes qualités de son père. [...] Il a légué à
M. Boutet [...] plusieurs tableaux de la main de bons maîtres, pour lui marquer sa
reconnaissance et s'acquitter en partie de tous les plaisirs et services que lui et feu
monsieur son père lui ont rendus' (Titon Du Tillet, Premier Supplément, p.740,
744-45). Voir aussi la lettre de Titon Du Tillet à Rousseau du 5 mai 1739 (BnF,
n.a.fr. 15008, f.83-84). L'éditeur des *Lettres* [de Rousseau] *sur différents sujets de
littérature*, t.1, p.1, évoque 'M. Boutet [qui] rassemblait à sa table plusieurs beaux-
esprits qui paraissaient alors unis' et qui conserva au poète 'une amitié constante et
généreuse'. Voir Hassen El Annabi, *Etre notaire à Paris au temps de Louis XIV:
Henri Boutet, ses activités et sa clientèle (1693-1714)* (Tunis, 1995).

[118] 'A la Paix', *Œuvres choisies* (Paris, 1741), Livre 4, p.173-76: 'D'un ministre
adoré l'heureuse providence / Veille à notre salut: il vit, c'en est assez' (la première
édition date de 1738; voir Bengesco 543). Le 5 décembre 1736, Rousseau envoya, de
Bruxelles, au père de Marsy, jésuite de Louis-le-Grand, quatre strophes nouvelles de
son ode (BnF, n.a.fr. 15008, f.39-40).

et très mal reçue du public. C'est une espèce de fatalité que cette paix n'ait produit que des odes médiocres; si vous en exceptez peut-être une du jeune Saurin, fils de celui qui avait eu contre Rousseau ce fameux procès.[119] M. Chauvelin, alors garde des sceaux, fut vivement sollicité pour faire revenir celui qui avait été puni si longtemps.[120] Le sieur Hardion, ci-devant précepteur de M. Dupré de Saint-Maur, s'employa beaucoup dans cette affaire;[121] mais toutes ces tentatives furent inutiles.[122] Rousseau s'était fermé toutes les portes par une allégorie intitulée *Le Jugement de Pluton*, dans laquelle il représentait un procureur général que Pluton faisait écorcher, et dont il étendait la peau sur un siège.[123] On avait senti trop bien l'application. Il n'y a point de procureur

995

1000

1005

999   MS1: sieur Hardouin, ci-devant

[119] Le fils de Joseph Saurin, Bernard-Joseph (1706-1781) fut un académicien et un auteur dramatique très inspiré par la scène anglaise.

[120] Germain-Louis Chauvelin (1685-1762), garde des sceaux de 1727 jusqu'à sa disgrâce, en février 1737 (Michel Antoine, *Le Gouvernement et l'administration sous Louis XV*, Paris, 1978, p.66).

[121] Jacques Hardion (1686-1766), membre de l'Académie des Inscriptions, puis de l'Académie française, censeur, fut commis à la garde des livres du Roi et précepteur des Mesdames de France, filles de Louis XV. Nicolas-François Dupré de Saint-Maur (c.1695-1774), membre de l'Académie française, traducteur de Milton et économiste.

[122] Pourtant Rousseau fit un séjour secret à Paris sous le nom de Richer. Titon Du Tillet donne le détail de ces journées du 20 octobre 1738 au 3 février 1739, qu'il date par erreur de 1739-1740 (Premier Supplément, p.741-43). Rousseau avait adressé à cet effet une ode à Louis XV: 'Le croirai-je, Grand Roi?' (BnF, n.a.fr. 15008, f.20-23: autographe corrigé). Dans une lettre à Louis Racine du 2 février 1739, il annonce qu'il quitte Paris (BnF, n.a.fr. 15008, f.56: copie). Comme d'autres, Voltaire fut informé de ce séjour assez public: 'Rousseau est à Paris sous le nom de Richer, caché chez le comte de Luc. On dit qu'il s'accommode avec le fils de Saurin, à qui le comte de Luc donne de l'argent' (D1733, à d'Argens, le 2 janvier 1739). Il songea à le dénoncer pour avoir rompu son 'ban' (D1784).

[123] *Œuvres* (Paris, 1820), t.2, p.219-33. Texte absent des éditions publiées du vivant de Rousseau. Voltaire en parlait déjà dans *Le Temple du goût*: 'Le Jugement de Pluton, allégorie de Rousseau; dans laquelle il se répand en invectives contre le Parlement, qui ne l'avait pourtant condamné qu'au bannissement. Cette pièce est d'un style dur et rebutant' (*OCV*, t.9, p.140, n.*q*).

général qui veuille être écorché: l'auteur avait trop oublié la maxime, qu'*il ne faut point écrire contre ceux qui peuvent proscrire*. Il avait d'autant plus besoin de retourner en France qu'il ne lui restait presque plus d'asile à Bruxelles, depuis sa disgrâce auprès de M. le duc d'Aremberg. Il passait sa vie chez un banquier, nommé Médine;[124] il se brouilla encore avec ce banquier, d'une manière qui fait frémir. Voici la lettre de cet homme, écrite à un de ses correspondants, laquelle éclaircit beaucoup mieux le fait que tout autre détail ne pourrait faire.

Lettre de M. Médine à un de ses correspondants contre M. Rousseau

A Bruxelles le 17 février 1737.

Vous allez être étonné du malheur qui m'arrive. Il m'est revenu des lettres protestées. Je n'ai pu les rembourser. J'avais quelques autres petites affaires, dont l'objet n'était pas important. Enfin on m'enlève mercredi au soir, et on me met en prison, d'où je vous écris. Je compte payer ces jours-ci et en être dehors; mais croyez-vous que ce coquin, cet indigne, ce monstre de Rousseau, qui depuis six mois n'a bu et mangé que

---

[124] 'Ce Médine était lié avec M. de Voltaire, qui lui avait prêté de l'argent' (*Mémoires pour servir à l'histoire de Monsieur de Voltaire*, t.1, p.144-45, note). Grubbs (*Jean-Baptiste Rousseau*, p.190-91) relate les rapports d'affaires entretenus par Voltaire et Rousseau avec le banquier juif Médine ou Médina, voisin de ce dernier (1736-1737). Voltaire obtint en 1737 de Médine, qu'il appréciait modérément (D1478), diverses informations sur Rousseau par l'intermédiaire du publiciste Jean Rousset de Missy, qui est le 'correspondant' de la lettre de Médina reproduite ci-dessous par Voltaire. Copie de cette lettre du 17 février lui fut envoyée par Rousset de Missy, qui transmit encore à Voltaire l'autographe d'une nouvelle lettre de Médina sur Rousseau (D1288, 4 avril 1737). Médina écrivit directement à Voltaire le 23 mars 1738 évoquant 'la bassesse d'âme' du 'monstre' d'hypocrisie qu'était Rousseau (D1472). L'ensemble du dossier comportant copie de la lettre du 17 février par le secrétaire de Médina et son double par un secrétaire de Voltaire, et les lettres originales de Médina du 4 avril 1737 et du 23 mars 1738 était proposé dans le Catalogue Jacques Lambert, 'Voltaire. Autographes et documents', 1957, n° 223. Dans la notice consacrée à Jean-Baptiste Rousseau du catalogue des écrivains du *Siècle de Louis XIV* (*OH*, p.1200), Voltaire cite cette correspondance, lui qui estimait aussi peu le banquier que Rousseau: 'Il est réduit à un Juif nommé Médina condamné en Hollande au dernier supplice. Il passe chez lui la journée au sortir de la messe. Il communie, il calomnie, il ennuie' (D1283, à Thiriot, le 14 février 1737).

chez moi, à qui j'ai rendu les services les plus essentiels et en nombre, a été la cause qu'on m'a pris; que c'est lui qui en a donné le conseil, et que c'est lui qui a irrité contre moi le porteur de mes lettres, qui n'avait pas dessein de me chagriner; et qu'enfin ce monstre, vomi des Enfers, achevant de 1025 boire avec moi à ma table, de me baiser et m'embrasser, a servi d'espion pour me faire enlever à minuit dans ma chambre? Non, jamais trait n'a été si noir, si épouvantable; je n'y puis penser sans horreur. Si vous saviez tout ce que j'ai fait pour lui, toutes les obligations qu'il m'a; en un mot tout ce qu'il me doit, vous frémiriez d'en faire un parallèle avec sa 1030 manœuvre. Enfin, patience, je compte que notre correspondance, à vous et à moi, ne sera pas altérée par cet événement. Je serai toute ma vie de même; c'est-à-dire l'ami le plus vrai et le plus tendre que vous puissiez avoir, et toujours à vous.

Médine. 1035

Ce banquier, quelque temps après, revint sur l'eau. Rousseau voulut se raccommoder avec lui; mais, n'y pouvant réussir, il demeura privé de toute société, jusqu'à ce qu'enfin une apoplexie, au commencement de l'année 1738, où nous sommes, vint lui ôter l'usage de ses membres et de la raison. [125] Telle a été la vie et la fin 1040 déplorable d'un homme qui aurait pu être très heureux s'il eût dompté son malheureux penchant. Il est à souhaiter que son

---

1037-38   MS1: il est demeuré privé

[125] Une crise d'apoplexie avait paralysé le poète de fin janvier à mars 1738 (H. A. Grubbs, *Jean-Baptiste Rousseau*, p.192). Il la relate à Louis Racine dans une lettre du 12 mai 1738 (BnF, n.a.fr. 15008, f.55-56: copie). Il composa, encore, à ce propos une 'Ode à M. le comte de Lannoy, gouverneur de Bruxelles. Sur une maladie de l'auteur, causée par une attaque de paralysie, en 1738', *Œuvres choisies* (Paris, 1741), Livre 4, p.166-72. Titon Du Tillet évoque longuement une seconde crise en octobre 1740; elle fut fatale au poète. '[S]a raison lui étant revenue [...], il y vécut encore environ trois mois, et mourut le 17 mars 1741, dans de grands sentiments de religion, après avoir reçu le viatique, et ayant protesté avant de le recevoir en présence de Dieu son juge et des personnes qui assistaient à cette sainte cérémonie, qu'il n'était point auteur des couplets de chansons pour lesquels il avait été condamné' (Premier Supplément, p.744). A Soleure, déjà, le 11 mars 1711, il avait fait une semblable déclaration devant notaire; il y avait joint le désaveu de *La Moïsade* 'qui contient, à ce qu'on prétend, une satire de la religion des Juifs' (BnF, n.a.fr. 15008, f.57).

exemple instruise les jeunes gens qui s'appliquent aux lettres. On verra par cette courte histoire dans quelles suites funestes le talent d'écrire entraîne souvent, et on conclura, 104

Qui bene latuit, bene vixit. [126]

Lettre du sieur Saurin à Madame Voisin [127]

Madame,

Quoique j'aie le malheur de n'être connu à la Cour que par les affreuses idées qu'y a données de moi un cruel ennemi, j'ose me jeter à vos pieds, et implorer votre justice contre la protection même que vous avez accordée 105 à mon accusateur. Il en fait ici contre moi, Madame, un violent abus; elle prévient les juges. Que ne peut point contre un homme de ma sorte la protection d'une personne de votre rang, qui joint encore à cette élévation les plus grandes lumières, et la plus haute réputation de piété! Eh, quel regret n'auriez-vous pas, Madame, si vous reconnaissiez 105 dans la suite que cette puissante protection eût servi à opprimer un innocent? Je l'oserai dire, avec la confiance et le courage que donne à un homme de bien le témoignage de sa conscience, on vous expose à ce danger. Il ne s'agit pas de justifier et de sauver le sieur Rousseau; il s'agit de me rendre coupable et de me perdre. Je laisse, Madame, à votre sagesse 100 et à votre piété à juger si vous me connaissez assez pour ne pas douter que je ne sois un scélérat, que vous pouvez sans scrupule accabler sous le poids des plus vives sollicitations. Nous sommes tous sous les yeux de Dieu, le Souverain Juge, devant qui toute la grandeur humaine s'éclipse. Pesez, Madame, en sa présence, ce que j'ai l'honneur de vous représenter. 100 Si vous examinez à sa lumière les démarches où vous ont engagée les artifices et les feintes larmes de celui qui me persécute, j'ose attendre, Madame, d'un cœur comme le vôtre, droit, grand, généreux, plein de

1046 MSI: *bene vixit.//*
1046-46a MHV: [*entre ces lignes ajoute*] Il mourut à Bruxelles le 17 mars 1741.

[126] Ovide, *Tristes*, Livre 3, Elégie 4, v.25: 'Bene qui latuit, bene vixit' (Pour vivre heureux, vivons cachés): formule proverbiale provenant d'Epicure (fr.551) et devise de Descartes. Une note dans W64R indique la date de décès de Rousseau.

[127] Charlotte Trudaine (morte en 1714) avait épousé en 1683 Daniel François Voysin (1655-1717), secrétaire d'Etat à la guerre en 1709 (M. Antoine, *Le Gouvernement et l'administration sous Louis XV*, p.250).

bonté et de religion, que vous réparerez le mal qu'elles m'ont fait, ou que vous suspendrez du moins à l'avenir votre protection, dans l'incertitude 1070 où vous devez être à mon égard. Un jour, Madame, vous en ferez davantage; vous serez indignée de la surprise qu'on vous a faite, et vous plaindrez l'infortune d'un philosophe, d'un géomètre, dont le caractère d'esprit a toujours été très éloigné du goût de la poésie, qui se voit emprisonné pour des vers infâmes, faits contre ses plus particuliers amis, 1075 et contre lui-même, accusé d'en être l'auteur par celui-là même à qui toute la terre les attribue; poète de profession, poète satirique et libertin, dont toute la réputation n'est fondée que sur de violentes satires, et des épigrammes dignes du feu, qu'il ne rougit pas d'avouer. Tel est, Madame, de notoriété publique, mon accusateur. Mon respect pour la considéra- 1080 tion qu'il a surprise auprès de vous ne me permet pas d'en dire davantage. Je suis, avec tous les sentiments d'une profonde vénération,

Madame,

Votre, etc.

Du Châtelet, le 8 octobre 1710. 1085

Extrait de l'Arrêt du Parlement rendu au sujet du procès criminel entre Jean-Batiste Rousseau et Joseph Saurin, de l'Académie royale des sciences

Vu par la Cour le procès criminel fait par le Lieutenant Criminel du Châtelet, à la requête de Rousseau, demandeur et accusateur, contre Joseph Saurin, Guillaume Arnoult, Nicolas Boindin, et Charlotte Mailly, défendeurs et accusés; ledit Arnoult prisonnier ès prisons de la Conciergerie du Palais; la Sentence du 12 décembre 1710, par laquelle ledit 1090 Saurin a été déchargé des plaintes, demandes et accusations contre lui faites, ordonné que l'écrou fait de la personne dudit Saurin sera rayé et biffé, et ledit Rousseau condamné en quatre mille livres de dommages et intérêts envers ledit Saurin, et aux dépens du Procès, à l'égard dudit Arnoult. Les Parties mises hors de Cour, dépens à cet égard compensés. 1095 Ledit Boindin et ladite Mailly, pareillement déchargés avec dépens, pour tous dépens, dommages et intérêts. Faisant droit sur la Requête dudit Saurin, qui demande permission d'informer de la Subornation de

1074-75   MHV: qui serait emprisonné
1085   MHV: octobre 1710.//

Témoins; permis audit Saurin d'informer de ladite subornation, et cependant ordonné que ledit Arnoult serait arrêté et recommandé ès prisons; l'Acte d'Appel de ladite sentence interjeté par ledit Rousseau, Requête dudit Arnoult; requête dudit Saurin en réponse à celle dudit Arnoult; autre Requête dudit Saurin; Arrêt rendu à l'audience, par lequel la Cour aurait donné Défaut, et pour le profit ordonné que les informations faites à la Requête du Procureur-Général contre ledit Rousseau seraient jointes au procès, pour en jugeant y avoir tel égard que de raison, sans préjudice de la continuation desdites Informations. Vu aussi par ladite Cour l'Addition d'information, faite par le conseiller à ce commis; ouïs et interrogés en ladite Cour lesdits Saurin, Arnoult, Boindin, et ladite Mailly, sur les faits résultants du Procès et cas à eux imposés. Tout considéré, ladite Cour, sans s'arrêter à la Requête dudit Arnoult, ayant égard à celle de Saurin, a mis et met les Appellations au néant; ordonne que la Sentence dont a été appelé sortira effet, et néanmoins sera procédé en la Cour, par-devant le Conseiller-Rapporteur, à l'Information en Subornation de témoins à la Requête dudit Saurin, pour icelle faite, communiqué au Procureur-Général pour être ordonné ce que de raison. Condamne lesdits Rousseau et Arnoult chacun en l'amende ordinaire de douze livres, et ledit Rousseau aux dépens de la Cause d'Appel vers lesdits Saurin, Boindin, et ladite Mailly, ceux faits entre ledit Rousseau et Arnoult compensés, et les autres faits entre ledit Saurin et Arnoult réservés. Fait en parlement, le vingt-sept mars mil sept cent onze.[128]

---

[128] Reproduit dans l'*Anti-Rousseau* (p.506-507).

Les Originaux

Edition critique

par

Jacques Spica

TABLE DES MATIÈRES

INTRODUCTION

Le titre *Les Originaux* est le dernier en date d'une comédie qui subit au moins une refonte complète et plusieurs modifications ultérieures. Voltaire n'a jamais attribué de titres définitifs aux deux pièces qu'il composa – ou termina – à Cirey en 1738, dont le personnage principal était un petit-maître nommé le Comte de Boursoufle.[1] C'étaient des divertissements de société, gais et libres, destinés au petit théâtre sous les combles du château. L'auteur ne se détermina jamais à les publier. A sa mort on ne les retrouva même pas dans ses dossiers. Les deux comédies eussent été perdues définitivement peut-être, si l'on n'avait découvert des manuscrits presque identiques par le texte, mais avec des titres différents. L'un intitulé *Les Originaux* fut présenté à l'éditeur Panckoucke par Longchamp, l'ancien secrétaire de Voltaire, et remis aux collaborateurs de l'édition de Kehl. Un deuxième manuscrit se trouvait dans la bibliothèque de M. de Soleinne avec le titre de *Monsieur Du Cap-Vert*, joint au manuscrit du *Comte de Boursoufle*, tous deux sans nom d'auteur. L'absence de textes avoués par Voltaire et intitulés par lui, la disparition de ses propres manuscrits, la multiplicité des titres transmis par des témoins différents ont rendu malaisée pour les éditeurs une reconnaissance unanime des pièces retrouvées.

1. *Une profusion de titres*

Mme de Graffigny la première témoigne de l'existence de ces deux comédies dans lesquelles elle a joué à Cirey. A son arrivée début

---

[1] Voir l'édition critique du *Comte de Boursoufle* par Colin Duckworth, *OCV*, t.14, p.211-342. Je tiens à remercier M. Duckworth pour la confiance qu'il m'a accordée en me confiant le manuscrit de son travail avant même qu'il ne soit imprimé, et pour l'élan qu'il a donné à ma propre recherche. Ma gratitude toute particulière va à Mlle Alice Clark pour sa collaboration exigeante et dévouée.

décembre 1738, elle refusa le rôle de Mlle de La Cochonnière, croyant qu'on se moquait d'elle, mais finit par accepter celui de Mme Barbe, dans ce premier *Boursoufle* ('une farce qui n'a ni queue ni tête [...] hors de nature pour le ridicule d'un campagnard') qu'on joua peu avant Noël.[2] Le 22 et le 23 décembre, elle assista à la lecture d'un deuxième *Boursoufle* dont elle appréciait le personnage d''une femme méprisée de son mari qu'elle adore' qu'elle interprétera par la suite.[3] L'usage instauré dès l'origine par Voltaire lui-même était de distinguer ces deux *Boursoufle* par des adjectifs: il y avait *Le Grand Boursoufle* ou *Boursoufle l'aîné* et *Le Petit Boursoufle*.[4] Voltaire n'explique pas le sens de cette adjectivation. Seule semble manifeste la volonté constante de réunir sous le seul titre de *Boursoufle* deux pièces distinctes. On jouait *Boursoufle* dans tous les cas,[5] alors que les intrigues, étrangères l'une à l'autre, ne développent pas même une histoire par épisodes et que le personnage principal, le Comte de Boursoufle, n'est pas tout à fait le même dans chacune des deux comédies. Les adjectifs vont par paires (grand et petit / aîné et petit) et sont la redondance d'un même procédé pour différencier des jumeaux.[6]

Parallèlement et dans le même temps, un autre usage s'est imposé d'appeler chaque pièce par le personnage le plus en relief. *Le Grand Boursoufle* prit le titre de *Monsieur Du Cap-Vert* et *Le Petit Boursoufle* celui du *Comte de Boursoufle*. C'est sous ces titres

[2] *Correspondance de Madame de Graffigny*, éd. English Showalter et autres (Oxford, 1985-), t.1, p.210-12, 219, 237, 239. Mme de Graffigny résume cette pièce dans sa lettre du 27 décembre 1738 (p.251).

[3] *Graffigny*, t.1, p.240, 243, 362-63.

[4] 'Ce matin V. nous a lu ce qu'il appelle *Le Grand Boursoufle*' (*Graffigny*, t.1, p.240): 'Il appelle *Boursoufle l'aîné* celle que nous jouerons au premier jour' (p.251). Pour le titre de *Petit Boursoufle*, voir *Graffigny*, t.1, p.317.

[5] Voir *Graffigny*, t.1, p.210, 237, 243, 307, 319, 338, ainsi que les lettres de Mme de Staal (D3562, D3567).

[6] La composition du *Petit Boursoufle* est certes antérieure à celle du *Grand Boursoufle*, mais cette dernière pièce intègre une parade plus ancienne, ce qui lui vaut le titre d'aîné comme au premier-né de jumeaux. Cf. Farquhar, *The Twin Rivals*, II.3: 'My brother, tis true, was first born; but I believe, from the bottom of my heart, I was first begotten'.

qu'on retrouva les manuscrits dans la bibliothèque de M. de Soleinne.[7] Mais ils étaient attestés depuis longtemps concurremment avec ceux utilisés par Voltaire.[8]

L'esprit même de chaque comédie suggéra un autre titre indépendamment du personnage principal. Le manuscrit de Longchamp s'intitulait *Les Originaux* d'après les personnages excentriques qui peuplent la pièce. Et *Le Petit Boursoufle* fut joué à Paris – probablement à l'insu de Voltaire – le 26 janvier 1761 sous le titre de *Quand est-ce qu'on me marie?*: amusante réplique de Mlle de la Cochonnière impatiente d'avoir un époux; et édité à Vienne la même année sous le titre de *L'Echange ou Quand est-ce qu'on me marie?*, puisqu'un frère se substitue à un autre pour lui ravir fiancée et dot. De sorte que chaque comédie se retrouva avec plusieurs titres différents: *Boursoufle*, *Le Grand Boursoufle*, *Boursoufle l'aîné*, *Monsieur Du Cap-Vert*, *Les Originaux* pour l'une, et *Boursoufle*, *Le Petit Boursoufle*, *Le Comte de Boursoufle*, *Quand est-ce qu'on me marie?*, *L'Echange ou Quand est-ce qu'on me marie?* pour l'autre.

Longchamp lui-même ne savait pas ou feignait de ne pas savoir que ses *Originaux* étaient la même chose que *Le Grand Boursoufle*; Decroix n'a peut-être jamais réalisé le rapport entre les deux titres; et l'éditeur Renouard feuilletant le manuscrit de *Monsieur Du Cap-Vert* refusa de reconnaître la main de Voltaire. Plus grave encore: si l'appellation de *Boursoufle l'aîné* passa presque inaperçue,[9] les qualifications de 'grand' et de 'petit', qui peuvent

---

[7] La collection de M. de Soleinne avait appartenu à Pont de Veyle, le frère de d'Argental, puis à Mme de Montesson, l'épouse morganatique du duc d'Orléans. Voir *OCV*, t.14, p.250-51.

[8] L'ami de Mme de Graffigny, Léopold Desmarets, arrivé à Cirey en février 1739, emploie déjà le titre de *Comte de Boursoufle* (*Graffigny*, t.1, p.315, 317). Mme de Graffigny fait allusion soit au titre, soit au personnage de M. Du Cap-Vert le 9 mai 1743: 'A propos, V. nie même aux gens de son secret que la petite pièce qu'il va donner soit de lui; cependant personne n'en est la dupe et surtout depuis qu'on sait qu'il y a un *Monsieur Du Cap-Vert*' (*Graffigny*, t.4, p.271). Il semblerait cependant que Mme de Graffigny parle d'un mythique '*Boursoufle* en un acte sous un autre nom' (p.270) qui ne fut jamais représenté.

[9] La lettre de Mme de Graffigny qui rapporte cette qualification ne sera publiée pour la première fois qu'en 1820 dans *La Vie privée de Voltaire et de Madame Du Châtelet*.

encore suggérer une différence de dimension entre les deux pièces, induisirent en erreur conservateurs de bibliothèque et éditeurs. [10]

[10] Existait-il un *Petit Boursoufle* en un acte? On ne saurait éluder la question. Decroix, dans son Avertissement en tête de *L'Echange* dans l'édition Lequien des œuvres complètes, révèle que sa certitude de l'existence d'un *Petit Boursoufle* en un acte remontait à la confiance qu'il faisait au *Catalogue des livres imprimés et manuscrits de Monsieur le comte de Pont-de-Vesle* (Paris, 1774): 'Nous avons entendu dire à M. d'Argental que Voltaire avait fait autrefois, au château de Cirey, des comédies fort gaies, entre autres un *Comte de Boursoufle*; que même il y en avait eu deux de ce nom, et qu'on les désignait par les dénominations de *Grand* et *Petit Boursoufle*. La différence consistait apparemment en ce que l'une était en trois actes, et l'autre en un. En effet, on a trouvé, dans le catalogue des livres de M. de Pont-de-Veyle, l'indication d'un *Comte de Boursoufle* en un acte; mais il est rangé dans la section des opéras-comiques, ce qui doit faire supposer que l'auteur avait ajouté de la poésie à sa pièce. Nous ne connaissons point cet opéra-comique, et nous ignorons s'il existe encore' (*Œuvres complètes de Voltaire*, 70 vol., Paris, 1820-1826, vol.9, p.408). Longchamp semblait confirmer la supposition de Decroix en promettant un *Petit Boursoufle* en un acte qu'il n'a jamais fourni. Or il semble que sa promesse reposait sur un malentendu, si ce n'est sur une escroquerie avortée, et que dans le catalogue de la bibliothèque de Pont de Veyle il y ait eu une erreur d'inventaire. Le catalogue répertoriait en effet un '*Comte de Boursoufle*, 1 ac[te] par Voltaire, mss' au n° 1216 dans la section des opéras-comiques, tandis que *Le Grand Boursoufle*, sous le titre de *Monsieur Du Cap-Vert*, était enfoui dans un dossier n° 1042 dans la section du nouveau théâtre italien, sans nom d'auteur qui aurait pu le faire reconnaître. L'adjectif 'petit' a dû se présenter à l'esprit du rédacteur du catalogue, laissant imaginer la dimension en un acte du *Comte de Boursoufle* avant examen du manuscrit. *Monsieur Du Cap-Vert* eut mieux mérité d'être qualifié d'opéra-comique, puisqu'il se termine par un vaudeville. Une fois l'erreur découverte, les auteurs du catalogue se devaient logiquement de permuter le manuscrit du *Comte de Boursoufle* avec celui de *Monsieur Du Cap-Vert*, mais ce dernier, en trois actes aussi, n'était pas plus 'petit' que l'autre. Devant l'insoluble difficulté, on aurait délogé *Le Comte de Boursoufle* pour le joindre avec le manuscrit de *Monsieur Du Cap-Vert*, et le tout se serait trouvé classé comme un seul manuscrit dans la section du nouveau théâtre italien au n° 1042, sans qu'ait été effacé le n° 1216 du catalogue. Renouard, qui a pu examiner le manuscrit du *Comte de Boursoufle* en premier, explique que 'le cahier manuscrit de Pont-de-Vesle contient encore une autre pièce en trois actes, et en prose, intitulée *Monsieur Du Cap-Vert*' (*Œuvres complètes de Voltaire*, 66 vol., Paris, 1819-1825, vol.7, p.316-17). Voir encore l'annotation de Beuchot à l'Avertissement de Decroix en tête de *L'Echange* (*M*, t.3, p.251-52), et Bengesco, t.4, p.23, n.1.

2. *Longchamp et les 'Boursoufle'*

Panckoucke, avec l'assistance du jeune Decroix, avait entrepris une édition des œuvres complètes avec l'approbation de Voltaire. Il acheta plusieurs pièces de l'auteur, imprimées ou en manuscrit, à Longchamp. [11] Après la mort de Voltaire, Panckoucke s'associa un certain temps avec Beaumarchais qui de son côté avait commencé l'édition dite de Kehl, à laquelle Decroix allait désormais travailler. Par contrat, Panckoucke devait fournir à la nouvelle équipe les œuvres de Voltaire qu'il possédait en propre, et qu'il tardait à remettre. [12] La méfiance entre Panckoucke et Beaumarchais, en particulier au sujet des manuscrits, aboutira progressivement à leur séparation pendant l'été de 1780. [13] Longchamp eût été d'utilité à la fois pour ce qu'il pouvait encore posséder et pour savoir les pièces vendues à Panckoucke. Ce fut le baron de Servières, un ami de l'édition, qui le retrouva. Decroix, qui résidait à Lille, chercha de son côté à prendre contact avec Longchamp par l'intermédiaire de Ruault, membre éminent de l'équipe des rédacteurs de Kehl. Selon lui, Longchamp avait remis à Panckoucke *Artémire* et les *Boursoufle* (le pluriel est important) et s'étonnait de ce que personne

---

[11] Qui avait été renvoyé vers avril 1751 pour avoir volé des œuvres de Voltaire; voir D4446, D4844, D4854 et D.app.109.

[12] Cf. la lettre de Decroix à Ruault du 14 mai 1785: 'La défiance de M. P[anckoucke] dans l'origine de cette grande opération l'empêcha de me confier à la fois tout ce qu'il possédait. Il ne me donna d'abord que les petits poèmes et poésies diverses. Le théâtre, par où l'on devait commencer, fut donné en même temps à M. de C[ondorcet]. Je ne pu que lui envoyer les petites remarques et corrections que j'avais faites sur les éditions précédentes et je vois qu'elles sont employées pour la plus grande partie. J'étais d'autant plus tranquille pour le théâtre que je savais que M. P. avait acheté de M. de La Harpe un ample commentaire sur cette partie et qu'il l'avait remis à M. de C. ... lequel l'aura peut-être négligé. C'est pourquoi si l'on poursuit l'in 4° laissez le théâtre en arrière, et commencez par l'histoire' (BnF, n.a.fr. 13139, f.319).

[13] Voir les lettres écrites par Decroix, Panckoucke et Beaumarchais entre le 27 juin et le 23 septembre 1780 (Bodley, Ms French d.31).

n'en sache rien.[14] Un document énumérant les 'Pièces remises à M. Pankouke par Longchamps' confirme que 'Les originaux comédie en trois acte[s] ou le g^d boursoufle joué[e] à Ciray et chez la Duchesse du Maine à Sceaux' étaient de leur nombre.[15] On ne peut cependant déterminer si ces précisions proviennent de Longchamp ou de son interlocuteur.[16] Or ce document contient une autre information surprenante:

Lonchamps avait aussi le petit boursoufle en un acte qui est une parade jouée à Ciray. Il l'avait prêté à un ami qui voulait en faire une pièce du boulevard en la décomposant. Comme il n'en a rien fait je la lui ai redemandé, s'il la retrouve dans ses papiers ayant changé de logement je la remettrai dans le cas qu'on fasse affaire de tout ce qui me reste.

Que Longchamp ait possédé un *Petit Boursoufle* en *trois* actes, cela ne saurait étonner. Il avait bien gardé une copie des *Originaux* joués à Sceaux.[17] On ne comprendrait pas qu'il ait pu négliger l'autre *Boursoufle*[18] – tout aussi rémunérateur – alors qu'il a dû le

[14] 'La découverte que M. de Servières a faite de Longchamps me paraît intéressante. Je voudrais que vous vissiez vous-même cet homme. Vous apprécieriez bien tout ce qu'il possède. Je ne connais point ce traité de métaphysique [...] Il faut demander à Longchamps quand, où, comment il a donné à M. Panckoucke les Boursoufles et Artémire. Cela m'étonne qu'on n'en ait aucune connaissance, s'il est vrai qu'il les ait donnés. Ce Longchamps pourra vous faire faire d'autres découvertes. Instruisez-moi je vous prie de cette négociation' (Lettre du 20 mai 1781. BnF, n.a.fr. 13139, f.216*v*).

[15] Mais ne fait nulle mention d'*Artémire*; Bodley, Ms French d.31, f.69.

[16] Ce document, compte tenu de l'orthographe surannée et défaillante, ne peut provenir de Decroix, ni de Ruault, ni d'aucun autre membre de l'équipe éditoriale supposé posséder une compétence grammaticale sûre. Un intermédiaire anonyme qui n'ignorait pas les travaux en cours, puisqu'il précise l'intérêt des documents à acquérir, était en négociation avec les responsables de l'édition, soumettant même la livraison espérée du 'petit boursoufle en un acte' à la condition 'qu'on fasse affaire de tout ce qui [lui] reste'. La lettre de Decroix à Ruault du 20 mai 1781 cité ci-dessus suppose la connaissance – indirecte peut-être – du contenu de cette liste, à quoi il mêle d'autres renseignements de source différente, de sorte qu'il est difficile de dater même relativement les divers moments de recherches parallèles et entrecroisées.

[17] En novembre ou décembre 1747? Voir D3584 à D3592, en particulier D3589: 'sono tornato da madame la duchessa del Maine [...] habbiamo avuto comedie e balletti tutta la settimana'.

[18] C'est le titre retenu par Mme de Staal (D3562, D3567).

voir jouer à Anet le 24 août 1747. Le terme 'décomposer' révèlerait à lui seul qu'il ne peut s'agir d'une pièce en un acte. Car réduire trois actes en un, ou élargir un acte en trois, sont choses faisables. Quant à savoir s'il est possible de *décomposer* une pièce en un acte pour 'en faire une pièce du boulevard', on reste dubitatif. Ainsi le malentendu paraît manifeste entre Longchamp et son intermédiaire. Par l'adjectif 'petit', l'un devrait n'entendre que *Le Petit Boursoufle* en trois actes qu'il a possédé et l'autre la pièce en un acte que Decroix recherchait.

C'est probablement à la demande de Decroix que Longchamp écrivit ses *Anecdotes sur la vie privée de Monsieur de Voltaire* que Decroix remania considérablement avant de les éditer conjointement avec les souvenirs de Wagnière en 1826.[19] Longchamp décrit les circonstances qui ont valu, selon lui, l'invention des deux *Boursoufle* et des *Originaux*:

Mme Du Châtelet pour se divertir de leurs antiques figures[20] se mit dans la tête de leur faire jouer la comédie et pour cet effet M. de Voltaire et elle composèrent des farces et parades, et leur donna leur rôles à apprendre. [...] On avait arrangé leurs rôles de manière qu'ils jouaient eux-mêmes leur ridicule; Mme la marquise jouait elle-même les plus plaisants, et elle employait les gens de la maison quand il y était nécessaire et tous s'amusaient dans cette solitude, surtout ceux qui étaient dans le secret. On y joua le grand et petit Boursoufle, parades dignes du théâtre de Nicolet par leurs bouffonneries. Ces parades donnèrent lieu à M. de Voltaire de faire sa comédie des Originaux, qui y fut aussi représentée.[21]

D'évidence, Longchamp mélange les époques, ce qu'il a appris par lui-même et ce qu'on lui a raconté. Mais on ne peut douter que, connaissant l'existence d'un *Grand* et d'un *Petit Boursoufle* écrits à Cirey, dont il ne précise pas les dimensions, il n'identifie ni l'un ni

---

[19] Voir William H. Barber, 'Penny plain, twopence coloured: Longchamp's memoirs of Voltaire', *Studies in the French eighteenth century presented to John Lough*, éd. D. J. Mossop, G. E. Rodmell, D. B. Wilson (Durham, 1978), p.9-21, et André Magnan, article 'Longchamp', *Inventaire Voltaire* (Paris, 1995), p.354.

[20] Il s'agit de voisins habitués du château.

[21] BnF, n.a.fr.130006, f.32v-33r.

l'autre avec les *Originaux* qu'il fait passer pour une pièce différente qu'il fait dériver des deux autres. Il est vrai que le nom du Comte de Boursoufle avait changé en Comte Des-Aprêts, de sorte que *Les Originaux* pouvaient passer pour une comédie différente. Trois pièces donc, parmi lesquelles on pourrait penser que *Le Petit Boursoufle* serait en un acte.

Il est surprenant que Longchamp n'ait jamais présenté à Panckoucke que *Le Grand Boursoufle* sous le titre de *Les Originaux* et qu'il ait promis un *Petit Boursoufle* censé se trouver 'dans ses papiers'. Il a certainement possédé les deux *Boursoufle*.[22] Or *Le Petit Boursoufle* a fait carrière à part. On le retrouvera, une fois représenté à Paris sous le titre inconnu – mais si convenant au 'théâtre du boulevard' – de *Quand est-ce qu'on me marie?* avec la définition de 'comédie en trois actes et en prose traduite de l'anglais', et une autre fois édité en *deux* actes à Vienne sous le titre nouveau de *L'Echange*, à quoi on a ajouté le titre parisien de *Quand est-ce qu'on me marie?* Des manuscrits devaient aussi circuler: Decroix finira même par en posséder un intitulé *L'Echange ou Quand est-ce qu'on me marie?*,[23] tardivement sans doute, mais à la faveur d'un marché qui l'offrait sous plusieurs formes – à l'exception d'un seul acte. Trois actes, deux actes, et pourquoi pas un possible acte unique, sur commande? Mais n'est-ce pas cela *décomposer* une pièce? Et voilà Longchamp qui n'aurait pas perdu de vue l'objet vendu ni l'acquéreur. Ne serait-ce pas encore lui qui aurait trouvé les titres de remplacement pour mieux dissimuler ses larcins? Seul ou en association avec un ami, habile 'décompositeur', dont il garde toujours l'adresse et qui pourrait encore se montrer complaisant? Et n'aurait-il pas dans ses *Anecdotes* distingué *Les Originaux* des *Boursoufle* pour n'être pas

---

[22] Plus tard on retrouvera les deux comédies chez M. de Soleinne, inséparables et anonymes, mais avec des titres déjà connus de ceux qui autrefois étaient dans le secret. 'Ces copies proviennent de la bibliothèque de Pont-de-Vesle qui les tenait d'un secrétaire de Voltaire' selon le catalogue de la *Bibliothèque dramatique de Monsieur de Soleinne* (Paris, 1844), p.75.

[23] BnF, n.a.fr. 25137, f.129-54.

reconnu coupable de leur disparition? [24] Ce ne sont que des hypothèses assurément, mais inévitables.

Decroix n'a pas renoncé à l'espoir d'un *Petit Boursoufle* en un acte, même après la découverte des manuscrits de la bibliothèque de M. de Soleinne, tous deux en trois actes. Presque à la fin de sa vie, publiant les *Mémoires* de Longchamp, il observe un silence réservé équivalent d'un abandon. Dans ses *Anecdotes*, en effet, l'ancien secrétaire distinguait ses *Originaux* des deux autres *Boursoufle*. Decroix supprime cette allusion aux *Originaux* qu'il détient depuis plus de quarante ans. [25] Un autre passage des *Mémoires*, faisant l'éloge de Mme du Châtelet dans le rôle de Fanchon, à Sceaux, chez la duchesse du Maine, ne peut malheureusement pas être comparé au manuscrit original, déchiré en cet endroit. Decroix collaborait alors à l'édition que préparait Beuchot. Peut-être celui-ci l'a-t-il convaincu que si *Les Originaux* étaient *Le Grand Boursoufle*, l'autre *Boursoufle* en trois actes ne pouvait être que le *Petit*. A partir de l'édition de Beuchot on cessera de rechercher le *Boursoufle* en un acte, sans toutefois supprimer une vague possibilité dans les surprises de l'avenir. Aussi longtemps qu'on n'aura pas démêlé que le nom de Boursoufle unit comme deux jumeaux deux personnages issus des diverses comédies anglaises qui ont servi à Voltaire pour renouveler les *Ménechmes* de Regnard, on pourra chercher longtemps encore *Le Petit Boursoufle* en un acte.

[24] Renouard rapporte qu'un 'homme de lettres' anonyme l'a assuré avoir entendu La Harpe faire l'éloge des *Originaux* 'comme d'une pièce amusante et fort gaie' (*Œuvres complètes de Voltaire*, 66 vol., Paris, 1819-1825, t.7, p.317). L'allusion n'authentifie pas nécessairement ce titre: l'homme de lettres pourrait être Decroix (voir les annotations de Lequien qui reprend l'Avertissement de Renouard; *Œuvres complètes de Voltaire*, 70 vol., Paris, 1820-1826, t.9, p.407-411), qui aurait bien pu donner à La Harpe son manuscrit à lire.

[25] 'Ce fut dans ces circonstances que furent jouées deux comédies bouffonnes de M. de Voltaire, qui étaient distinguées sous les noms de *grand* et *petit Boursouffle*' *Mémoires sur Voltaire et sur ses ouvrages, par Longchamp et Wagnière, ses secrétaires* (Paris, 1826), t.2, p.171-72.

3. *La publication*

Les Originaux (et à plus forte raison *L'Echange ou Quand est-ce qu'on me marie?*) ne figurent ni dans les éditions Panckoucke, ni dans celle de Kehl. Quand Decroix récupéra le manuscrit, il était trop tard pour l'insérer.[26] On pouvait s'attendre à ce que des inédits fussent signalés après la parution d'une édition qui affichait l'ambition d'être complète. Dès 1785, Cholet de Jetphort publiait dans les *Etrennes lyriques, anacréontiques*, les cinq couplets du vaudeville qui se chante à la fin d'une comédie de Voltaire étrangement intitulée *Le Capitaine Boursoufle*. L'année suivante D'Aquin de Châteaulyon dans son *Almanach littéraire* ne publiait que quatre couplets.[27] Ni l'un ni l'autre n'indiquaient leur source.[28] Decroix préparait un supplément à la grande édition. La révélation devait lui sembler d'autant plus intéressante que le vaudeville, à quelques vers près, était le même que celui des *Originaux* entre ses mains. La mention d'un Boursoufle dans le titre orientait aussi vers une comédie de Voltaire. Par l'intermédiaire de Ruault, Decroix demande à l'abbé de Lachau d'enquêter dans les bibliothèques du duc d'Orléans et du marquis de Paulmy.[29] Les

---

[26] Dans son Avertissement en tête des *Mémoires* de Longchamp, Decroix renvoie à la note au tome 53, p.136 de l'édition de Kehl, où l'on signalait pour quelle raison *Les Originaux* n'ont pu paraître.

[27] Pierre Louis d'Aquin (1720-1796?) rencontra Voltaire vers 1756 (D7198). Il était aussi en relation avec Panckoucke (D11906, D11934) et les éditeurs de Kehl (BnF, n.a.fr. 13139, f.227, 231, 253). Voir Jean Sgard, *Dictionnaire des journalistes 1600-1789*, 2 vol. (Oxford, 1999), t.1, p.13-15.

[28] On ne peut exclure que le vaudeville provienne indirectement de Desmarets (décédé en 1747) qui en avait composé la musique et l'avait emporté de Cirey en promettant à ses amis de le leur montrer (*Graffigny*, t.1, p.319). On pourrait encore soupçonner Longchamp et son acolyte de chercher à placer leurs manuscrits par des échantillons publicitaires différents. La source la plus vraisemblable serait quelque indiscrétion provenant de la bibliothèque de Pont de Veyle (entièrement acquise par Mme de Montesson). C'est là que se trouvent les deux manuscrits réunis, condition nécessaire pour obtenir le titre de *Capitaine Boursoufle* qui contractait celui de *Monsieur Du Cap-Vert* et celui de *Comte de Boursoufle*.

[29] Lettres du 27 mai et du 17 juin 1787, BnF, n.a.fr. 13139, f.384r, 390v.

manuscrits se trouvaient bien dans la bibliothèque du duc d'Orléans, mais probablement cachés par leur anonymat. On les retrouvera plus tard. Du *Capitaine Boursoufle*, point de nouvelles. Peu après ce fut la Révolution, la fuite des émigrés et les soubresauts de l'Empire. Les recherches furent suspendues. Sous la Restauration, les éditions des œuvres complètes de Voltaire recommencèrent, nombreuses. Beuchot ouvrit la voie vers la bibliothèque du duc d'Orléans que M. de Soleinne venait d'acheter au complet. N'ayant pu consulter les manuscrits, il reçut l'assurance que *L'Echange* publié à Vienne en 1761 était bien une comédie de Voltaire et la publia sous ce titre. Renouard eut enfin l'avantage de comparer *L'Echange* avec *Le Comte de Boursoufle* conservé dans cette bibliothèque, et publia la pièce en 1817 avec le titre du manuscrit. Mais il refusa catégoriquement de reconnaître *Monsieur Du Cap-Vert*, l'autre comédie du même cahier, dans laquelle pourtant le personnage du Comte s'appelle Boursoufle: 'Pour celle-ci, il n'y a pas moyen d'en accuser Voltaire, et ce serait traiter un peu trop cavalièrement ses lecteurs que de leur mettre sous les yeux une aussi insipide production'.[30]

Lequien compara *Monsieur Du Cap-Vert* avec *Les Originaux* que possédait Decroix, et publia enfin la pièce en 1820 avec les deux titres réunis. Après Lequien, quelques éditeurs firent preuve d'une plus sévère réticence à l'égard des *Originaux*, publiant la pièce pour ne pas décevoir l'acheteur. Certains la classèrent parmi les mélanges, d'autres la rejetèrent dans le dernier volume du théâtre. D'autres l'omirent purement et simplement. Après l'édition de Beuchot en 1830, la polémique cessa, et la pièce reçut le droit de cité plein et entier dans l'œuvre de Voltaire.

4. *La datation*

La datation des deux pièces ne fut pas moins ardue que leur authentification. Lequien avait daté *Les Originaux* de 1732, prenant

---

[30] *Œuvres complètes de Voltaire*, 66 vol. (Paris, 1819-1825), vol.7, p.316-17.

appui sur l'article 'Art dramatique' des *Questions sur l'Encyclopédie*
consacré à la comédie larmoyante et Decroix avait daté *Le Comte
de Boursoufle* de 1734 à cause de l'allusion à Philipsbourg, ville prise
par l'armée française le 18 juillet de cette année-là.[31] Dans les deux
cas ils n'ont pas vu juste. Ce n'est pas à la prise de Philipsbourg que
le texte du *Comte de Boursoufle* fait allusion, mais à sa restitution
aux Autrichiens intervenue le 8 février 1737.[32] La datation est donc
plausible retenue par M. Duckworth qui n'exclut pas d'autres
réécritures de la pièce.[33] Mais elle n'explique pas l'indignation du
Baron de la Cochonnière et l'ironie du passage: 'C'est dommage
[...] que vous n'ayez pas été gouverneur de Philipsbourg', lui dit le
Chevalier. A quoi le Baron répond: 'je ne l'aurais pas rendue en
deux jours' (II.vi.191-93). La rapidité de la restitution n'a rien
d'étonnant quand un roi commande et que des militaires exécutent.
C'est la conclusion de la paix, différée pendant près de deux ans
après la restitution de Philipsbourg, qui fait sourire de la hâte du roi
et de ses maréchaux. Si *Le Petit Boursoufle* a été écrit après la
Convention de paix du 2 mai 1738, sa composition se rapprocherait
de celle du *Grand Boursoufle* que l'on peut dater de fin décembre
1738;[34] mais si on retient la date de la Ratification au Congrès de
Vienne le 18 novembre 1738, les deux pièces seraient 'jumelées'
encore plus étroitement.

Car la date de 1732 convient bien pour une parade jouée dans
quelque château des environs de Paris,[35] mais pas aux *Originaux*

---

[31] C'était aussi la première fois que Voltaire se rendait à Cirey.

[32] Service historique de l'Armée, Château de Vincennes, volume 2863, pièce 173:
l'ordre du roi signé le 4 février 1737 a été transmis par le maréchal Du Bourg à M. de
La Javelière, maréchal de camp à Landau, qui a remis le 8 février la place de
Philipsbourg au général autrichien Roth (pièce 181). Compte tenu des délais de
transmission, on retrouve les deux jours du texte.

[33] *OCV*, t.14, p.221-23.

[34] Quand Voltaire en donna lecture comme d'une œuvre nouvelle dont on
recopiait encore les rôles (*Graffigny*, t.1, p.240, 243).

[35] En 1732 Voltaire logeait à Paris, chez Mme de Fontaine-Martel. Ce n'était pas
un château, mais Voltaire a fait représenter chez elle plusieurs de ses pièces à partir
du printemps de 1732 (D475, D480).

qui est une tout autre pièce. Il suffit de comparer le résumé de la parade avec le texte des *Originaux*:

Quelques personnes s'amusaient à jouer dans un château de petites comédies qui tenaient de ces farces qu'on appelle *parades*: on en fit une en l'année 1732, dont le principal personnage était le fils d'un négociant de Bordeaux,[36] très bon homme et marin fort grossier, lequel, croyant avoir perdu sa femme et son fils, venait se remarier à Paris, après un long voyage dans l'Inde.

Sa femme était une impertinente qui était venue faire la grande dame dans la capitale, manger une grande partie du bien acquis par son mari, et marier son fils à une demoiselle de condition. Le fils, beaucoup plus impertinent que la mère, se donnait des airs de grand seigneur; et son plus grand air était de mépriser beaucoup sa femme, laquelle était un modèle de vertu et de raison. Cette jeune femme l'accablait de bons procédés sans se plaindre, payait ses dettes secrètement quand il avait joué et perdu sur sa parole, et lui faisait tenir de petits présents très galants sous des noms supposés. Cette conduite rendait notre jeune homme encore plus fat; le marin revenait à la fin de la pièce, et mettait ordre à tout.[37]

Le protagoniste est fils unique. L'action se déroule chez la mère du jeune homme et non chez les parents de la jeune fille. Tout semble se passer à l'intérieur d'une seule et même famille, alors qu'il y en a deux symétriques dans *Les Originaux*. Rien n'est dit du stratagème auquel se livre l'épouse pour faire du mari infidèle son amant. La plupart des personnages des *Originaux* ne proviennent pas de la parade de 1732, mais de modèles empruntés à d'autres sources, principalement anglaises, qui ont subi des transformations considérables. La parade rappelle *La Femme qui a raison*. Une situation voisine se retrouve dans *Jeannot et Colin*. Il s'agit bien de deux comédies absolument différentes. La date de 1732 n'est pas à écarter. Elle ne convient qu'à la parade.

Voltaire complique la difficulté de la datation en déclarant à Mme de Graffigny en 1738 qu'il avait montré sa pièce 'à la Quinault

---

[36] C'est dans *Le Retour imprévu* de Regnard que ce négociant est de Bordeaux. M. Du Cap-Vert est de Bayonne.

[37] *Questions sur l'Encyclopédie*, article 'Art dramatique', *M*, t.14, p.419.

il y a dix ans'.[38] On ne peut exclure que Mme de Graffigny ait entendu 'dix' au lieu de 'six'. Cette dernière date renverrait alors à la parade de 1732, et nous venons de voir que ce n'était pas la même pièce. La date de 1728 relie la comédie originelle au retour d'Angleterre et pointerait un événement qui serait commun à la parade et aux *Originaux*. En ce temps-là le débat autour de la comédie sérieuse, ouvert après la première du *Philosophe amoureux* de Destouches le 15 février 1727, occupait l'actualité littéraire et n'était pas près d'être clos. Il opposait les tenants de la comédie classique aux partisans de l'évolution du genre favorables à l'introduction du sentiment dans la comédie. Après une tempête de critiques, parfois justifiées, Destouches en 1729 modifia le titre en *Le Philosophe marié ou Le Mari honteux de l'être*, ce qui n'apaisa guère les esprits. Devant la persistance du débat, il crut devoir répondre à ses critiques point par point avec *L'Envieux ou La Critique du Philosophe marié*. Voltaire, sans être partisan de la comédie sentimentale, avait pour Destouches une admiration certaine.[39] Il participa discrètement au débat par la parade de 1732 représentée en privé et entre amis dans quelque château autour de Paris. Il reprenait le sujet du mariage réputé ridicule aux yeux d'une aristocratie de théâtre qui répugnait à se conformer aux mœurs bourgeoises. Noblesse oblige: pas d'amour entre mari et femme. Ce sujet de comédie n'était pas neuf tant le paradoxe avait fait rire en Angleterre comme en France. La parade de 1732 prend l'exact contre-pied de l'apologie de Destouches, empruntant à Regnard le rire franc d'*Arlequin, homme à bonne fortune* qui traitait la même situation sur le mode résolument bouffon. Voltaire conjugue le sujet avec les situations du *Retour imprévu* et du *Joueur* et reste ainsi dans le ton de Regnard. La parade pouvait avoir un seul acte, de la même longueur que l'*Arlequin* de Regnard et *L'Envieux* de Destouches. Le sujet était mince en effet. L'auteur

---

[38] *Graffigny*, t.1, p.243.

[39] Voir l'analyse de Russell Goulbourne du rapport entre *L'Enfant prodigue, Le Comte de Boursoufle, Les Originaux* et la comédie sentimentale, *Voltaire comic dramatist, SVEC* 2006:03, p.52-87.

montra sa petite comédie à Mlle Quinault, l'actrice préférée de Destouches, habituée des rôles de soubrette. Elle était en quête d'un auteur susceptible d'adopter sa conception d'une comédie dégagée de la contrainte classique du genre, plus proche de la vie réelle, mêlant rire et sérieux, attendrissante assez pour tirer des larmes sans confiner au tragique:

Mlle Quinault, ayant vu cette farce, conçut qu'on en pourrait faire une comédie très intéressante, et d'un genre tout nouveau pour les Français, en exposant sur le théâtre le contraste d'un jeune homme qui croirait en effet que c'est un ridicule d'aimer sa femme, et une épouse respectable qui forcerait enfin son mari à l'aimer publiquement. Elle pressa l'auteur d'en faire une pièce régulière, noblement écrite, mais ayant été refusée, elle demanda permission de donner ce sujet à M. de La Chaussée, jeune homme qui faisait fort bien des vers, et qui avait de la correction dans le style. Ce fut ce qui valut au public *Le Préjugé à la mode*. [40]

Au fond, cela revenait à refaire la pièce de Destouches sans prêter le flanc aux critiques qui l'assaillaient depuis cinq ans. Voltaire refusa et Nivelle de La Chaussée exécuta à la perfection le dessein de Mlle Quinault. Le succès du *Préjugé à la mode*, le 3 février 1735, fut un véritable événement littéraire. [41] Voltaire relégué à Cirey, ne put assister à la première de la comédie, mais il dut être témoin de

---

[40] *Questions sur l'Encyclopédie*, article 'Art dramatique', *M*, t.17, p.419-20. Ce 'jeune homme', La Chaussée, était de deux ans plus âgé que Voltaire. Il avait déjà la quarantaine lorsqu'il fit jouer sa première pièce, *La Fausse Antipathie*. Voltaire délégua Linant et Le Fèvre à la première, le 2 octobre 1733 (D661). Depuis que Mlle Quinault le mit en compétition avec lui, Voltaire, piqué au vif et curieux de la mise en pratique de la théorie de Mlle Quinault, ne cessera de suivre ses travaux. Une semaine avant la première du *Préjugé à la mode*, il écrit depuis Cirey: 'J'attends avec impatience la comédie de M. de La Chaussée; il y aura sûrement des vers bien faits' (D837).

[41] La pièce fut 'donnée pour la première fois au Théâtre Fran. le 3 février 1735, retirée par l'auteur après la vingtième représentation, et remise en décembre. Le 16 mars de la même année, les comédiens avaient joué par extraordinaire cette pièce' (Antoine de Léris, *Dictionnaire portatif historique et littéraire des théâtres*, 2e éd., Paris, 1763, p.362-63). La pièce fut reprise presque chaque année jusqu'à la mort de La Chaussée (Gustave Lanson, *Nivelle de La Chaussée et la comédie larmoyante*, 2e éd., Paris, 1903, p.148).

son retentissant succès durant son séjour parisien du 30 mars au 7 mai de la même année.

De nouveau inquiété après les fuites de *La Pucelle* (D874), Voltaire se réfugie à Lunéville. Une petite troupe d'amateurs de théâtre, dont Mme de Graffigny, Desmarets et Devaux, avait programmé *Les Ménechmes* de Regnard.[42] Le 25 juin il est de retour à Cirey (D882) décidé cette fois à s'y fixer durablement en compagnie de Mme Du Châtelet. Il y créera le petit théâtre sous les combles du château: le souvenir de son récent passage à Lunéville ne peut être étranger à cette décision. Dès janvier 1736, on répète 'une mauvaise comédie de ma façon' (D995), 'une farce qui n'est pas digne du public' (D1033). On a longtemps spéculé sur cette nouveauté qui inaugurait les représentations de Cirey.[43] Ce ne pouvait être la parade de 1732 qui n'avait pas été écrite à Cirey, ni *L'Enfant prodigue* qui est une noble comédie achevée vers la mi-mars 1736 (D1036), ni *Le Petit Boursoufle* (alias *Le Comte de Boursoufle*) qu'on date de 1737 ou 1738, ni *Le Grand Boursoufle* (plus tard *Les Originaux*) qui est de décembre 1738. L'actualité littéraire suggèrerait plutôt une reprise de la parade de 1732 en réponse au succès du *Préjugé à la mode* que Voltaire considère comme son sujet. Si aucun manuscrit n'en demeure, c'est que la parade et la farce de 1736 qui en dérive ont été intégrées au *Grand Boursoufle*, pour former l'une des deux intrigues de la pièce.[44] Outre l'allongement du deuxième acte – disproportionné par rapport aux deux autres – des vestiges demeurent dans le texte des *Originaux* d'une pièce antérieure qui ne correspondent pas tout à fait à ce qu'on devine de la parade initiale de 1732. Le Chevalier a un valet dans les deux premières scènes qui disparaît complètement

[42] Georges Noël, *Une 'Primitive' oubliée de l'école des 'cœurs sensibles': Mme de Grafigny (1695-1758)* (Paris, 1913), p.455.

[43] Mme Du Châtelet écrit le 3 janvier 1736: 'Nous allons jouer dans notre petite république de Cirey une comédie qu'il a faite pour nous et qui ne le sera que par nous' (D978).

[44] S'il existe une chance infime d'un *Boursoufle* en un acte, ce ne pourrait être que le texte de cette parade initiale, ou de la probable pièce inaugurale de 1736.

par la suite. On prête une suivante à Fanchon qu'on ne voit à aucun moment de la représentation et qui ne serait d'aucune utilité. Le ton de Fanchon avec le Comte aussi bien qu'avec la Comtesse rappelle celui de quelque suivante espiègle qui n'a pas coutume de baisser les yeux devant ses maîtres. Le langage composite du Comte reproduit parfois la manière d'un petit-maître de Regnard, de son *Joueur* encore, et surtout du *Glorieux* de Destouches, doublé de Lord Foppington, qui est le modèle anglais adopté pour le même personnage dans *Le Petit Boursoufle*. L'attitude finale de l'époux à la mode répond à trois conceptions différentes du même sujet: la menace d'avoir bras et jambes cassés (III.xii.353-54) rappelle le père de la parade de 1732; l'acceptation du mari de s'embourgeoiser pourvu 'qu'on n'en sache rien' (III.ix.260) provient du *Philosophe amoureux* de Destouches et conviendrait à la pièce de 1736; le mari converti par la vertu de sa femme correspond au sujet de Mlle Quinault et le modèle anglais de Cibber. L'hypothèse trouve encore quelque appui dans la déclaration que Voltaire fera en 1738 à Mme de Graffigny qu'il aurait donné sa pièce, 'si La Chaussé n'avait pas fait *Le Préjugé*'.[45] Sa lettre du 10 mars 1736 laisse percevoir comme un regret de ne pas avoir accepté la proposition de Mlle Quinault d'une comédie sérieuse (D1033). Le thème récurrent du mariage à la mode sera toujours traité par lui sur le mode de la farce. L'argument de 1736 fait défaut, mais, c'est très vraisemblable, *Les Originaux* ont un antécédent digne d'inaugurer le théâtre du château.

5. *Les sources*

On n'avait pas plus tôt joué cette première pièce que parvient une nouvelle proposition de Mlle Quinault. Voltaire cette fois accepta d'enthousiasme un sujet qui aboutira au très sérieux *Enfant prodigue*. On ne sait au juste ce que pouvait être ce sujet,[46] mais

---

[45] *Graffigny*, t.1, p.240.

[46] Une tradition tenace veut que Mlle Quinault ait rencontré ce sujet à la foire Saint-Germain (Louis-Gabriel Michaud, *Biographie universelle ancienne et moderne*,

il est évident que la structure des *Ménechmes* de Regnard lui sert de support.[47] Voltaire devait garder aussi en mémoire le souvenir récent de la représentation de la pièce à Lunéville. Achevé vers la mi-mars 1736, *L'Enfant prodigue* joue un rôle cardinal dans la création artistique de l'auteur. Pour la première fois Voltaire s'essaie à la comédie sensible – si ce n'est sentimentale – et pour la première fois ses personnages ont une aura anglaise que manifesteront avec évidence les deux *Boursoufle* en 1738. La structure de *L'Enfant prodigue* offre une synthèse de ce qui sera déconstruit par la suite et réparti dans le *Petit* et le *Grand Boursoufle*. Des personnages de la comédie anglaise ont été acclimatés au goût français et introduits dans *L'Enfant prodigue* qu'on retrouvera rendus à leur origine dans les deux comédies de 1738. La situation gémellaire des *Ménechmes* de Regnard est en action dans la dénomination commune des deux pièces: ce n'est pas un hasard si *Le Grand Boursoufle* est désigné comme *Boursoufle l'aîné*, et *Le Petit Boursoufle* comme on fait du dernier-né de jumeaux. Et ce n'est pas de la fantaisie si l'un et l'autre, inséparables comme des jumeaux, s'appellent indifféremment *Boursoufle* comme d'un nom de famille qui leur est commun. Faute d'avoir démêlé qu'ils étaient issus des *Ménechmes* sous-jacents à *L'Enfant prodigue*, on s'est égaré à rechercher des *Boursoufle* de dimensions différentes, grands et petits, en un acte et en trois. Et si Voltaire tient à unir si solidement ses deux comédies malgré leurs différences, c'est que le système renvoie à une mystérieuse gémellité qui lui est propre[48] – et qui ne serait pas détruite par

2e éd., 45 vol., Paris, 1843-1865, t.34, article 'Quinault, cadette'): c'est peu probable et pas confirmé à ce jour. Regnard a bien écrit pour le théâtre italien souvent confondu avec le théâtre de la foire. De là la confusion?

[47] Pour le rapport des comédies de Cirey aux *Ménechmes* de Regnard – en tenant compte de ce que nous croyons maintenant que *Le Comte de Boursoufle* a été écrit après *L'Enfant prodigue*, voir 'Le fils substitué ou les *Ménechmes* de Voltaire', *Le Siècle de Voltaire: hommage à René Pomeau*, éd. C. Mervaud et S. Menant (Oxford, 1987), p.867-80.

[48] Voir J. Spica, 'Le fils substitué ou les *Ménechmes* de Voltaire', p.867-80.

l'existence d'un *Boursoufle* en un acte, si on le retrouve. La situation gémellaire est encore en action dans l'invention des pères de *L'Enfant prodigue*. Et le rapport des pères aux enfants entraîne le rapprochement avec *L'Ecole des pères* et la transformation du père du *Retour imprévu*. Du Térence, du Molière, du Regnard, avec du Congreve et du Vanbrugh à l'arrière-plan.

L'année 1738 est au cœur d'une période où les ouvrages auxquels Voltaire travaille lui donnent l'occasion de méditer sur l'essence du comique. Il revoit sa *Vie de Molière*, et rédige une préface pour l'édition de *L'Enfant prodigue*. Il réfléchit à la nature du comique dans la vie et dans l'art, dont l'ambiguïté pénètre la nouvelle comédie. Pour les veillées du château il produit ses deux pièces les plus étranges, outrées jusqu'à déconcerter les éditeurs qui ont retrouvé les manuscrits.

Après *Le Petit Boursoufle*, Voltaire reprend la parade de 1732 ou la farce de 1736. De la gaieté avant toute chose. Il double les personnages en deux familles distinctes qu'il met en miroir, toutes deux originales jusqu'à l'excentricité, attirées l'une l'autre. Le 'jeune impertinent' d'autrefois devient le Comte de Boursoufle (par la suite Comte Des-Aprêts): il a un père (M. Du Cap-Vert), une mère (Mme Du Cap-Vert), un frère (le Chevalier Biribi, plus tard Chevalier Du Hazard). De même la Comtesse, sa jeune épouse, a un père (le Président Bodin), une mère (Mme Bodin), une sœur (Fanchon). Voilà pour la symétrie. Le Comte de Boursoufle est le mari qui méprise sa femme, la fille aînée du Président Bodin. Le Chevalier cherche à épouser Fanchon, la cadette de la famille. Le Président et la Présidente forment un couple uni. M. Du Cap-Vert croit sa femme morte depuis vingt ans et vient à Paris pour épouser Fanchon à lui promise avant sa naissance par son ami de jeunesse le Président Bodin. Son épouse qui avait disparu depuis une vingtaine d'années surgit à point pour empêcher le mariage. Tout se termine selon une heureuse logique: à chacun son épouse et à chacune son mari.

On retrouve en gros le schéma de la parade de 1732, mais il n'est plus qu'en épisode. Le doublement de l'intrigue en deux familles permet à Voltaire d'introduire des personnages de la comédie anglaise, si difficiles à faire passer en France. *L'Enfant prodigue* de Voltaire contaminait déjà *Les Ménechmes* de Regnard avec *Love for love* de Congreve et l'intrigue secondaire du *Relapse* de Vanbrugh (la ruse par laquelle le frère cadet prive l'aîné, Lord Foppington, de sa fiancée et de sa dot). Les personnages 'anglais' étaient à ce point naturalisés français qu'ils perdaient leur marque d'origine. Voltaire pour ainsi dire les 'rapatrie' dans les deux farces de 1738. *Le Petit Boursoufle* décalque l'intrigue secondaire du *Relapse*, tandis que l'intrigue principale – le mari, longtemps volage et un temps repenti, succombe de nouveau à la tentation, mais cherche à regagner l'amour de son épouse – vient nuancer les sentiments exprimés au cours de la réconciliation entre les deux époux du *Grand Boursoufle* séparés par le préjugé contre le mariage.[49] *Les Originaux* mêlent des personnages français et des personnages anglais principalement issus des auteurs commentés dans les *Lettres philosophiques*. De *Love for love* de Congreve proviennent l'astrologue Foresight (le modèle du Président Bodin), ainsi que Samson Legend, qui, comme M. Du Cap-Vert, se fait le rival de son fils en cherchant à épouser Angelica pour en avoir une lignée digne d'hériter, et Benjamin, son fils cadet dont il garde la passion du grand large, enrichi du franc-parler et de l'inclination pour les combats en mer de Manly, le héros du *Plain dealer* de Wycherley. Quant à Mme Du Cap-Vert, elle est un affreux mélange de Miss Prue de *Love for love* et de Miss Hoyden du *Relapse* qu'on retrouve dans le personnage de Mlle Thérèse du *Comte de Boursoufle*. Le *Beaux's stratagem* de Farquhar inspire au Chevalier la ruse qui le fait entrer dans le jardin du président Bodin et l'habileté avec laquelle il flatte les goûts extravagants des maîtres du logis. Mme la Présidente, folle de médecine à laquelle elle n'entend rien, est le doublet de Lady Bountiful avec moins de bonté et plus de folie sous le crâne. Voltaire doit à son ami Cibber[50] la

---

[49] C'est aussi l'opinion de M. Colin Duckworth; voir *OCV*, t.14, p.220.
[50] Colley Cibber était directeur associé du théâtre de Drury Lane. Il procura à

ruse de l'épouse qui regagne l'amour de son mari en faisant de lui son amant: elle se trouve dans *Love's last shift*.

Du côté français, on citera principalement les pièces de Regnard, le seul digne, selon Voltaire, de succéder à Molière: *Le Joueur*, *Arlequin, homme à bonne fortune*, *Le Retour imprévu*, et maints détails puisés à d'autres comédies qui révèlent l'admiration que Voltaire avait pour l'auteur. Outre quelques traits du *Glorieux*, Destouches fournit surtout la situation du préjugé aristocratique contre le mariage que l'on retrouve dans la parade de 1732, dans *Le Préjugé à la mode* de La Chaussée, et dans *Les Originaux*. La situation commune ne signifie pas dérivation. La pièce de La Chaussée ne doit absolument rien à Voltaire, et Voltaire ne doit à La Chaussée que les regrets de n'avoir pas écouté Mlle Quinault: dans sa comédie il n'y a pas de mépris d'un mari pour son épouse, mais un préjugé méprisable qu'un couple uni par l'amour rejette publiquement. On a forcé les ressemblances, en vain. La Chaussée exécute exactement le sujet de Mlle Quinault sur une intrigue qui lui est propre.

Voltaire n'avait d'autre ambition que de divertir des amis. Il ne vise pas le grand public et encore moins la postérité. Seule la gaieté fait le ressort de ces deux farces, dans son œuvre, uniques en leur genre. La rapidité des gestes et des réactions, la vivacité des répliques, les quiproquos fréquents, le mouvement sur la scène, ne laissent aucune place à la réflexion ou à quelque critique. L'imitation des dialogues de Congreve fait de chaque personnage un spectacle à lui seul par l'invention verbale qui reproduit la profession de l'homme dans des occasions qui lui sont étrangères. C'est du théâtre qui renvoie au théâtre, du théâtre qui s'imite lui-même en se parodiant. Quiconque pense animer psychologique-ment son personnage verse dans l'erreur de ne jouer que lui-même.

Voltaire 'une entrée permanente au meilleur des théâtres [...] dont le souffleur Chetwood lui fournit les textes de manière qu'il put avec aisance cultiver ses intérêts tant linguistiques que dramatiques' (Henning Fenger, *Voltaire et le théâtre anglais*, *Orbis litterarum* 7, 1749, p.161-287, p.187). Il a gardé ainsi en mémoire le jeu des acteurs lié aux textes. L'effet scénique est probablement sa source la meilleure.

Mme de Staal l'avait compris en regardant *Le Comte de Boursoufle* à Anet en 1747,[51] et Longchamp dans ses *Anecdotes sur la vie privée de Monsieur de Voltaire* avait décrit l'originalité de cette forme d'amusement, comme si la farce était une ruse d'auteur de manière que les acteurs rient d'eux-mêmes. Le rire est à la fois sur scène et dans la salle. La *mimesis* se tourne ainsi en rupture de l'illusion pour le bonheur de tous les participants.

6. *Représentations*

Du vivant de Voltaire, les différentes versions des *Originaux* n'eurent que des représentations privées.[52] La parade fut jouée dans un lieu non identifié dans la première moitié des années 1730, avant que La Chaussée ne réalise *Le Préjugé à la mode*. Une pièce montée à Cirey en janvier 1736, dans laquelle Mme Du Châtelet, 'actrice admirable' a joué son rôle 'à étonner' (D995, D1033), pourrait correspondre à une réécriture de la parade. Mme Du Châtelet a aussi été louée pour son interprétation du rôle de Fanchon chez la duchesse du Maine, à Sceaux, dans la version imprimée des mémoires de Longchamp: 'Des seigneurs et des dames de la cour Mme du Maine y remplissaient les principaux rôles. Mme Du Châtelet [...] joua encore mieux, s'il est possible, le rôle de Fanchon, dans *Les Originaux*, comédie de M. de Voltaire,

---

[51] 'Je ne puis vous rendre Boursoufflé que mincement. Mlle de la Cochonnière a si parfaitement exécuté l'extravagance de son rôle, que j'y ai pris un vrai plaisir. Mais Vanture n'a mis que sa propre fatuité au personnage de Boursoufflé, qui demandait au-delà; il a joué naturellement dans une pièce où tout doit être aussi forcé que le sujet' (D3567).

[52] *Les Originaux* n'ont pas été entièrement ignorés depuis. René Pomeau fit représenter la pièce par ses étudiants dans les années 1950 (R. Pomeau, *Mémoires d'un siècle*, Paris, 1999, p.380). M. José-Michel Moureaux nous signale que la radio de Montréal donna une lecture de la pièce le 29 mai 1978 d'après l'adaptation de Francine Vigneau. Christian Rist et Denis Podalydès mirent en scène *Les Originaux* à la suite de six *Comédies éclairs* de Jean Tardieu au Théâtre National de Chaillot en 1994.

faite et jouée précédemment à Cirey. Ce rôle semblait avoir été fait exprès pour elle; sa vivacité, son enjouement, sa gaieté s'y montraient d'après nature.' [53] La liste des 'Pièces remises à Pankouke par Longchamps' et l'Avertissement aux *Originaux* dans l'édition Lequien indiquent aussi que la pièce fut montée à Sceaux (le nom du serviteur du Chevalier serait alors un clin d'œil aux fameuses nuits blanches du château). Beuchot, dans son Avertissement aux *Originaux*, est plus prudent. Il ne fait aucune mention de Sceaux, bien qu'il ait collaboré avec Decroix à la publication des *Mémoires* de Longchamp. Il n'est même pas sûr que la pièce ait été jouée, plutôt que simplement lue, à Cirey, puisque les lettres que Mme de Graffigny et Desmarets écrivirent immédiatement après leur départ ne sont pas incluses dans *La Vie privée de Voltaire et de Mme Du Châtelet*. C'est cette représentation de février 1739 à Cirey qui est maintenant la mieux documentée. Selon Lilian Willens, *Les Originaux* auraient encore été joués aux Délices vingt ans plus tard. [54] Voltaire écrivit en effet à Thiriot qu'il aurait 'bien dû venir voir les originaux', mais dans le contexte de 'très détestables copies' d'autres pièces auxquelles Voltaire suppose qu'il a accès (D8634). Peut-être représentait-on encore *Les Originaux* à Ferney après 1763, puisque La Harpe en aurait fait l'éloge 'comme d'une pièce amusante et fort gaie'. [55]

7. *Manuscrits*

Plusieurs manuscrits partiels ou entiers ont été perdus de vue: les deux rôles et les vaudevilles que Desmarets parvint à emporter de Cirey, le manuscrit de Pont de Veyle, racheté par Mme de Montesson et le duc

---

[53] *Mémoires sur Voltaire et sur ses ouvrages*, t.2, p.150-51. Desmarets, par contre, juge en février 1739 que 'Mme Du Châtelet joue à faire vomir, sans âme, tout sur le même ton, et scandant les vers pied à pied' (*Graffigny*, t.1, p.318).

[54] Lilian Willens, *Voltaire's comic theatre*, *SVEC* 136 (1975), p.61, n.18.

[55] Selon l'éditeur Renouard qui tient l'information d'un 'homme de lettres' anonyme (*Œuvres complètes de Voltaire*, 66 vol., Paris, 1819-1825, t.7, p.317).

d'Orléans, puis par M. de Soleinne,[56] et celui de Longchamp. Deux manuscrits nous sont parvenus en entier: l'un conservé à Berlin et la copie que Decroix fit faire sur le manuscrit de Longchamp.

MS1

Monsieur / du cap vert / En 3. actes / [*filet*] / comedie / [*filet*] / Et / En prose

Monsieur Du Cap-Vert (p.89-235) est précédé par *Le Comte de Boursoufle*.[57]

L'orthographe de Du Cap-Vert dans le titre et la liste des personnages devient Du Cap-Verd dans la pièce elle-même.

Le manuscrit comprend plusieurs corrections et les mots en fin de page sont souvent répétés au haut de la page suivante.

Berlin, Schloss Charlottenburg: v.447/1309

MS2

Trois pages de titres, d'écritures différentes, se succèdent:

Les Originaux, / Comédie, / en trois actes. / [*filet décoratif*]

Les Originaux / Comédie / En trois actes, et en prose / Par / Monsieur De Volta[ire] / [*filet*]

LES / ORIGINAUX, / Comédie, / en trois actes, / en prose, / Par M. de VOLTAIRE. / [*cul-de-lampe en lignes alternées noires et rouges formant un triangle renversé*]

---

[56] Frédéric Deloffre a signalé que la Bibliothèque nationale avait fait l'acquisition de la collection de Soleinne jusqu'au n° 3463 du catalogue de vente (Marivaux, *Le Petit-Maître corrigé*, Genève, 1955, éd. F. Deloffre, p.75). La référence ne s'est pas retrouvée, ni les manuscrits du lot 1684: 'MS. Pièces de Voltaire. Eriphile, tragédie. – Adelaïde du Guesclin, tragédie. – Pandore, opéra. – Samson, tragédie lyrique. – Variantes de l'opéra de Samson, tirées d'un ancien manuscrit. – Monsieur du Cap Vert, comédie en 3 a. et en pr. (C'est la pièce des *Originaux*). – Le comte de Boursouffle, comédie en 3 a. et en pr. In-4 sur pap., écrit. du 18e siècle. non rel.' (Paul Lacroix Jacob, *Bibliothèque dramatique de Monsieur de Soleinne*, 5 vol., Paris, 1843, t.2, p.75).

[57] Voir *OCV*, t.14, p.249.

Il s'agit de la copie que Decroix fit faire, certainement en juin 1787,[58] sur le manuscrit de Longchamp. Elle comporte des corrections et annotations datant de l'époque à laquelle Lequien ou Beuchot s'en servirent pour leurs éditions.

Bengesco 50; Trapnell 130.

Paris, BnF: Nafr 25137, f.81-128.

8. *Editions*

Les Originaux ne furent jamais publiés du vivant de Voltaire. Le chant turc qui clôt la pièce parut dès 1785 dans les *Etrennes lyriques, anacréontiques*, puis dans l'*Almanach littéraire* l'année suivante. La pièce fut progressivement introduite parmi les œuvres complètes de Voltaire à partir de 1820, mais il n'en existe pas d'édition séparée.

EL (1785)

Etrennes lyriques, anacréontiques, pour l'année 1785, éd. Cholet de Jetphort, Paris, 1785.

Une chanson, sans autre titre que 'Vaudeville', tirée d'une comédie inédite de Voltaire, se trouve p.79-81. L'air indiqué est celui de 'Ah! quelle différence', mais la musique n'est pas fournie, soit qu'elle était suffisamment bien connue, soit qu'elle faisait déjà défaut. Des points signalent l'omission de deux vers du troisième couplet qui 'manque[nt] dans le manuscrit'. En fait il en marque trois. Une note explique que cette chanson est tirée d'une 'petite comédie de M. de Voltaire intitulée: *Le Capitaine Boursouffle*, et représentée à Cirey en 1730', date qui suppose Voltaire et Mme Du Châtelet unis avant l'heure. D'Aquin de Châteaulyon répétait les mêmes informations dans l'*Almanach littéraire* nº 12 l'année suivante, en ne citant que quatre couplets.

L (1820)

Œuvres complètes de Voltaire. Paris, Lequien, 1820-1826. 70 vol. 8º.

[58] Cf. les lettres de Decroix à Ruault du 27 mai et du 7 juin 1787, BnF, n.a.fr. 13139, f.384, 386.

La comédie est publiée pour la première fois au tome 9, p.323-406, sous le titre conjoint, *Les Originaux, ou Monsieur Du Cap-Vert*: 'J'ai entre les mains deux manuscrits de cette pièce: l'un, intitulé *Les Originaux*; l'autre, *Monsieur Du Cap-Vert*. Je n'ai pas cru devoir m'astreindre à copier servilement l'un des deux manuscrits: quoique celui qui a pour titre *Les Originaux* soit meilleur sous beaucoup de rapports que celui qui est intitulé *Monsieur Du Cap-Vert*, ce dernier m'a fourni quelques corrections dont je devais profiter.' L'Avertissement de la pièce suivante, *L'Echange, ou Quand est-ce qu'on me marie?*, est de Decroix. L'Avertissement de l'édition Renouard, qui rejetait le manuscrit de *Monsieur Du Cap-Vert*, est reproduit à la suite de celui de Decroix, avec des notes de Lequien assurant qu'il s'agit bien d'une pièce de Voltaire.

B (1830)

Œuvres complètes de Voltaire. Paris, Lefèvre, Firmin-Didot frères, Werdet et Lequien fils, 1829-1834. 72 vol. 8°.

Les Originaux figurent au tome 2, p.447-530. C'est l'édition Beuchot du manuscrit légué par Decroix avec les variantes de *Monsieur Du Cap-Vert* relevées par Lequien réunies à la fin de la pièce. Moland reproduit cette édition au tome 2, p.391-452.

9. *Principes de cette édition*

Le texte de base est MS2. Les variantes sont tirées de MS1 et EL. Ces variantes ne portent pas sur la ponctuation. On reproduira en note les variantes relevées par les premiers éditeurs du dix-neuvième siècle, parce qu'eux seuls ont eu la possibilité de collationner *Les Originaux* et le *Monsieur Du Cap-Vert* ayant appartenu à Pont de Veyle.

Traitement du texte de base

Nous avons respecté pour l'essentiel la ponctuation du texte de base qui se distingue par l'usage fréquent du point-virgule. Nous avons supprimé les points qui suivent les indications des personnages présents sur scène, ainsi que les noms de ceux qui prennent la parole. Nous avons supprimé la virgule qui suit 'Mais' (I.ii.61); remplacé le point qui suit 'dettes' (II.ii.83) par un point d'interrogation; remplacé la virgule qui suit 'dépit' (II.iii.109) par un point; inséré une virgule entre 'le nom' et 'les armes' (II.iii.140); supprimé la virgule entre 'allez' et 'dîner' (II.v.190); remplacé le point d'interrogation qui suit 'fille du président' (II.v.217) par un point; supprimé la virgule entre 'après-dîner' et 'sans sortir' (II.vii.293); supprimé la virgule entre 'Appellez-le' et 'monseigneur' (II.viii.316); supprimé la virgule entre 'je suis' et 'monsieur Du Cap-Verd' (II.viii.333); inséré une virgule entre 'quel' et 'monsieur' (II.x.464); remplacé le point qui suit 'voir' (III.ii.43) par un point d'interrogation; remplacé le point qui suit 'seigneur' (III.xii.353) par une virgule; et inséré deux points après 'France' aux strophes 1 et 3 du chant final (l.376 et 392).

L'orthographe des noms propres a été respectée pour les personnages (le Comte Des-Aprêts, le Chevalier du Hazard), mais nous avons ajouté des traits d'union au cap de Bonne-Espérance, Saint-Sébastien, et Saint-Domingue, et mis *St* en long pour ces deux derniers.

Nous avons corrigé les erreurs suivantes dans le texte de base: I.i.20: 'graces' corrigé en 'grâce'; II.iii.106 et II.viii.356: 'épousée' en 'épousé'; II.vi.248: 'chargé' en 'chargée'; III.iv.118 et 119: 'vengés' en 'vengées'; III.xii.331: 'grands' en 'grand'.

Le texte de MS1 a fait l'objet d'une modernisation portant sur la graphie, l'accentuation et la grammaire. Les particularités du texte de base dans ces trois domaines sont les suivantes:

I. Particularités de la graphie

1. Consonnes

- présence de la consonne *h* dans: galimathias.
- absence de la consonne *p* dans: longtems.
- présence de la consonne *t* dans: agrets.
- absence de la consonne *t* dans les finales en *-ens*: parens, précédens, sentimens.
- emploi de la consonne *x* à la place de *s* dans: loix.
- emploi de la consonne *ʒ* à la place de *s* dans: buze, hazard.
- redoublement d'une consonne dans: appaiseraient, appercevrez, caffre, calle, empaquettée, frippon, jettant, jetter, pillule, secrette, sincèremment.
- présence d'une seule consonne là où l'usage actuel prescrit son doublement: apelle, apeller, apelez, aprends, aprenne, aprenez,

aprochez, carosse, colant, débarasse, démarer, embarassez, essouflée, friponerie, goutes, guétais, netoyant, persone, pourai, pourez, pouriez, pourons, tranquilité.

2. Voyelles

— emploi de la voyelle nasale *ain* à la place de (*u*)*in* dans: gaingois.
— présence de la voyelle *e* dans: duement.
— absence de la voyelle *e* dans: avoûriez, gaité, laidron, remercirez.
— emploi de la voyelle nasale *ein* à la place de *ain* dans: plein (dans l'expression: de plain-pied).
— emploi de la voyelle *é* à la place de *er* dans: diné (pour dîner), soupé (pour souper).
— emploi de la voyelle *ë* à la place de *i* dans: coëffes.
— emploi de la voyelle *i* à la place de *y* dans: mistère.
— emploi de la voyelle *ï* à la place de *y* dans: moïen.
— emploi de la diphtongue *oi* pour certaines terminaisons de l'imparfait ou du conditionnel présent: aimoit, avois, brilloit, contemplois, étoit, disois, dérogeroit, donnerois, faisoient, guériroit, pouroit, pouvois, promenois, sentois, serois, seroit, voudrois.
— emploi de la voyelle *y* à la place de *i* dans: ay, aye, cecy, envoye, joye, n'y (pour ni), mary (mais aussi mari), Roy, voye.

3. Majuscules

— nous mettons la majuscule aux noms propres de personnages ou de lieux.
— nous mettons la majuscule en début de phrase, si elle manque.
— nous mettons la majuscule initiale aux titres d'ouvrages: *Les Mille et une Nuits*.
— présence d'une majuscule aux mots suivants: Antipodes (mais aussi antipodes), Astrologue, Cancre, Roy.
— absence d'une majuscule aux mots suivants: caffre, dieu (unique), orient.

4. Abréviations

— M^e, Mlle, M^r deviennent respectivement Mme, Mlle, M.

5. Le trait d'union

— est présent dans: bel-homme, bien-tôt, long-tems (mais aussi longtems), par-tout, très-bien.

— est absent dans: après diné, au dessous, au dessus, beau frère, beau père, belle mère, celle ci, celui là, cet homme là, là bas, la dedans, maison ci, moi même, par dessus, petits enfants, peut être, plain pied, rendez vous, sainte barbe, soixante dix, va t'il, vous même.

— est absent dans les constructions: disiez vous, dites leur, insultez vous, occupez vous, pardonnez moi, parlez moi, pensez vous, retirez vous, serez vous.

6. L'apostrophe

— est employée au lieu du trait d'union dans: gratte-t'on, va t'il.

7. Graphies particulières

— *bien tôt*, *mes dâmes* paraîssent en deux mots.
— *bon jour* paraît en deux mots (mais aussi *bonjour*).
— *pour tant* paraît en deux mots.
— *quelquechose* paraît en un mot.

II. Particularités d'accentuation

1. L'accent aigu

— est présent dans: dégrés, éperonnier, épousérait, guétais.

2. L'accent grave

— est présent dans: à (verbe avoir), celà, là (dans l'expression: par la sembleu).
— est absent dans: a (préposition), agrets, ça (adverbe de lieu), chere, déja, du (participe passé), la (adverbe de lieu), voila.
— est employé au lieu de l'aigu dans: manquè-je.

3. L'accent circonflexe

— est présent dans: avoûriez, boût, dâmes, parfûmeur, pouvû, quâlité (mais aussi qualité), vû.
— est absent dans: age, ainée (mais aussi aînée), ame, connaitre, dine, diné, duement, dut, fachée, fut (subjonctif imparfait), grace, intéret, lacherai, maitresse, parait, plait, primes, reconnaitra, reconnaitrait, revois (pour rêvais), rotisseur, traitre.
— est employé au lieu du grave dans: calêche.

4. Le tréma
- est présent dans: prévüe.
- est absent dans: oui (dire).

III. Particularités grammaticales
- absence de certaines terminaisons en *-s* à la première personne du singulier de l'indicatif: sai.

LES ORIGINAUX,
COMÉDIE,
EN TROIS ACTES

ACTEURS

M. Du Cap-Verd, armateur.
Le Président Bodin.
La Présidente Bodin.
Le Comte Des-Aprêts, gendre du Président.
La Comtesse, épouse du Comte.   5
Le Chevalier Du Hazard, frère inconnu du Comte.
Fanchon, fille cadette du Président, sœur de la Comtesse et
amante du Chevalier.
Mme Du Cap-Verd, femme de l'armateur.
M. de L'étrier, écuyer du comte.   10
M. Du Toupet, perruquier du comte.
Plusieurs valets de chambre.
Un page.
Champagne, laquais de la Présidente.
Nuit-Blanche, laquais du Chevalier Du Hazard.   15
Mme Rafle, gouvernante.

La scène est dans la maison du Président.

1-16a msi: M. le Président Bodin / Mme la Présidente Bodin / M. le
Comte gendre du Président / Mme la Comtesse fille du Président et femme du
Comte / M. du Cap-Vert capitaine de vaisseau / Le Chevalier Biribi fils de
M. Du Cap-Vert / Fanchon fille du Président / L'étrier écuyer du Comte /
Nuit-Blanche confident du Chevalier [1]

[1] Selon Lequien, dans le manuscrit intitulé *Monsieur Du Cap-Vert* qui avait
appartenu à Pont de Veyle, le Comte Des-Aprêts s'appellait le Comte de Boursoufle,
et le Chevalier Du Hazard, le Chevalier Biribi. Le biribi était un jeu du hasard à la
mode (D80, D86, D107) qui fut progressivement remplacé par le cavagnole.
Voltaire perdit douze mille francs au biribi chez Mme de Fontaine-Martel vers
septembre 1732 (D524, D525).

118

ACTE I

SCÈNE I

LE CHEVALIER DU HAZARD, NUIT-BLANCHE

LE CHEVALIER

Nuit-Blanche. ¹

NUIT-BLANCHE

Monsieur. ²

LE CHEVALIER

N'est-ce point ici la maison?

NUIT-BLANCHE

Je crois que nous y voici; nous sommes près du jardin du président
Bodin. N'est-ce pas cela que vous cherchez?   5

LE CHEVALIER

Oui. C'est là même; mais il faut bien autre chose! (*Ils s'introduisent
dans le jardin.*) ... Elle ne paraît point encore.

---

c   MS1: LE CHEVALIER DE BIRIBI, NUIT-BLANCHE
d   MS1: BIRIBI [*à la place du* CHEVALIER *jusqu'à la fin de l'acte 1, scène 2*]
3   MS1: Est-ce point
4   MS1: que vous y voici
6   MS1: Oui, c'est cela même
6-7 MS1: [*sans indication scénique*]

---

¹ Nuit-Blanche disparaît après la scène 3 du premier acte. Son nom rappelle la
triste plainte des valets de comédie contraints de s'adapter à la vie de leurs maîtres
qui font de la nuit le jour, comme dans la première scène du *Sicilien* ou d'*Amphitryon*
de Molière, ou du *Joueur* de Regnard.
² Même début, imité de *Love for love* de Congreve, dans *Le Comte de Boursoufle*.

NUIT-BLANCHE

Qui?

LE CHEVALIER

Elle.

NUIT-BLANCHE

Qui elle?   10

LE CHEVALIER

Cette fille charmante.

NUIT-BLANCHE

Quoi, monsieur, la fille du président Bodin vous aurait déjà donné rendez-vous?

LE CHEVALIER

Je vous trouve bien impertinent avec votre déjà;[3] il y a un mois entier que je l'aime et qu'elle le sait; il y a par conséquent bientôt 15 un mois qu'elle aurait dû m'accorder cette petite faveur; mais que veux-tu, les filles s'enflamment aisément et se rendent difficile-ment; si c'était une dame un peu accoutumée au monde nous nous serions peut-être déjà quittés.

NUIT-BLANCHE

Et de grâce, monsieur, où avez-vous déjà fait connaissance avec 20 cette demoiselle dont le cœur est si aisé et l'accès si difficile?

11   MS 1: Elle, cette
12   MS 1: fille de M. le Président Bodin
15   MS 1: il y a bientôt
16   MS 1: dû m'honorer de cette
20   MS 1: avez-vous donc déjà
21   MS 1: est pour vous si aisé, et la personne d'un accès

[3] Cet unique emploi du pluriel de politesse est une manière de rappeler le valet au respect.

LE CHEVALIER

Où je l'ai vue? Partout, à l'opéra, au concert, à la comédie, enfin en tous les lieux où les femmes vont pour être lorgnées, et les hommes perdre leur temps. J'ai gagné sa suivante de la façon dont on vient à bout de tout, avec de l'argent; [4] c'était à elle que tu portais toutes mes lettres, sans la connaître; enfin après bien des prières et des refus, elle consent à me parler ce soir; les fenêtres de sa chambre donnent sur le jardin; on ouvre, avançons.

SCÈNE II

FANCHON *à la fenêtre*; LE CHEVALIER *au-dessous.*

FANCHON

Est-ce vous, monsieur le chevalier?

LE CHEVALIER

Oui, c'est moi, mademoiselle, qui fais, comme vous voyez, l'amour à l'espagnole, et qui serais très heureux d'être traité à la française, et de dire à vos genoux que je vous adore, au lieu de vous le crier sous les fenêtres, au hasard d'être entendu d'autres que de vous.

22-23 MSI: Partout, aux cours, aux Thuileries, à l'église, aux spectacles, dans tous les lieux
23-24 MSI: hommes pour perdre
24 MSI: gagné la suivante
27 MSI: consent de me
28b MSI: MLLE BODIN *à la fenêtre*
28c MSI: MLLE BODIN [*à la place de* FANCHON *jusqu'à la fin de l'acte 1, scène 2*]
31 MSI: serais trop heureux
32 MSI: de vous dire
33 MSI: sous vos fenêtres

---

[4] Comme Nuit-Blanche, cette suivante si nécessaire ici n'apparaît nulle part ailleurs dans la comédie.

FANCHON

Cette discrétion me plaît; mais parlez-moi franchement, m'aimez-   35
vous?

LE CHEVALIER

Depuis un mois, je suis triste avec ceux qui sont gais, je deviens
solitaire, insupportable à mes amis et à moi-même, je mange peu,
je ne dors point; si ce n'est pas là de l'amour, c'est de la folie, et de
façon ou d'autre je mérite un peu de pitié.   40

FANCHON

Je me sens toute disposée à vous plaindre, mais si vous m'aimiez
autant que vous dites, vous vous seriez déjà introduit auprès de
mon père et de ma mère, et vous seriez le meilleur ami de la maison
au lieu de faire ici le pied de grue et de sauter les murs d'un jardin.

LE CHEVALIER

Hélas! que ne donnerais-je point pour être admis dans la maison?   45

FANCHON

C'est votre affaire et afin que vous puissiez y réussir, je vais vous
faire connaître le génie des gens que vous avez à ménager.

LE CHEVALIER

De tout mon cœur, pourvu que vous commenciez par vous.

FANCHON

Cela ne serait pas juste, je sais trop ce que je dois à mes parents.
Premièrement, mon père est un vieux président riche et bon   50

37   MS1: Depuis un mois, je n'ai joué, je suis triste avec les gens qui
42   MS1: vous le dites
44   MS1: sauter par-dessus les
46-47   MS1: réussir, trouvez bon que je vous donne quelques petits enseigne-
ments, et que je vous fasse connaître les gens à qui vous aurez affaire.
49   MS1: sais ce

122

homme, fou de l'astrologie où il n'entend rien. Ma mère est la meilleure femme du monde, folle de la médecine, où elle entend tout aussi peu; elle passe sa vie à faire et à tuer des malades; ma sœur aînée est une grande créature bien faite, folle de son mari qui ne l'est point du tout d'elle. Son mari, mon beau-frère, est un soi- 55 disant grand seigneur, fort vain, très fat, et rempli de chimères. Et moi je deviendrais peut-être encore plus folle que tout cela, si vous m'aimiez aussi sincèrement que vous venez de me l'assurer.

LE CHEVALIER

Ah madame, que vous me donnez d'envie de figurer dans votre famille, mais... 60

FANCHON

Mais il serait bon que vous me parlassiez un peu de la vôtre, car je ne connais encore de vous que vos lettres.

LE CHEVALIER

Vous m'embarrassez fort. Il me serait impossible de donner du ridicule à mes parents.

FANCHON

Comment, impossible! vous n'avez donc ni père ni mère? 65

51-52 MSI: mère une vieille présidente, la meilleure
52-54 MSI: entend aussi peu; qui passe sa vie à faire et à tuer des malades, qui les expédie par ignorance, et les fait enterrer par charité. Ma sœur
56-57 MSI: vain, un peu fat, fou de grandeur et de chimères. Et moi qui vous parle, je deviendrais peut-être plus folle
58 MSI: sincèrement que vous vous en vantez ici.
59-60 MSI: dans toute cette famille
61 MSI: bon qu'à votre tour vous
　　 MSI: car enfin je
63-64 MSI: donner des ridicules

LE CHEVALIER

Justement.

FANCHON

Ne peut-on pas savoir au moins de quelle profession vous êtes?

LE CHEVALIER

Je fais profession de n'en avoir aucune; je m'en trouve bien; je suis jeune, gai, honnête homme. Je joue, je bois, je fais, comme vous voyez, l'amour; on ne m'en demande pas davantage; je suis assez bien venu partout, enfin je vous aime de tout mon cœur; c'est une maladie que votre astrologue de père n'a pas prévue, que votre bonne femme de mère ne guérira pas, et qui durera peut-être plus que vous et moi ne voudrions. 70

FANCHON

Votre humeur me fait plaisir, mais je crains bien d'être aussi malade que vous; je ne vous en dirais pas tant si nous étions de plain-pied. Mais je me sens un peu hardie de loin... eh! mon Dieu, voici ma grande sœur qui entre dans ma chambre, et mon père et ma mère dans le jardin. Adieu; je jugerai de votre amour si vous vous tirez de ce mauvais pas en habile homme. 75 80

NUIT-BLANCHE *en se collant à la muraille.*

Ah, monsieur, nous sommes perdus. Voici des gens avec une arquebuse.

67 MS1: Mais on ne peut pas savoir
68 MS1: D'aucune, et je m'en
69-70 MS1: homme, je ris, je bois, je joue, on ne
74 MS1: ne voudrons.
75 MS1: Vous êtes d'une profession qui me fait peur; mais votre humeur me fait grand plaisir. Je vous assure que je crains
78-79 MS1: chambre adieu... eh! Voilà mon père, et ma mère qui entrent dans le jardin. Je jugerai
80 MS1: ce mauvais pas-ci en
80a MS1: *se tapissant contre un mur.*

124

LE CHEVALIER

Non, ce n'est qu'une lunette, rassure-toi; je suis sûr de plaire à ces gens-ci, puisque je connais leur ridicule et leur faible.

SCÈNE III

LE PRÉSIDENT BODIN, LA PRÉSIDENTE, DOMESTIQUES, LE CHEVALIER, NUIT-BLANCHE

LE PRÉSIDENT *avec une grande lunette.*

On voit bien que je suis né sous le signe du cancre; toutes mes affaires vont de guingois.⁵ Il y a six mois que j'attends mon ami, M. Du Cap-Verd, ce fameux capitaine de vaisseau qui doit épouser ma cadette, et je vois certainement qu'il ne viendra de plus d'un an; le bourreau a Vénus rétrograde;⁶ voici d'un autre côté mon impertinent de gendre M. le comte Des-Aprêts, à qui j'ai donné mon aînée, il affecte l'air de la mépriser, il ne veut pas me faire l'honneur de me donner des petits-enfants. Ceci est bien plus rétrograde encore. Ah, malheureux président! malheureux beau-père! sur quelle étoile ai-je marché?... Çà voyons un peu en quel état est le ciel ce soir. 85 90 95

90 MSI: gendre le Comte de Boursoufle à qui
91 MSI: ne me veux pas faire

⁵ Cf. *Love for love*, II.i (Foresight): 'It is impossible that anything should be as I would have it, for I was born, sir, when the crab was ascending, and all my affairs go backward.'

⁶ Les étoiles donnent l'impression de rétrograder quand le mouvement de la terre s'accélère sur son parcours elliptique. Voltaire cherche à reproduire le jeu sur le double sens de *retrograde* ('qui fait marche arrière' et 'contrariant') de *Love for love*, II.iii (Angelica à Foresight): 'You know my aunt is a little retrograde (as you call it) in her nature. Uncle, I'm afraid you are not lord of the ascendant'.

LA PRÉSIDENTE

Je vous ai déjà dit, mon toutou,[7] que votre astrologie n'est bonne qu'à donner des rhumes; vous devriez laisser là vos lunettes et vos astres. Que ne vous occupez-vous comme moi de choses utiles. J'ai trouvé enfin l'élixir universel, et je guéris tout mon quartier.[8] Eh bien, Champagne, comment se porte ta femme à qui j'en ai fait prendre une dose?

100

CHAMPAGNE

Elle est morte ce matin.[9]

LA PRÉSIDENTE

J'en suis fâchée, c'était une bonne femme; et mon filleul, comment est-il depuis qu'il a pris ma poudre corroborative?... Eh mais que vois-je, mon toutou? un homme dans notre jardin!

105

LE PRÉSIDENT

Ma toute, il faut observer ce que ce peut être, et bien calculer ce phénomène.

LE CHEVALIER *tirant sa lunette d'opéra.*[10]

Le soleil entre dans sa cinquantième maison.

96   MS1: vous l'ai déjà dit, mon toutou, votre astrologie
98   MS1: moi à des choses
100   MS1: porte votre femme
105   MS1: homme inconnu dans votre jardin.
106   MS1: observer exactement ce
107a MS1: *lorgnette d'opéra.*
108   MS1: cinquième maison

[7] Toutou (au lieu de 'tout'): 'populaire et enfantin. C'est un nom que les femmes et les nourrices donnent à de petits chiens' (*Dictionnaire de Trévoux*). Le Président utilisera la forme féminine de ce terme d'affection à la ligne 128.

[8] Cf. Farquhar, *The Beaux's stratagem*, IV.i (Lady Bountiful à Mrs Sullen): 'I have done miracles about the country here with my receipts.'

[9] Cf. *Dom Juan*, III.i, où Sganarelle vante un remède pour avoir eu ce même effet.

[10] Dans une lettre à Fontenelle du 1er juin 1721 déjà, Voltaire plaisantait les

126

LE PRÉSIDENT

Et vous, monsieur, qui vous fait entrer dans la mienne, s'il vous plaît?

110

LE CHEVALIER *en regardant le ciel.*

L'influence des astres, monsieur! Vénus, dont l'ascendance...

LE PRÉSIDENT

Que veut dire ceci? C'est apparemment un homme de la profession.
(*Ils se regardent tous deux avec leurs lunettes.*)

LA PRÉSIDENTE

C'est apparemment quelque jeune homme qui vient me demander des remèdes. Il est vraiment bien joli; c'est grand dommage d'être malade à cet âge!

115

LE PRÉSIDENT

Excusez, monsieur, si n'ayant pas l'honneur de vous connaître...

LE CHEVALIER

Ah! monsieur, c'était un bonheur que les conjonctions les plus bénignes me faisaient espérer; je me promenais près de votre magnifique maison pour...

120

LA PRÉSIDENTE

Pour votre santé apparemment.

LE CHEVALIER

Oui, madame; je languis depuis un mois et je me flatte que je

109   MS I: vous a fait
111   MS I: dans l'ascendance.

astronomes amateurs qui n'ont 'Pour observer tant de planètes / Au lieu de vos longues lunettes / Que des lorgnettes d'opéra' (D92).

127

trouverai enfin du secours. On m'a assuré que vous aviez ici ce qui me guérirait.

LA PRÉSIDENTE

Oui, oui, je vous guérirai. Je vous entreprends, et je veux que ma   125
poudre et mon dissolvant...

LE PRÉSIDENT

C'est ma femme, monsieur, que je vous présente. (*Parlant bas, et se touchant le front.*) La pauvre toute est un peu blessée là... Mais parlons un peu raison, s'il vous plaît; ne disiez-vous pas qu'en vous promenant près de ma maison vous aviez...   130

LE CHEVALIER

Oui, monsieur, je vous disais que j'avais déjà découvert un nouvel astre au-dessus de cette fenêtre, et qu'en le contemplant j'étais entré dans votre jardin. [11]

LE PRÉSIDENT

Un nouvel astre! Comment, cela fera du bruit.

LE CHEVALIER

Je voudrais bien pourtant que la chose fût secrète. Il brillait comme   135
Vénus, et je crois qu'il a les plus douces influences du monde. Je le contemplais, j'ose dire avec amour; je ne pouvais en écarter mes

127-28   MS1: [*sans indication scénique*]
132   MS1: astre tout au-dessus
137-38   MS1: écarter les yeux

[11] Cf. *The Beaux's strategem*, IV.i (Archer à propos d'Aimwell): 'Drawn by the appearance of your handsome house to view it nearer, and walking up the avenue within five paces of the courtyard, he has taken ill of a sudden with a sort of I know not what, but down he fell, and there he lies'. Aimwell a feint une attaque pour s'introduire dans la maison de Lady Bountiful. En décrivant son mal avec des termes de médecine, son complice Archer se fera passer pour un homme du métier.

yeux; j'ai même, puisqu'il faut vous le dire, été fâché quand vous avez paru.

LE PRÉSIDENT

Vraiment je le crois bien. 140

LE CHEVALIER

Pardonnez, monsieur, à ce que je vous dis; ne me regardez pas d'un aspect malin, et ne soyez pas en opposition avec moi; vous devez savoir l'empressement que j'avais de vous faire ma cour. Mais enfin quand il s'agit d'un astre...

LE PRÉSIDENT

Ah! sans doute; et où l'avez-vous vu? Vous me faites palpiter le 145 cœur.

LE CHEVALIER

C'est l'état où je suis. Je l'ai vu vous dis-je. Ah! quel plaisir j'avais en le voyant! quel aspect! C'était tout juste ici; mais cela est disparu dès que vous êtes venu dans le jardin.

LE PRÉSIDENT

Ceci mérite attention; c'était sans doute quelque comète. 150

LE CHEVALIER

Du moins elle avait une fort jolie chevelure.

LA PRÉSIDENTE *le tirant par le bras.*

Mon pauvre jeune homme, ne vous arrêtez point aux visions

---

141 MS1: je dis
147 MS1: quels aspects!
    MS1: cela a disparu
150 MS1: attention, c'est sans doute

cornues de mon mari; venons au fait: peut-être votre mal presse. [12]

LE CHEVALIER

Oui, madame; je me sentais tout en feu avant que vous parussiez. 155

LA PRÉSIDENTE *lui tâtant le pouls*.

Voilà cependant un pouls bien tranquille.

LE CHEVALIER

Ah! madame, ce n'est que depuis que j'ai l'honneur de vous parler. C'était tout autre chose auparavant; ah! quelle différence, [13] madame!

LA PRÉSIDENTE

Pauvre enfant! Vous avez pourtant la couleur bonne et l'œil assez 160 vif; çà, ne déguisez rien, avez-vous la liberté du...

LE CHEVALIER

Plus de liberté, madame, c'est là mon mal; cela commença il y a un mois, sur l'escalier de la comédie; mes yeux furent dans un éblouissement involontaire, mon sang s'agita, j'éprouvai des palpitations, des inquiétudes, ah! madame, des inquiétudes!... [14] 165

---

158   MS1:   chose peu auparavant
161   MS1:   rien à votre médecin. Avez-vous
162   MS1:   c'est mon mal
163   MS1:   de l'opéra, mes yeux furent d'abord attaqués d'un éblouissement

[12] Cf. *The Beaux's stratagem*, IV.i (Lady Bountiful): 'Don't mind this mad creature: I am the person that you want, I suppose.'

[13] Cette même exclamation sert de refrain au chant qui termine la pièce. Il se pourrait qu'elle renvoie à quelque air en vogue à l'époque.

[14] Cf. Vanbrugh, *The Relapse*, III.ii (Loveless à Berinthia): 'Now hear my symptoms, and give me your advice. The first were these: / When 'twas my chance to see you at the play, [...] My heart began to pant, my limbs to tremble, / My blood grew thin, my pulse beat quick, / My eyes grew hot and dim'.

LA PRÉSIDENTE

Dans les jambes?

LE CHEVALIER

Ah! partout madame, des inquiétudes cruelles; je ne dormais plus, je rêvais toujours à la même chose, j'étais mélancolique...

LA PRÉSIDENTE

Et rien ne vous a donné du soulagement?

LE CHEVALIER

Pardonnez-moi, madame; cinq ou six ordonnances par écrit m'ont   170
donné un peu de tranquillité; je me suis mis entre les mains d'un médecin charmant qui a entrepris ma cure; mais je commence à croire qu'il faudra que vous daigniez l'aider; heureux, si vous pouvez consulter avec lui sur les moyens de me mettre dans l'état où j'aspire.

LA PRÉSIDENTE

Oh, vous n'avez qu'à l'amener je le purgerai lui-même, je vous en   175
réponds.

LE PRÉSIDENT

Or çà, monsieur, point de compliments entre gens du métier, vous souperez avec nous ce soir, si vous le trouvez bon; et cela en famille avec ma femme, ma fille la comtesse, et ma fille Fanchon.

LE CHEVALIER

Ah! monsieur, vous ne pouviez, je vous jure, me faire un plus   180
grand plaisir.

LE PRÉSIDENT

Et après souper, je veux que nous observions ensemble l'état du ciel.

168   MS I: j'étais si mélancolique.
177   MS I: point de cérémonies entre gens de la profession, vous
180-81 MS I: Hélas, monsieur, vous ne pouviez me faire un plus grand plaisir, je vous jure.

LE CHEVALIER

Pardonnez-moi, monsieur, j'ai d'ordinaire après souper la vue un peu troublée.

LA PRÉSIDENTE

Vous voulez me tuer ce pauvre garçon, et moi je vous dis qu'après souper, il prendra trois de mes pilules. Mais je veux auparavant qu'il fasse connaissance avec toute ma famille.

LE PRÉSIDENT

C'est bien dit, ma toute. Qu'on fasse venir Mme la comtesse.

LA PRÉSIDENTE

Mes filles, Madame la comtesse!

LA COMTESSE

Nous descendons, madame.

FANCHON

Je vole, ma mère.

SCÈNE IV

LE PRÉSIDENT, LA PRÉSIDENTE, MME LA COMTESSE, FANCHON, LE CHEVALIER

LA PRÉSIDENTE

Mes filles, voici un de mes malades que je vous recommande. Je veux que vous en ayez soin ce soir à souper.

---

184   MS1: peu trouble.
188   MS1: fasse descendre Mme la Comtesse et Fanchon.
191C   MS1: LE CHEVALIER DE BIRIBI

FANCHON

Ah, ma mère, si j'en aurai soin! Il sera entre nous deux et ce sera moi qui le servirai. 195

LE PRÉSIDENT

Ce jeune gentilhomme, mes filles, est un des grands astrologues que nous ayons; ne manquez pas de lui bien faire les honneurs de la maison. [15]

LE CHEVALIER

Ah, monsieur! je revois la brillante comète dont la vue est si charmante. 200

LE PRÉSIDENT

J'ai beau guigner, je ne vois rien.

LE CHEVALIER

C'est que vous ne regardez pas avec les mêmes yeux que moi.

LA PRÉSIDENTE

Eh bien, madame la comtesse, serez-vous toujours triste, et ne pourrai-je point purger cette mauvaise humeur? J'ai deux filles bien différentes. Vous diriez Démocrite et Héraclite; l'une a l'air 205

---

194   MS1: si nous en aurons soin!
200-200a   MS1: [entre ces lignes ajoute]

LE PRÉSIDENT
Vite ma lunette observons.

LE CHEVALIER
Mesdames je sais fort peu ce qui se passe dans le ciel, mais il ne pouvait m'arriver d'aventure sur la terre plus agréable que celle-ci. [16]

---

[15] Cf. *The Beaux's stratagem*, IV.i (Lady Bountiful à Dorinda et Mrs Sullen): 'Come, girls, you shall show the gentleman the house.'
[16] Lequien releva la même variante dans le manuscrit de *Monsieur Du Cap-Vert* ayant appartenu à Pont de Veyle.

d'une veuve affligée, et cette étourdie rit toujours. Il faut que je donne des gouttes d'Angleterre à l'une et de l'opium à l'autre.

LA COMTESSE

Hélas, madame, vous me traitez de veuve. Il est trop vrai que je le suis. Vous m'avez mariée, et je n'ai point de mari; M. le comte s'est mis dans la tête qu'il dérogerait s'il m'aimait. J'ai le malheur de 210 respecter des nœuds qu'il néglige, et de l'aimer parce qu'il est mon mari, comme il me méprise parce que je suis sa femme; je vous avoue que j'en suis inconsolable.

LA PRÉSIDENTE

Votre mari est un jeune fat, et toi une sotte, ma chère fille; je n'ai point de remèdes pour des cas si désespérés. Le comte ne vous voit 215 point de toute la nuit, rarement le jour; je sais bien que l'affront est sanglant, mais enfin, c'est ainsi que M. le président en use avec moi depuis quinze ans; vois-tu que je m'arrache les cheveux pour cela?

FANCHON

La chose est un peu différente; pour moi, si j'étais à la place de ma sœur aînée, je sais bien ce que je ferais. 220

LA PRÉSIDENTE

Eh quoi, coquine?

FANCHON

Ce qu'elle est assez sotte pour ne pas faire.

---

206   MSI: cette étourdie-ci rit
208-209   MSI: il n'est que trop vrai, je le suis.
213   MSI: que je suis inconsolable.
215-16   MSI: désespérés. Eh bien, le comte ne vous voit point du tout la nuit
219   MSI: différente, mais si j'étais
222   MSI: Ce qu'elle ne fait pas.

LE PRÉSIDENT

J'ai beau observer, je me donne le torticolis, et je ne découvre rien.
Je vois bien que vous êtes plus habile que moi; oui, vous êtes venu
tout à propos pour me tirer de bien des embarras.   225

LE CHEVALIER

Il n'y a rien que je ne voulusse faire pour vous.

LE PRÉSIDENT

Vous voyez, monsieur, mes deux filles; l'une est malheureuse
parce qu'elle a un mari, et celle-ci commence à l'être parce qu'elle
n'en a point; mais ce qui me désoriente, et me fait voir des étoiles
en plein midi...   230

FANCHON

Eh bien mon père?

LE CHEVALIER

Eh bien monsieur?

LE PRÉSIDENT

C'est que le mari qui est destiné à ma fille cadette...

FANCHON

Un mari, mon père!

LE CHEVALIER

Un mari, monsieur!   235

227   MSI: monsieur deux filles
229   MSI: point; ce qui
233   MSI: est prédestiné à

LA PRÉSIDENTE

Eh bien ce mari, peut-être est-il malade. Cela ne sera rien, je le guérirai.

LE PRÉSIDENT

Ce mari, M. Du Cap-Verd, ce fameux armateur...

FANCHON

Ah mon père! un corsaire?

LE PRÉSIDENT

C'est mon ancien ami; vous croyez que j'ai tiré sa nativité. Il est né   240
sous le signe des poissons. Je lui avais promis de plus Fanchon
avant qu'elle fût née; en un mot, ce qui me confond c'est que je
vois clairement que Fanchon sera mariée bientôt, et encore plus
clairement que M. Du Cap-Verd ne sera de retour que dans un an;
il faut que vous m'aidiez à développer cette difficulté.   245

FANCHON

Cela me paraît très aisé, mon père; vous verrez que je serai mariée
incessamment et que je n'épouserai pas votre marin.

LE CHEVALIER

Autant que mes faibles lumières peuvent me faire entrevoir,

236-37   MS I: mari est attaqué de quelque indisposition peut-être; cela ne sera
rien, je le traiterai.
237-37a   MS I: [*entre ces lignes ajoute*]
LE PRÉSIDENT
Eh madame! vous savez que les mariages sont écrits dans le ciel.
LE CHEVALIER
Oui, mais c'est quelquefois nous qui tenons la plume.[17]
245   MS I: à débrouiller cette difficulté.
247   MS I: n'épouserai point votre

[17] Lequien releva la même variante dans le manuscrit de *Monsieur Du Cap-Vert*
ayant appartenu à Pont de Veyle.

mademoiselle votre fille, monsieur, raisonne en astrologue judi-
cieuse encore plus que judiciaire,[18] et je crois moi par les aspects   250
d'aujourd'hui que ce forban ne sera jamais son mari.

FANCHON

Sans avoir étudié je l'ai deviné tout d'un coup.

LE PRÉSIDENT

Et sur quoi pensez-vous monsieur, que le capitaine ne sera pas
mon gendre?

LE CHEVALIER

C'est qu'il est déjà gendre d'un autre, ce capitaine n'est-il pas de   255
Bayonne?

LE PRÉSIDENT

Oui.

LE CHEVALIER

Eh bien, je suis aussi de Bayonne, moi qui vous parle.

FANCHON

Je crois que le pays d'où vous êtes sera le pays de mon mari.

255-56 MSI: C'est que je le crois déjà le gendre d'un autre. Votre capitaine n'est-
il pas né à Bayonne?
257 MSI: Oui, monsieur.
259 MSI: Je me doute que le pays d'où vous êtes est le pays

[18] 'On divise l'astrologie en deux branches; l'Astrologie naturelle et l'Astrologie
judiciaire.¶ L'astrologie naturelle est l'art de prédire les effets naturels, tels que les
changements de temps, les vents, les tempêtes, les orages, les tonnerres, les
inondations, les tremblements de terre, etc [...]¶ L'astrologie judiciaire à laquelle
on donne proprement le nom d'Astrologie, est l'art prétendu d'annoncer les
événements moraux avant qu'ils n'arrivent. J'entends par événements moraux,
ceux qui dépendent de la volonté et des actions libres de l'homme; comme si les
astres avaient quelque autorité sur lui, et qu'il en fût dirigé' (*Encyclopédie, ou
dictionnaire raisonné des sciences, des arts et des métiers*, Paris, 1751, p.780-81).

LE PRÉSIDENT

Que fait au mariage de ma fille que vous soyez de Bayonne ou de   260
Pampelune?

LE CHEVALIER

Cela fait que j'ai connu M. Du Cap-Verd, lorsque j'étais enfant, et
que je sais qu'il était marié à Bayonne.

LE PRÉSIDENT

Eh bien, je vois que vous ne savez pas le passé aussi bien que
l'avenir. Je vous apprends qu'il n'est pas marié, que sa femme est   265
morte, il y a quinze ans[19] qu'il en avait environ cinquante quand il
l'a perdue, et que, dès qu'il sera de retour, il épousera Fanchon.
Allons tous souper.

LE CHEVALIER

Oui. Mais je n'ai point ouï dire que sa femme fût morte.

FANCHON

Je me trompe bien fort ou les étoiles auront un pied de nez dans   270
cette affaire, et je ne m'embarquerai pas avec M. Du Cap-Verd.

LE CHEVALIER

Au moins, mademoiselle, le voyage ne serait pas de long cours; par
le calcul de monsieur votre père, le pauvre cher homme a soixante-

260   MSI: Eh que fait
265   MSI: n'est plus marié
266   MSI: qu'il avait environ quarante ou cinquante ans quand
269   MSI: Mais
       MSI: cette femme
270   MSI: trompe fort
272   MSI: Du moins
273-74   MSI: a ses soixante et cinq ans

[19] C'est justement l'âge de Fanchon (voir II.xi.549). Cependant M. Du Cap-Verd
croit que sa femme est morte 'il y a vingt ans' (III.xi.278).

138

dix ans,[20] et pourrait mourir de vieillesse avant de me faire mourir de douleur. 275

LA PRÉSIDENTE

Allons, mon malade, ne vous amusez point ici. Tout ce que je connais du ciel à l'heure qu'il est, c'est qu'il tombe du serein; donnez-moi la main, et venez vous mettre à table à côté de moi.

SCÈNE V

LA COMTESSE, FANCHON

LA COMTESSE

Demeure un peu, ma sœur Fanchon.

FANCHON

Il faut que j'aille servir notre malade, ma chère comtesse; le ciel le 280
veut comme cela.

LA COMTESSE

Donne-moi pour un moment la préférence.

FANCHON

Pour un moment, passe.

LA COMTESSE

Je n'ai plus de confiance qu'en toi, ma petite sœur.

---

279 MS I: ma chère Fanchon.[21]
282 MS I: Eh donne-moi la préférence un moment.
283 MS I: Un moment

[20] C'est inexact: les calculs du Président donnent soixante-cinq ans à M. Du Cap-Verd.
[21] Lequien releva la même variante dans le manuscrit de *Monsieur Du Cap-Vert* ayant appartenu à Pont de Veyle.

FANCHON

Hélas, que puis-je pour vous? moi qui suis si fort embarrassée pour 285
moi-même?

LA COMTESSE

Tu peux m'aider.

FANCHON

A quoi? à vous venger de votre glorieux et impertinent mari? oh,
de tout mon cœur!

LA COMTESSE

Non. Mais à m'en faire aimer. 290

FANCHON

Il n'en vaut pas la peine, puisqu'il ne vous aime pas; mais voilà
malheureusement la raison pourquoi vous êtes si fort attachée à
lui. S'il était à vos pieds, vous seriez peut-être indifférente.

LA COMTESSE

Le cruel me traite avec tant de mépris!... Il en use avec moi comme
si nous étions mariés de cinquante ans. 295

FANCHON

C'est un air aisé; il prétend que ce sont les manières du grand monde.
Le fat! ah! que vous êtes bonne, ma sœur, d'être honnête femme!

285-86   MS1: que peut pour vous une pauvre petite fille qui commence déjà à être
fort embarrassée pour elle-même.

287   MS1: Je veux que tu m'aides.

292   MS1: si fortement attachée

293   MS1: seriez indifférente.

294-95   MS1: traite de la sorte avec tant de mépris, et use comme si nous avions
été mariés cinquante ans.[22]

296-97   MS1: sont des manières de cour; le fat!

---

[22] Lequien releva la même variante dans le manuscrit de *Monsieur Du Cap-Vert*
ayant appartenu à Pont de Veyle.

LA COMTESSE

Prends pitié de ma sottise.

FANCHON

Oui. Mais à condition que vous prendrez part à ma folie.

LA COMTESSE

Aide-moi à gagner le cœur de mon mari. 300

FANCHON

Pourvu que vous me prêtiez quelques secours pour m'empêcher d'être l'esclave du corsaire qu'on me destine. [23]

LA COMTESSE

Viens, je te communiquerai mes desseins après souper.

FANCHON

Et moi je vous communiquerai mes petites idées... Voilà comme les sœurs devraient toujours vivre. Allons donc, ne pleurez plus 305 pour que je puisse rire.

Fin du premier acte.

299   MSI: A condition que vous aurez quelque compassion de ma folie.
303   MSI: te dirai mes
305-306   MSI: donc et ne pleurez plus, afin que je puisse vivre.

[23] Les deux sœurs se promettant une aide réciproque rappellent l'entente entre Mrs Sullen négligée par son mari et sa belle-sœur Dorinda qui veut gagner l'amour d'Aimwell dans *The Beaux's stratagem*. Mais plutôt que de suggérer le divorce comme Dorinda, Fanchon semble trouver une bienséante variante au projet du jeune Worthy dans *Love's last shift* de Cibber: 'I have a trick shall draw him to your bed; and when he is there, faith, then let him cuckold himself; I'll engage he likes you as a mistress, tho' he cou'd not as wife. At least, she'll have the pleasure of knowing the difference between a husband and a lover, without the scandal of the former' (I.i). Amanda plus sage se présentera à son mari Loveless sous un masque, et la Comtesse aidée de Fanchon trouvera un déguisement et des voiles.

ACTE SECOND
SCÈNE PREMIÈRE
LA COMTESSE, FANCHON

LA COMTESSE

J'ai passé une nuit affreuse ma petite sœur.

FANCHON

Je n'ai pas plus dormi que vous.

LA COMTESSE

J'ai toujours les dédains de mon mari sur le cœur.

FANCHON

Et moi les agréments du chevalier dans l'imagination.

LA COMTESSE

Tu te moques de moi de voir à quel point j'aime mon mari.   5

FANCHON

Vous ne songez guère combien le chevalier me tourne la tête.

LA COMTESSE

Je tremble pour toi.

FANCHON

Et moi je vous plains.

LA COMTESSE

Aimer un jeune aventurier qui a même la bonne foi de faire
entendre qu'il n'a ni naissance ni fortune!   10

---

1 MS1: ma chère petite
4 MS1: chevalier de Biribi dans

FANCHON

Larmoyer pour un mari qui n'est peut-être pas si grand seigneur
qu'il le dit!

LA COMTESSE

Ah!

FANCHON

Qui a plus de dettes que de bien, plus d'impertinence que d'esprit,
plus d'orgueil que de magnificence, plus...   15

LA COMTESSE

Ah! ma sœur!

FANCHON

Qui vous dédaigne, qui prodigue avec des filles d'opéra ce que
vous lui avez apporté en mariage, un débauché, un fat...

LA COMTESSE

Ah! ma sœur, arrêtez donc...

FANCHON

Un petit freluquet idolâtre de sa figure, et qui est plus longtemps   20
que nous à sa toilette, qui copie tous les ridicules de la cour sans en
prendre une seule bonne qualité, qui fait l'important, qui...[1]

LA COMTESSE

Ma sœur, je ne puis en entendre davantage.

FANCHON

Il ne tient pourtant qu'à vous, cela ne finira pas sitôt.

15   MS1: plus de...
20   MS1: Un petit-maître idolâtre de sa figure, qui

[1] Cf. Regnard, *Les Ménechmes*, V.i (Finette): 'Une tête éventée, un petit
freluquet, / qui s'admire tout seul, et n'a que du caquet'; *Le Glorieux*, III.ix
(Lisimon): 'un sot, un freluquet / qui fait le bel esprit et n'a que du caquet'.

LA COMTESSE

Il a de grands défauts sans doute, je ne les connais que trop. Je les ai 25
remarqués exprès, j'y ai pensé nuit et jour pour me détacher de lui,
ma chère enfant; mais à force de les avoir toujours présents à
l'esprit, enfin je m'y suis presque accoutumée comme aux miens et
peut-être qu'avec le temps ils me seront également chers. [2]

FANCHON

Ah! ma sœur, s'il vous faisait l'honneur de vous traiter comme sa 30
femme, et si vous connaissiez sa personne aussi bien que vous
connaissez ses vices, peut-être en peu de temps seriez-vous
tranquille sur son compte. Enfin vous voilà donc résolue d'em-
ployer à sa conversion tout ce que vous tenez de la libéralité de
mon père. 35

LA COMTESSE

Assurément. Quand il n'en coûte que de l'argent pour gagner un
cœur, on l'a toujours à bon marché.

FANCHON

Oui, mais un cœur ne s'achète point. Il se donne et ne peut se
vendre.

LA COMTESSE

Quelquefois on est touché des bienfaits; ma chère enfant, je te 40
charge de tout.

33-34 MS 1: résolue de sacrifier à
34 MS 1: tenez en réserve de la liberté de
38 MS 1: ne s'attache point

[2] Mme de Graffigny cite une version légèrement différente dans une lettre du
6 mars 1739: 'Il a de grands défauts sans doute, je ne les connais que trop; je m'en
occupe jour et nuit, pour tâcher de m'en détacher; mais ma sœur, j'y suis presque
accoutumée comme aux miens, et dans la suite il me seront aussi chers' (*Graffigny*,
t.i, p.362-63).

FANCHON

Vous me donnez un emploi singulier entre un mari et sa femme. Le métier que je m'en vais faire est un peu hardi;[3] il faudra que je prenne les apparences de la friponnerie pour faire une action de vertu. Il n'y a rien qu'on ne fasse pour sa sœur. Retirez-vous, allez 45 faire votre cour, à sa toilette, je prendrai mon temps pour lui parler; souvenez-vous de moi dans l'occasion, je vous en prie, et empêchez qu'on ne m'envoie sur mer.

SCÈNE II

Le fond du théâtre s'ouvre.

LE COMTE DES-APRÊTS *paraît à sa toilette, essayant son habit.* SON ÉCUYER, UN TAILLEUR, UN PAGE, UN LAQUAIS. LA COMTESSE *entre chez lui.*[4]

LE COMTE *sans l'apercevoir, parlant toujours d'un air important.*

Je vous ai déjà dit, mons Des Coutures, que les paniers de mes habits ne sont jamais assez amples; il faut, s'il vous plaît, les faire 50 aussi larges que ceux des femmes, afin que l'on puisse un peu être seul dans le fond de son carrosse, et vous, mons Du Toupet, songez

43   MSI: je vais faire est un peu hardi; mais il faudra
45   MSI: vertu. Allons, il n'y a rien
48c   MSI: LE COMTE DE BOURSOUFLE *paraît à sa toilette, essayant un habit.*
49   MSI: monsieur Decoutures
51   MSI: afin qu'on puisse
52   MSI: et mons du Toupet

³ Cf. *Les Ménechmes*, II.iii (Ménechme à Finette): 'Votre maîtresse fait un fort joli métier'. La réflexion sera reprise par le Comte en II.vi.250.
⁴ La scène au miroir est fréquente au théâtre en France comme en Angleterre. Voir Baron, *L'Homme à bonnes fortunes*, I.viii (Moncade à sa toilette n'écoute pas ce que lui dit Marton) et IV.viii (il demande un miroir, de la fleur d'oranger, une mouche); Dancourt, *L'Homme à la mode*, que Vanbrugh a imité; Congreve, *The Way of the world*, III.i; Vanbrugh, *The Provoked wife*, I.ii. Mais c'est surtout la scène I.iii du *Relapse* que Voltaire utilise dans *Les Originaux* et *Le Comte de Boursoufle*.

145

un peu plus à faire fuir la perruque en arrière, cela donne plus de grâce au visage...[5] (*A la comtesse*) Ah, vous voilà, comtesse... (*A ses gens*) Hé, un peu d'eau de miel. Hé!... (*A la comtesse*) Je suis fort aise de vous voir, madame... (*A l'un de ses gens*) Page, a-t-on fait porter ce vin d'Espagne chez la petite Troussé? 55

LE PAGE

Oui, monseigneur.

LA COMTESSE

Pourrait-on avoir l'honneur de vous dire un mot, monsieur?

LE COMTE

Ecoutez, page, était-elle éveillée la petite?... 60

LE PAGE

Non, monseigneur.

LE COMTE

Et la grosse duchesse?

LE PAGE

Monseigneur, elle s'est couchée à huit heures du matin.

M. DE L'ÉTRIER

Monseigneur, voici votre lingère, votre baigneur, votre parfu-

54-56 MS1: [*sans indications scéniques*]
55 MS1: miel... Je suis
56 MS1: madame... un miroir eh... Page
62 MS1: duchesse? page.
64-66 MS1: votre lingère, votre parfumeur, votre baigneur, votre rôtisseur, votre doreur, votre sellier, votre boucher, votre bijoutier, votre usurier qui

[5] Cf. *Le Comte de Boursoufle*, I.iii.117-21 (Le Comte): 'Mons du Toupet! Je vous ai déjà dit mille fois que mes perruques ne fuient point assez en arrière; vous avez la fureur d'enfoncer mon visage dans une épaisseur de cheveux qui me rend ridicule, sur mon honneur.'

meur, votre rôtisseur, votre doreur, votre sellier, votre éperon- 65
nier, votre bijoutier, votre usurier qui attendent dans l'anticham-
bre, et qui demandent tous de l'argent.[6]

LE COMTE *d'un air languissant.*

Eh mais, qu'on les jette par les fenêtres. C'est ainsi que j'en ai usé
avec la moitié de mon bien qui m'était pourtant bien plus cher que
tous ces messieurs-là; allez, allez, dites-leur qu'ils reviennent dans 70
quelques années, dans quelques années... Hé!... prenez ce miroir,
page, et vous, mons de l'Etrier...

L'ÉTRIER

Monseigneur...

LE COMTE

Dites un peu, mons de l'Etrier, qu'on mette mes chevaux
napolitains à ma calèche verte et or. 75

L'ÉTRIER

Monseigneur, je les vendis hier pour acheter des boucles d'oreilles
à Mlle Manon.

LE COMTE

Eh bien, qu'on mette les chevaux barbes.

69-70 MS1: pourtant beaucoup plus cher que tous ces messieurs. Allez

[6] Cf. *The Relapse*, I.iii (La Verole à Lord Foppington): 'My lord, the shoemaker,
the tailor, the hosier, the seamstress, the barber, be all ready, if your lordship please
to dress' et *The Twin rivals*, III.i (Clearaccount à Young Wouldbe): 'My Lord, here
are your tailor, your vintner, your bookseller, and half a dozen more with their bills
at the door, and they desire their money'. Mais c'est Valentin dans *Love for love* qui
les met tous à la porte: 'I have dispatched some half-a-dozen duns with as much
dexterity as a hungry judge does causes at dinner time' (I.viii).

L'ÉTRIER

Un coquin de marchand de foin[7] les fit saisir hier avec votre
berline neuve.

80

LE COMTE

En vérité, le roi devrait mettre ordre à ces insolences. Comment
veut-on que la noblesse se soutienne, si on l'oblige de déroger au
point de payer ses dettes?[8]

LA COMTESSE

Pourrai-je obtenir audience à mon tour?

LE COMTE

Ah! vous voici encore madame? Je vous croyais partie avec mes
autres créanciers.

85

LA COMTESSE

Peut-on se voir méprisée plus indignement! Eh bien, vous ne
voulez pas m'écouter?

LE COMTE *à son écuyer.*

Mons de l'Etrier, un peu d'or dans mes poches... Eh,... madame,
revenez, revenez dans quelques années.

90

79 MSI: hier au soir avec
83 MSI: dettes. Le miroir page le miroir, haut plus haut.
84-84a MSI: [*absents*]
88 MSI: voulez donc pas
88a MSI: [*sans indication scénique*]
89 MSI: De la pâte de senteur, eh... madame

[7] 'Foire' a été corrigé en 'foin' sur le manuscrit. Une note en marge indique '*foin*
dans l'autre manuscrit. C'est la bonne leçon'.
[8] Une note en bas de page indique que 'dettes' est suivi par '"le miroir, page,
le miroir; haut, plus haut" dans l'autre manuscrit'. Lequien releva en effet cette
variante dans le manuscrit de *Monsieur Du Cap-Vert* ayant appartenu à Pont de
Veyle. Boursoufle prononce presque les mêmes paroles dans *Le Comte de Boursoufle*
(I.iii.133-34).

148

LA COMTESSE

Mauvaise plaisanterie à part, il faut pourtant que je vous parle.

LE COMTE

Eh bien, allons donc, il faut bien un peu de galanterie avec les dames; mais ne soyez pas longue.

LA COMTESSE

Que de coups de poignard!

LE COMTE *à ses gens.*

Messieurs de la chambre, qu'on ôte un peu cette toilette.   95
   (*Les gens sortent et emportent la toilette.*)

SCÈNE III

LE COMTE, LA COMTESSE

LA COMTESSE

Avez-vous résolu, monsieur, de me faire mourir de chagrin?

LE COMTE

Comment donc, madame, en quoi vous ai-je déplu, s'il vous plaît?

LA COMTESSE

Hélas! c'est moi qui ne vous déplais que trop; il y a six mois que nous sommes mariés, et vous me traitez comme si nous étions brouillés depuis trente ans.   100

91   MS 1: faut absolument que
94a   MS 1: [*sans indication scénique*]
95a   MS 1: [*sans indication scénique*]
98   MS 1: six ans que

LE COMTE *se regardant dans un miroir de poche*
en ajustant sa perruque.

Vous voilà toute prête à pleurer! De quoi vous plaignez-vous?
N'avez-vous pas une très grosse pension? N'êtes-vous pas
maîtresse de vos actions? Suis-je un ladre, un bourru, un jaloux?

LA COMTESSE

Plût à Dieu que vous fussiez jaloux. Insultez-vous ainsi à mon
attachement? Vous ne me donnez que des marques d'aversion;   105
était-ce pour cela que je vous ai épousé?

LE COMTE *se nettoyant les dents.*

Mais vous m'avez épousé, madame, vous m'avez épousé pour être
dame de qualité, pour prendre le pas sur vos compagnes avec qui
vous avez été élevée, pour les faire crever de dépit. [9] Moi, je vous ai
épousée, je vous ai épousée, madame, pour ajouter deux cent mille   110
écus à mon bien; de ces deux cent mille écus, j'en ai déjà mangé
cent mille, par conséquent je ne vous dois plus que la moitié des
égards que je vous devais; quand j'aurai mangé les cent mille

100a-b   MSI: *poche.*
101   Ne voyez-vous pas qu'il faut se connaître pour s'aimer? C'est un excès de
délicatesse. (*En ajustant sa perruque*) Vous voilà [10]
101-103   MSI: plaignez-vous? N'êtes-vous pas la maîtresse absolue de vos
actions? Parbleu je ne vous gêne ni le jour ni la nuit; vous ne pouvez pas dire que
je sois un mari importun.
104-106   MSI: Cruel que vous êtes, insultez-vous ainsi à mon attachement?
Vous me faites des affronts dont vous savez que la bienséance m'empêche de me
plaindre, et vous me mettez dans la cruelle nécessité de rougir devant vous du sujet de
mes douleurs. Etait-ce
106a   MSI: LE COMTE *nettoyant*
107-108   MSI: pour être, pour être dame

[9] C'est l'ambition de Thérèse dans *Le Comte de Boursoufle*: 'Cela fera crever
toutes les femmes de dépit; j'en serai charmée' (II.v.125).
[10] Lequien releva une variante semblable dans le manuscrit de *Monsieur Du Cap-
Vert* ayant appartenu à Pont de Veyle.

autres, je serai tout à fait quitte avec vous;[11] raillerie à part, je vous
aime; je ne veux pas que vous soyez malheureuse, mais j'exige que   115
vous ayez un peu d'indulgence.

LA COMTESSE

Vous m'outrez, vous vous repentirez peut-être un jour de m'avoir
désespérée!

LE COMTE

Quoi donc! Qu'avez-vous? Venez-vous ici gronder votre mari de
quelque tour que vous aura joué votre amant? Ah! comtesse,   120
parlez-moi avec confiance; qui aimez-vous actuellement?

LA COMTESSE

Ciel! que ne puis-je aimer quelque autre que vous!

LE COMTE

On dit que vous soupâtes hier avec le chevalier Du Hazard; il est
vraiment aimable; je veux que vous me le présentiez.

LA COMTESSE

Quelles étranges idées! Vous ne pensez donc pas qu'une femme   125
puisse aimer son mari?

114-16   MS1: avec vous. Cependant vous voyez que je vous traite tout comme le
premier jour... Comment trouvez-vous cet habit-ci.
  117   MS1: repentirez un jour
  119   MS1: venez-vous gronder
  120   MS1: Ah ça comtesse
  122   MS1: Plût au ciel que je pusse aimer
  123   MS1: chevalier de Biribi; il
  124   MS1: vraiment fort aimable

---

[11] Cf. *The Provoked wife*, I.i: 'LADY BRUTE / What reason have I given you to
use me as you do of late? It once was otherwise. You married me for love. /
JOHN BRUTE / And you me for money: so you have your reward, and I have mine.'

LE COMTE

Oh! pardonnez-moi, je pense qu'il y a des occasions où une femme aime son mari: quand il va à la campagne sans elle, pour deux ou trois années; quand il se meurt; quand elle essaye son habit de veuve.[12]

13c

LA COMTESSE

Voilà comme vous êtes, vous croyez que toutes les femmes sont faites sur le modèle de celles avec qui vous vous ruinez; vous pensez qu'il n'y en a point d'honnêtes.

LE COMTE

D'honnêtes femmes! mais si fait, il y en a de fort honnêtes; elles trichent un peu au jeu, mais ce n'est qu'une bagatelle.[13]

13

LA COMTESSE

Voilà donc tous les sentiments que j'obtiendrai de vous?

LE COMTE

Croyez-moi, le président et la présidente ont beau faire, je ne veux pas vivre sitôt en bourgeois, et puisque vous êtes madame la comtesse Des-Aprêts, je veux que vous souteniez votre dignité, et que vous n'ayez rien de commun avec votre mari, que le nom, les

14

127 MS1: je conçois qu'il
128 MS1: aime fort son mari
134 MS1: mais si fait, si fait, il
138 MS1: vivre en bourgeois
139 MS1: comtesse de Boursoufle, je

---

[12] Cf. *Les Ménechmes*, V.iv: 'ROBERTIN / [...] Mais un époux bien fait, tel que l'Amour lui donne, / Malgré tous ses attraits, manquait à sa personne: / Elle n'a maintenant plus rien à désirer. / MÉNECHME / Si ce n'est d'être veuve, et de me voir enterrer: / C'est ce qui met le comble au bonheur d'une femme.'

[13] Cf. *Love for love*, III.xiii: 'MRS FORESIGHT / [...] do you think any woman honest? / SCANDAL / Yes, several, very honest; they'll cheat a little at cards, sometimes, but that's nothing.'

armes et les livrées: vous ne savez pas votre monde, vous vous imaginez qu'un mari et une femme sont faits pour vivre ensemble. Quelle idée! Holà hé! là-bas, quelqu'un! holà hé, messieurs de la chambre.

SCÈNE IV

LE PRÉSIDENT, LA PRÉSIDENTE, LE COMTE, LA COMTESSE, LE CHEVALIER, UN PAGE

LE PAGE

Monseigneur, voici le président et la présidente.   145

LE PRÉSIDENT

Vous pourriez bien dire M. le président, petit maroufle.

LE PAGE *en s'en allant.*

Ah! le vilain bourgeois!

LE PRÉSIDENT

Par Saturne, monsieur le comte, vous en usez bien indignement avec nous, et c'est un phénomène bien étrange que votre conduite. Vous nous méprisez, moi, ma femme et ma fille, comme si vous   150 étiez une étoile de la première grandeur. Vous nous traitez en bourgeois. Parbleu! quand vous seriez au zénith de la fortune, apprenez qu'il est d'un malhonnête homme de mépriser sa femme, et la famille dans laquelle on est entré. Corbleu! je suis las de vos façons. Nous ne sommes point faits pour habiter sous le même   155 méridien. Je vous le dis, il faudra que nous nous séparions, et de par tout le zodiaque! (car vous me faites jurer.) dans quelles

141-43   MS1: livrées, vous n'avez pas de cour, vous ne savez pas votre monde, vous me faites pitié avec vos façons bourgeoises. Holà hé là-bas
147   MS1: Fi, le
148   MS1: usez indignement

éphémérides a-t-on jamais lu qu'un gendre traite du haut en bas
son beau-père le président et sa belle-mère la présidente, ne dîne
jamais en famille, ne revienne au point du jour que pour coucher   160
seul? Parbleu! si j'étais Mme la comtesse, je vous ferais coucher
avec moi, mon petit mignon, ou je vous dévisagerais.[14]

LE COMTE

Bonjour, Président, bonjour.

LA PRÉSIDENTE

N'est-ce pas une honte qu'on ne puisse vous guérir de cette
maladie? et que moi, qui ai guéri tout mon quartier, aie chez moi   165
un gendre qui me désespère, et fait mourir sa femme des pâles
couleurs! Et où en seriez-vous, si M. le président en eût toujours
usé ainsi avec moi? Vous n'auriez pas touché six cents sacs de mille
livres que nous vous avons donnés en dot. Savez-vous bien que ma
fille est l'élixir des femmes, et que vous ne la méritez pas pour   170
épouse, ni moi pour belle-mère, ni M. le président pour beau-père,
ni mon... ni mon... Allez vous êtes un monstre.

LE COMTE

Je suis charmé de vous voir et de vous entendre ma chère
présidente... Eh! voilà, je crois, le chevalier Du Hazard, dont on

---

158 MS 1: traite de haut en
160 MS 1: pour se coucher
165 MS 1: qui guéris tout
     MS 1: j'aie chez[15]
166 MS 1: gendre dont je désespère, qui fait
167-68 MS 1: toujours ainsi usé avec
173 MS 1: Charmé de
174 MS 1: je crois M. le chevalier de Biribi, dont

---

[14] Défigurerais (voir III.iv.103).
[15] Lequien releva la même variante dans le manuscrit de *Monsieur Du Cap-Vert*
ayant appartenu à Pont de Veyle.

154

m'a tant parlé; bonjour, mons Du Hazard, bonjour; vraiment je 175
suis fort aise de vous voir.

LE CHEVALIER

Il me semble que j'ai vu cet homme-là à Bayonne dans mon
enfance. Monsieur, je compte sur l'honneur de votre protection.

LE COMTE

Comment trouvez-vous Mme la comtesse mons le chevalier?

LE CHEVALIER

Monsieur, je... 180

LE COMTE

Ne vous sentez-vous rien pour elle?

LE CHEVALIER

Le respect que...

LE COMTE

Ne pourrai-je point vous être bon à quelque chose à la cour, mons
le chevalier?

LE CHEVALIER

Monsieur, je ne... 185

LE COMTE *l'interrompant toujours d'un air important.*

Auprès de quelques ministres, de quelques dames de la cour?

175-76   MS1: mons de Biribi, bonjour, je suis vraiment fort aise
177   MS1: vu ce visage-là à Bayonne
179   MS1: mons de Biribi?
183-84   MS1: mons de Biribi?
185   MS1: je me...
186   MS1: ministres mons de Biribi, de

LE CHEVALIER

Heureusement, monsieur...

LE COMTE

Il faudra que vous veniez prendre huit tableaux de cavagnole[16] chez la grosse duchesse; président, présidente, voilà midi qui sonne, allez, allez dîner; vous dînez de bonne heure, vous autres. 190 Holà hé! quelqu'un; qu'on ouvre à ces dames. Adieu, mesdames. Vous viendrez me voir quelque matin, monsieur le chevalier.

LE CHEVALIER *en s'en allant.*

Votre gendre est singulier.

LE PRÉSIDENT

Il est lunatique.

LA PRÉSIDENTE *en s'en allant.*

Il est incurable. 195

LA COMTESSE

Je suis bien malheureuse.

SCÈNE V

M. LE COMTE, M. DE L'ÉTRIER

LE COMTE

Mons de l'Etrier, je ne laisse pas que d'être bien embarrassé, oui...

187   MS1: Heureusement, mons...
188-89   MS1: Mons de Biribi, ce sont des armes parlantes que votre nom. Il faudra que vous veniez tenir le biribi chez
192   MS1: voir quelques matins, mons de Biribi.

[16] Le cavagnole était le jeu préféré de Mme Du Châtelet (D3094, D3252, D3562, D4037, D4046).

L'ÉTRIER

Et moi aussi, monseigneur.

LE COMTE

J'ai mangé en trois mois deux années de mon revenu d'avance.

L'ÉTRIER

Cela prouve votre générosité. 200

LE COMTE

Je vois que les vertus sont assez mal récompensées en ce monde;
personne ne me veut prêter, comme je suis grand seigneur, on me
craint; si j'étais un bourgeois j'aurais cent bourses à mon service.

L'ÉTRIER

Au lieu de cent prêteurs vous avez cent créanciers; j'ai l'honneur
d'être votre écuyer et vous n'avez point de chevaux. Vous avez un 205
page qui n'a point de chemises, des laquais sans gages, des terres en
décret;[17] ma foi j'oserais vous conseiller d'accepter quelque bonne
somme du beau-père et de lui faire un petit comte Des-Aprêts.

LE COMTE

Je ne veux rien faire d'indigne d'un grand seigneur; ne voudrais-tu
pas que je soupasse, comme un homme désœuvré, avec ma 210
femme? que j'allasse bourgeoisement au lit avec elle, tristement
affublé d'un bonnet de nuit, et asservi comme un homme vulgaire,
aux lois insipides d'un devoir languissant?[18] que je m'humiliasse

201 MS1: récompensées dans ce monde
202 MS1: ne veut me prêter
208 MS1: comte de Boursoufle.
209 MS1: Non, je ne veux
210-11 MS1: avec une femme?

[17] Souvenir de *L'Avare* de Molière (III.i).
[18] Cf. Regnard, *Le Divorce*, III.vi (Cornichon): 'Est-ce qu'on se marie pour
coucher avec sa femme? Fi! cela est du dernier bourgeois'.

jusqu'à paraître en public à côté de ma femme? ridicule pendant le jour, dégoûté pendant la nuit, et pour comble d'impertinence père 215 de famille? Dans trente ans, dans trente ans nous verrons ce que nous pourrons faire pour la fille du président.

L'ÉTRIER

Mais ne la trouvez-vous pas jolie?

LE COMTE

Comment! elle est charmante.

L'ÉTRIER

Eh bien donc! 220

LE COMTE

Ah, si c'était la femme d'un autre, j'en serais amoureux comme un fou; je donnerais tout ce que je dois (et c'est beaucoup) pour la posséder, pour en être aimé. Mais elle est ma femme, il n'y a pas moyen de la souffrir; j'ai trop l'honneur en recommandation, il faut un peu soutenir son caractère dans ce monde. 22

L'ÉTRIER

Elle est vertueuse, elle vous aime.

LE COMTE

Parlons de ce que j'aime; aurez-vous de l'argent?

L'ÉTRIER

Non, monseigneur.

216 MSI: ans, mon ami, dans
221 MSI: si elle était
225 MSI: faut soutenir un peu son caractère dans le monde.
227 MSI: j'aime aurai-je de l'argent?

158

LE COMTE

Comment, mons de l'Etrier, vous n'avez pu trouver de l'argent
chez des bourgeois? 230

SCÈNE VI

FANCHON, LE COMTE

FANCHON *au page qui la suivait.*

Mon petit page, allez un peu voir là-dedans si j'y suis.
(*Le page et M. de l'Etrier s'en vont.*)

LE COMTE *à Fanchon.*

Eh, ma chère enfant, qui vous amène si matin dans mon
appartement?

FANCHON

L'envie de vous rendre un petit service.

LE COMTE

Aimable créature, toute sœur de ma femme que vous êtes, vous me 235
feriez tourner la tête si vous vouliez.

FANCHON

Je voudrais vous la changer un peu. Ne me dites point de
douceurs, ce n'est pas pour moi que je viens ici.

LE COMTE

Comment?

---

229   MS1: Comment mons, vous n'avez pu trouver d'argent
230c   MS1: [*sans indication scénique*]
231   MS1: Mons de l'Etrier, mon
231a-b   MS1: [*sans indications scéniques*]

FANCHON

Soyez discret au moins.   240

LE COMTE

Je vous le jure, ma chère enfant.

FANCHON

N'allez jamais en parler à votre femme.

LE COMTE

Est-ce qu'on parle à sa femme?

FANCHON

A M. le président, à Mme la présidente.

LE COMTE

Est-ce qu'on parle à son beau-père ou à sa belle-mère?   245

FANCHON

A mon mari, quand j'en aurai un.

LE COMTE

Est-ce qu'un mari sait jamais rien?

FANCHON

Eh bien, je suis chargée de la part d'une jeune femme extrêmement
jolie...

LE COMTE

Voilà un plaisant métier à votre âge!   250

FANCHON

Plus noble que vous ne pensez. Les intentions justifient tout, et

---

244   MS1: président, ni à
245   MS1: beau-père et sa

quand vous saurez de quoi il est question vous aurez meilleure opinion de moi, et vous verrez que tout ceci est en tout bien et tout honneur.

LE COMTE

Eh bien, mon cœur, une jolie femme?...   255

FANCHON

Qui a de la confiance en moi m'a priée de vous dire...

LE COMTE

Quoi?

FANCHON

Que vous êtes le plus...

LE COMTE

Ah, j'entends.

FANCHON

Le plus ridicule de tous les hommes.[19]   260

LE COMTE

Comment! race de président!...

FANCHON

Ecoutez jusqu'au bout. Vous allez bien être surpris; elle vous trouve donc, comme j'avais l'honneur de vous le dire, extrême-

---

253-54   MSI: et en tout honneur.
256   MSI: priée en secret de
262   MSI: allez être bien surpris

[19] Cf. *Le Glorieux*, II.xi (Pasquin au Comte): 'Celui qui vous écrit, s'intéressant à vous, Monsieur, vous avertit sans crainte et sans scrupule / que par vos procédés, dont il est en courroux, / vous vous rendez très ridicule'.

ment ridicule, vain comme un paon, dupe comme une buse, fat
comme Narcisse, mais au travers de ces défauts elle croit voir en   265
vous des agréments. Vous l'indignez et vous lui plaisez; elle se
flatte que si vous l'aimiez, elle ferait de vous un honnête homme.
Elle dit que vous ne manquez pas d'esprit, et elle espère de vous
donner du jugement. La seule chose où elle en manque c'est en
vous aimant, mais c'est son unique faiblesse; elle est folle de vous   270
comme vous l'êtes de vous-même. Elle sait que vous êtes endetté
par-dessus les oreilles; elle a voulu vous donner des preuves de sa
tendresse qui vous enseignassent à avoir des procédés généreux;
elle a vendu toutes ses nippes, elle en a tiré vingt mille francs en
billets et en or, qui déchirent mes poches depuis une heure; tenez,   275
les voilà; ne me demandez pas son nom; promettez-moi seulement
un rendez-vous pour elle ce soir, dans votre chambre, et corrigez-
vous pour mériter ses bontés.

LE COMTE *en prenant l'argent.*

Ma belle Fanchon, votre inconnue m'a la mine d'être une laideron,
avec ses vingt mille francs.   280

FANCHON

Elle est belle comme le jour, et vous êtes un misérable, indigne que
la petite Fanchon se mêle de vos affaires. Adieu, tâchez de mériter
mon estime et mes bontés.

---

264   MSI: paon, du ↑sot⁺ comme
265   MSI: Narcisse, et au travers
265-66   MSI: elle voit en vous
272   MSI: donner une preuve de
273   MSI: vous enseignât à
279   MSI: Ma chère Fanchon, votre belle inconnue

SCÈNE VII

LE COMTE *seul.*

Franchement, je suis assez heureux. Né sans fortune, je suis devenu riche sans industrie; inconnu dans Paris, il m'a été très aisé d'être grand seigneur, tout le monde l'a cru; je le crois à la fin moi-même plus que personne; j'ai épousé une belle femme (*ad honores*), j'ai le noble plaisir de la mépriser; à peine manqué-je un peu d'argent que voilà une femme de la première volée, titrée sans doute, qui me prête mille louis d'or, et qui ne veut être payée que par un rendez-vous! Oh! oui, madame, vous serez payée, je vous attends chez moi tout le jour, et pour la première fois de ma vie, je passerai mon après-dîner sans sortir. Holà hé! page, écoutez. Page, qu'on ne laisse entrer chez moi qu'une dame qui viendra avec la petite Fanchon.

285

290

295

SCÈNE VIII

M. DU CAP-VERD *heurtant à la porte*; LE COMTE, L'ÉTRIER, LE PAGE

LE COMTE

Voici apparemment cette dame de qualité à qui j'ai tourné la tête.

LE PAGE *allant à la porte.*

Est-ce vous, mademoiselle Fanchon?

284   MSI: Franchement je suis heureux comme un fils de... que je suis... Né
286-87   MSI: cru, et je le crois moi-même à la fin plus
288-89   MSI: à peine je manque un peu
293   MSI: Holà hé, hé là page, écoutez
295b-c   MSI: *porte,* L'ETRIER

M. DU CAP-VERD *poussant la porte en dedans.*

Eh, ouvrez, ventrebleu! Voici une rade bien difficile.[20] Il y a une heure que je parcours ce bâtiment sans pouvoir trouver le patron. Où est donc le président et la présidente, et où est Fanchon? 300

LE PAGE

Tout cela est allé promener bourgeoisement en famille; mais, mon ami, on n'entre point ainsi dans cet appartement, dénichez.

M. DU CAP-VERD

Petit mousse, je te ferai donner la cale.

LE COMTE *d'un ton nonchalant.*

Qu'est-ce que c'est que ça, mais qu'est-ce que c'est que ça? Mes gens, holà hé! mes gens, mons de l'Etrier, qu'on fasse un peu sortir 30 cet homme-là de chez moi, qu'on lui dise un peu qui je suis, où il est, et qu'on lui apprenne un peu à vivre.

M. DU CAP-VERD

Comment! qu'on me dise qui vous êtes? et n'êtes-vous pas assez grand pour le dire vous-même, jeune muguet? Qu'on me dise un peu où je suis! Je crois, ma foi, être dans la boutique d'un 31 parfumeur; je suis empuanti d'odeur de fleur d'orange.[21]

304   MS1: Qu'est-ce que c'est ça? Mais qu'est-ce que c'est ça?
306-307   MS1: suis, et qu'on
309   MS1: pour me le dire

[20] Cf. Regnard, *La Coquette*, I.vii (Le Capitaine à Colombine): 'Comment, mordi! mademoiselle; il est plus difficile d'entrer chez vous que de prendre trois demi-lunes l'épée à la main'.

[21] Cf. *The Relapse*, IV.vi (Miss Hoyden à propos de Lord Foppington): 'Fo! How he stinks of sweets!' Repris par Mlle Thérèse dans *Le Comte de Boursoufle*: 'Ah! papa, il m'empuantit d'odeur de fleur d'orange; j'en aurai des vapeurs pour quinze jours' (II.vii.242-43).

L'ÉTRIER

Mons, mons, doucement; vous êtes ici chez un seigneur qui a bien voulu épouser la fille aînée du président Bodin.

M. DU CAP-VERD

C'est bien de l'honneur pour lui; voilà un plaisant margajat.[22] Eh bien, monsieur, puisque vous êtes le gendre de... 315

L'ÉTRIER

Appelez-le monseigneur, s'il vous plaît.[23]

M. DU CAP-VERD

Lui, monseigneur! Je pense que vous êtes fou, mon drôle; j'aimerais autant appeler galion une chaloupe, ou donner le nom d'esturgeon à une sole. Ecoutez, gendre du président, j'ai à vous avertir... 320

LE COMTE

Arrêtez, arrêtez; ami, êtes-vous gentilhomme?

M. DU CAP-VERD

Non, ventrebleu, je ne suis point gentilhomme, je suis honnête homme, brave homme, bon homme.

LE COMTE *toujours d'un air important.*

Eh bien donc, je ne prendrai pas la peine de vous faire sortir moi-même. Mons de l'Etrier, mes gens, faites un peu sortir monsieur. 325

312   MS1: doucement, mons, vous êtes
312-13   MS1: qui a voulu épouser
321   MS1: arrêtez l'ami êtes-vous
325-325a   MS1: [*entre ces lignes, ajoute*]
                        L'ÉTRIER
          Allons mon bonhomme.

[22] 'Homme petit et mal fait, sans aucune mine' (*Dictionnaire de Trévoux*).
[23] Cf. *The Relapse*, I.iii.

M. DU CAP-VERD *mettant la main sur son sabre.*

Par la sainte-barbe![24] Si votre chiourme branle, je vous coulerai tous à fond de cale, esclaves.

LE PAGE

Oh, quel ogre!

L'ÉTRIER *en tremblant.*

Monsieur, ce n'est pas pour vous manquer de respect...

M. DU CAP-VERD

Taisez-vous, ou je vous lâcherai une bordée.   330
(*Il prend une chaise et s'assied auprès du comte.*)
C'est donc vous, monsieur le freluquet, qui avez épousé Catau?

LE COMTE *d'un ton radouci.*

Oui, monsieur; asseyez-vous donc, monsieur.

M. DU CAP-VERD

Savez-vous que je suis monsieur Du Cap-Verd?

LE COMTE

Non, monsieur... Oh, quel importun!

330a   MSI: *auprès de M. le comte.*)
332   MSI: donc mons.

[24] 'Terme de marine. Lieu où le maître canonnier tient une partie de ses ustensiles pour le service de l'artillerie' (*Dictionnaire de Trévoux*). Sainte Barbe est la patronne des canonniers et des pompiers. Voir les *Mémoires* de René Duguay-Trouin (Londres, 1730): 'Dans cette extrémité, je fus abandonné de tous mes gens qui se jetèrent à fond de cale malgré mes efforts: j'étais occupé à les arrêter et en avais même blessé deux avec l'épée et le pistolet, quand, pour comble de malheur, le feu prit à ma sainte-barbe. La crainte de sauter en l'air m'y fit descendre et ayant bientôt fait éteindre le feu, je me fis apporter des barils pleins de grenades' (p.41).

M. DU CAP-VERD

Eh bien, je vous l'apprends donc. Avez-vous jamais été à Rio-   335
Janeiro?

LE COMTE

Non, je n'ai jamais été à cette maison de campagne-là.[25]

M. DU CAP-VERD

Ventre de boulets![26] c'est une maison de campagne un peu forte
que nous prîmes d'assaut à deux mille lieues d'ici, sous l'autre
tropique. C'était en 1711, au mois de septembre.[27] Monsieur le   340
blanc-poudré, je voudrais que vous eussiez été là, vous seriez mort
de peur; il y faisait chaud, mon enfant, je vous en réponds.
Connaissez-vous celui qui nous commandait?

LE COMTE

Qui? celui qui vous commandait?

M. DU CAP-VERD

Oui, celui qui nous commandait de par tous les vents!   345

LE COMTE

C'était un très bel homme, à ce que j'ai ouï dire. Il s'appelait le duc
de...

338   MS1: boulets c'était une maison
339   MS1: à dix-huit cents lieues
346   MS1: un fort bel

[25] Mme Du Châtelet parle d'''aller à Madrid' pour désigner le château de Madrid
dans le Bois de Boulogne; voir D705, n.1.
[26] Le Baron de La Cochonnière se sert de la même expression dans *Le Comte de
Boursoufle* (II.ii.22).
[27] C'est la date de l'expédition de Duguay-Trouin à Rio de Janeiro, qu'il rapporte
en détail dans ses *Mémoires*, à commencer par l'escale dans les îles du Cap-Vert
(p.230). Voltaire emprunte ici à la documentation réunie pour *Le Siècle de
Louis XIV* (voir *OH*, p.874).

M. DU CAP-VERD

Et non, cornes de fer, ce n'était ni un duc ni un de vos marquis; c'était un drôle qui a pris plus de vaisseaux anglais en sa vie que vous n'avez trompé de bégueules, et écrit de fades billets doux;[28] ce fut une excellente affaire que cette prise du fort de Saint-Sébastien de Rio-Janeiro; j'en eus vingt mille écus pour ma part.

LE COMTE

Si vous vouliez m'en prêter dix mille, vous me feriez plaisir.

M. DU CAP-VERD

Je ne vous prêterais pas du tabac à fumer,[29] mon petit mignon, entendez-vous, avec vos airs d'importance; tout ce que j'ai est pour ma femme; vous avez épousé l'aînée Catau, et je viens exprès pour épouser la cadette Fanchon, et être votre beau-frère. Le président reviendra-t-il bientôt?

LE COMTE

Vous! mon beau-frère!

M. DU CAP-VERD

Par la sancable![30] oui, votre beau-frère, puisque j'épouse votre belle-sœur.

348-49   MS1: marquis; c'est un drôle qui vous a pris
351-52   MS1: fort Saint-Sébastien du Rio de Janeiro
360   MS1: <sencable> ↑cent diable+

---

[28] On débattait dans les années 1730 pour savoir qui de Claude Forbin ou de Duguay-Trouin avait été le plus grand. Certains donnaient la préférence à Forbin parce qu'il était noble.

[29] Rien à voir avec la célèbre chanson *J'ai du bon tabac* de l'abbé L'Atteignant, un ami de Voltaire. On pouvait chiquer mais pas fumer à bord à cause des risques d'incendie. M. Du Cap-Verd ne prêterait pas même ce qu'il se défend d'avoir.

[30] Juron ignoré des dictionnaires.

LE COMTE

Vous pouvez épouser Fanchon tant qu'il vous plaira, mais vous ne serez point mon beau-frère; je vous avertis que je ne signe point au contrat de mariage.

M. DU CAP-VERD

Parbleu! que vous signiez ou que vous ne signiez pas, qu'est-ce 365
que cela me fait? Ce n'est pas vous que j'épouse, et je n'ai que faire de votre signature. Mais est-ce que le président tardera encore longtemps à venir? Cet homme-là est bien mauvais voilier.

LE COMTE

Je vous conseille, monsieur Du Cap-Verd, de l'aller attendre ailleurs.
370

M. DU CAP-VERD

Comment! est-ce que ce n'est pas ici sa maison?

LE COMTE

Oui, mais c'est ici mon appartement.

M. DU CAP-VERD

Eh bien, je le verrai ici.

LE COMTE

(*A part*) Le traître!... (*A M. Du Cap-Verd*) J'attends du monde à qui j'ai donné rendez-vous.
375

M. DU CAP-VERD

Je ne vous empêche pas de l'attendre.

369 MSI: d'aller l'attendre
374 MSI: [*sans indications scéniques*]

LE COMTE

(*A part*) Le bourreau!... (*A M. Du Cap-Verd*) C'est une dame de qualité.

M. DU CAP-VERD

De qualité ou non, que m'importe!

LE COMTE *à part.*

Je voudrais que ce monstre marin-là fût à cinq cents brasses avant[31] dans la mer. 380

M. DU CAP-VERD

Que dites-vous là de la mer, beau garçon?

LE COMTE

Je dis qu'elle me fait soulever le cœur; et voilà, pour m'achever de peindre, le président et la présidente; je n'y puis plus tenir, je quitte la partie, je vais me réfugier ailleurs. 385

SCÈNE IX

LE PRÉSIDENT, LA PRÉSIDENTE, M. DU CAP-VERD, LE CHEVALIER DU HAZARD

LE PRÉSIDENT *regardant attentivement M. Du Cap-Verd.*

Ce que je vois là est incompréhensible!

377   MS1: [*sans indications scéniques*]
380   MS1: fût cinq
382   MS1: dites-vous de la mer, mon beau garçon?
385b-c MS1: LA PRÉSIDENTE, LE COMTE, M. DU CAP-VERD, LE CHEVALIER DE BIRIBI
385d   MS1: [*sans indication scénique*]

[31] Cf. *Love's last shift*, IV.iii (Snap): 'Would I were hundred leagues off at sea!' et *La Prude*, II.i (Dorfise à propos de Blanford): 'Pourriez-vous point sur mer le renvoyer?'

M. DU CAP-VERD

Cela est très aisé à comprendre; j'arrive de la côte de Zanguébar, et je viens débarquer chez vous, et épouser Fanchon.

LE PRÉSIDENT

Il ne se peut pas que ce soit là M. Du Cap-Verd. Son thème porte qu'il ne reviendra que dans deux ans. 390

M. DU CAP-VERD

Eh bien, faites donc votre thème en deux façons, car me voilà revenu.

LA PRÉSIDENTE

Il a bien mauvais visage.

LE CHEVALIER

Monsieur, soyez le très bien arrivé en cette ville.

LE PRÉSIDENT

Est-ce que je ne serais qu'un ignorant? 395

M. DU CAP-VERD

Beau-père, votre raison va à la bouline. Parbleu! vous perdez la tramontane. Dressez vos lunettes, observez-moi; je n'ai point changé de pavillon, ne reconnaissez-vous pas mons Du Cap-Verd votre ancien camarade de collège? Il n'y a que trente-cinq ans que nous nous sommes quittés, et vous ne me remettez pas? 400

LE PRÉSIDENT

Si fait, si fait, mais...

M. DU CAP-VERD

Mais oublier ses amis en si peu de temps! Tout le monde me paraît bien étourdi du bateau[32] dans cette maison-ci. Je viens de voir un

---

[32] Avoir l'esprit brouillé comme après une traversée ou un long voyage. Mme de Graffigny emploie cette expression à son arrivée à Cirey, bien avant d'avoir connaissance de la pièce (*Graffigny*, t.1, p.201).

jeune fat mon beau-frère qui a perdu la raison, le beau-père a perdu la mémoire. Bonhomme de président, allons, où est votre 405 fille?

LA PRÉSIDENTE

Ma fille, monsieur, s'habille pour paraître devant vous, mais je ne crois pas que vous vouliez l'épouser sitôt.

M. DU CAP-VERD

Je lui donne du temps, je ne compte me marier que dans trois ou quatre heures; j'ai hâte, ma bonne, j'arrive de loin. 410

LA PRÉSIDENTE

Quoi! vous voulez vous marier aujourd'hui avec le visage que vous portez?

M. DU CAP-VERD

Sans doute; je n'irai pas emprunter celui d'un autre.

LA PRÉSIDENTE

Allez, vous vous moquez; il faut que vous soyez auparavant quinze jours entre mes mains. 415

M. DU CAP-VERD

Pas un quart d'heure seulement. Présidente, quelle proposition me faites-vous là?

LA PRÉSIDENTE

Voyez ce jeune homme que je vous présente. Quel teint! qu'il est frais! Je ne l'ai pourtant entrepris que d'hier.

M. DU CAP-VERD

Comment dites-vous? depuis hier, ce jeune homme et vous?... 42

420 MS1: Comment depuis hier, dites-vous, ce jeune homme, et vous...

LE CHEVALIER

Oui, monsieur, madame daigne prendre soin de moi.

LA PRÉSIDENTE

C'est moi qui l'ai mis dans l'état où vous le voyez.

LE PRÉSIDENT *à part.*

Non, il n'est pas possible que cet homme-là soit arrivé.

M. DU CAP-VERD

Je ne comprends rien à toutes les lanternes que vous me dites, vous autres. 425

LA PRÉSIDENTE

Je vous dis qu'il faut que vous soyez saigné et purgé dûment avant de songer à rien.

M. DU CAP-VERD

Moi saigné et purgé! j'aimerais mieux être entre les mains des Turcs qu'entre celles des médecins.

LA PRÉSIDENTE

Après un voyage de long cours, vous devez avoir amassé des 430 humeurs de quoi infecter une province! Vous autres marins vous avez de si vilaines maladies!

M. DU CAP-VERD

Parlez pour vous, messieurs du continent. Les gens de mer sont des gens propres, mais vous!

LA PRÉSIDENTE

Je vous en quitterai pour cinquante pilules. 435

422a   MS1:   [*sans indication scénique*]

M. DU CAP-VERD

J'aimerais mieux épouser la fille d'un Cafre, [33] ma bonne femme; je romprai plutôt le marché.

LE CHEVALIER *en lui faisant une grande révérence.*

Souffrez que je vous dise, pour l'intérêt que je prends à ce mariage...

M. DU CAP-VERD *le saluant de même.*

Eh quel intérêt prenez-vous, s'il vous plaît, à ce mariage?

440

LE CHEVALIER

Je vous conseille de ne rien précipiter et de suivre l'avis de madame; j'ai des raisons importantes pour cela, et j'ose vous le dire.

M. DU CAP-VERD

L'équipage de ce bâtiment-ci est composé d'étranges gens, j'ose vous le dire; un fat me refuse la porte, un doucereux me fait des révérences et me donne des conseils sans me connaître, l'un me parle de ma nativité, l'autre veut que je me purge. Je n'ai jamais vu de vaisseau si mal frété que cette maison-ci.

445

436   MSI: Cafre, non ma
437a-438   MSI: [*entre ces lignes, ajoute*]
      Monsieur permettez-moi, je vous prie
            M. DU CAP-VERD, *en rendant la révérence.*
      Que voulez-vous je vous prie.
            LE CHEVALIER, *avec une révérence.* [34]
438   MSI: dise par l'intérêt
440   MSI: intérêt y prenez-vous s'il vous plaît?
442   MSI: cela, j'ose
446   MSI: veut qu'on me purge; je n'ai

[33] Cf. *Love for love*, III.vii (Benjamin à Miss Prue): 'Marry thee! Oons, I'll marry a Lapland witch as soon'.
[34] Lequien releva la même variante dans le manuscrit de *Monsieur Du Cap-Vert* ayant appartenu à Pont de Veyle.

LE PRÉSIDENT

Ah çà puisque nous voilà tous, allons préparer Fanchon à vous venir trouver.   450

M. DU CAP-VERD

Allez, beau-père et belle-mère.

SCÈNE X

DU CAP-VERD, LE CHEVALIER

LE CHEVALIER

Monsieur, je ne me sens pas de joie de vous voir.

M. DU CAP-VERD

Vraiment, je le crois bien que vous ne vous sentez pas de joie en me voyant; pourquoi en sentiriez-vous? Vous ne me connaissez pas.

LE CHEVALIER

Je veux dire que ma joie est si forte...   455

M. DU CAP-VERD

Vous vous moquez de moi. Qui êtes-vous? et que me voulez-vous?

LE CHEVALIER

Ah, monsieur, que c'est une belle chose que la mer!

M. DU CAP-VERD

Oui fort belle.

LE CHEVALIER

J'ai toujours eu envie de servir sur cet élément.   460

449 MS1: Oh çà puisque vous voilà, nous allons

M. DU CAP-VERD

Qui vous en empêche?

LE CHEVALIER

Quel plaisir que ces combats de mer! surtout quand on s'accroche!

M. DU CAP-VERD

Vous avez raison. Il n'y a qu'un plaisir au-dessus de celui-là.

LE CHEVALIER

Et quel, monsieur, s'il vous plaît?

M. DU CAP-VERD

C'est lorsqu'on se débarrasse sur terre des importuns. [35]   465

LE CHEVALIER

Oui, cela doit être délicieux. Que vous êtes heureux, monsieur, que vous êtes heureux! Vous avez sans doute vu le cap de Bonne-Espérance, monsieur?

M. DU CAP-VERD

Assurément; je veux vous faire lire le récit d'un petit combat assez drôle que je donnai à la vue du cap; [36] je vous assure que je menai   470
mes gens galamment.

[35] Rappel de la manière dont Manly se débarrasse de Lord Plausible dans la première scène du *Plain dealer*.

[36] Forbin et Duguay-Trouin ont tous deux laissé des *Mémoires*, qui se trouvaient dans la bibliothèque de Voltaire à sa mort (BV1365 et BV1129). Selon le *Catalogue de la plupart des écrivains français qui ont paru dans le siècle de Louis XIV*, Duguay-Trouin, 'd'armateur devenu lieutenant général des armées navales, l'un des plus grands hommes en son genre, a donnée des *Mémoires* écrits du style d'un soldat, et propres à exciter l'émulation chez ses compatriotes' (*OH*, p.1159), tandis que Forbin, 'chef d'escadre en France, grand amiral du roi de Siam [...] a laissé des *Mémoires* curieux qu'on a rédigés, et l'on peut juger entre lui et du Guai-Trouin' (*OH*, p.1164).

LE CHEVALIER

Vous me ferez la plus insigne faveur; ah, monsieur, que c'est
dommage qu'un homme comme vous se marie!

M. DU CAP-VERD

Pourquoi dommage?

LE CHEVALIER

Voilà qui est fait; il ne sera plus question de vous dans les gazettes; 475
vous n'aurez plus le plaisir de l'abordage, vous allez languir dans
les douces chaînes d'un hymen plein de charmes; une beauté
tendre, touchante, voluptueuse va vous enchanter dans ses bras?
Ne savez-vous pas que Vénus est sortie du sein de la mer?

M. DU CAP-VERD

Peu me chaut d'où elle est sortie; je ne comprends rien à votre 480
galimatias.

LE CHEVALIER

Oui, dis-je, voilà qui est fait, M. Du Cap-Verd devient un homme
terrestre, un vil habitant de la terre ferme, un citoyen qui s'enterre
avec Mlle Fanchon.

M. DU CAP-VERD

Non ferai, par mes sabords! Je l'emmène dans huit jours en 485
Amérique.

LE CHEVALIER

Vous! monsieur?

480   MS I: elle soit sortie; je n'entends rien
482   MS I: Voilà
483   MS I: de terre ferme, un citoyen, il s'enterre
485   MS I: Non ↑je⁺ ne ferai pas mes abords. Je l'emmène

M. DU CAP-VERD

Assurément; je veux une femme, il me faut une femme, je grille d'avoir une femme. Fanchon est-elle jolie?

LE CHEVALIER

Assez passable pour un officier de terre, mais pour un marin 490 délicat, je ne sais pas. Et vous comptez donc réellement épouser cette jeune demoiselle?

M. DU CAP-VERD

Oui très réellement.

LE CHEVALIER

A votre place je n'en ferais rien.[37]

M. DU CAP-VERD

Vraiment je crois bien que vous n'en ferez rien. Mais que me vient 49 conter cet homme-ci?

LE CHEVALIER

Je me sens attaché tendrement à vous. Je dois vous parler vrai; elle n'a pas assez d'embonpoint pour un capitaine de vaisseau.

M. DU CAP-VERD

J'aime les tailles déliées.

---

489   MSI: est-elle bien jolie?
493   MSI: Très réellement.
495   MSI: n'en feriez rien. Mais que vient
497   MSI: à vous. Entre nous elle
499   MSI: les têtes déliées.

---

[37] Dans la scène 7 d'*Arlequin, homme à bonne fortune* de Regnard, Isabelle se déguise en jeune homme et se calomnie à souhait pour dissuader le Docteur Bassinet de l'épouser.

LE CHEVALIER

Elle parle trop vite.   500

M. DU CAP-VERD

Elle en parlera moins longtemps.

LE CHEVALIER

Elle est folle, folle à lier, vous dis-je.

M. DU CAP-VERD

Tant mieux, elle me divertira.

LE CHEVALIER

Oh bien, puisqu'il ne vous faut rien cacher, elle a une inclination.

M. DU CAP-VERD

C'est une preuve qu'elle a le cœur tendre et qu'elle pourra   505
m'aimer.

LE CHEVALIER

Enfin pour vous dire tout, elle a deux enfants en nourrice.

M. DU CAP-VERD

Ce serait une marque que j'en aurai lignée, mais je ne crois rien de
toutes ces fadaises-là.

LE CHEVALIER

Voilà un homme inébranlable, c'est un rocher.   510

508-509 MS1: Bon, marque certaine que j'en aurai lignée.

SCÈNE XI

FANCHON, LE CHEVALIER, DU CAP-VERD

LE CHEVALIER

Ah! la voici qui vient reconnaître l'ennemi; mon amiral, voilà donc l'écueil contre lequel vous échouez. A votre place, j'irais me jeter la tête la première dans la mer; un grand homme comme vous, ah quelle faiblesse!

M. DU CAP-VERD

Taisez-vous, babillard. C'est donc vous, Fanchon, qui m'allez appartenir? Je jette l'ancre dans votre port,[38] ma mie, et je veux avant qu'il soit quatre jours que nous partions tous les deux pour Saint-Domingue.

FANCHON *au chevalier.*

Quoi! monsieur le chevalier, c'est donc là ce fameux M. Du Cap-Verd, cet homme illustre, la terreur des mers et la mienne?

LE CHEVALIER

Oui, mademoiselle.

M. DU CAP-VERD

Voilà une fille bien apprise.

515-16   M S I :   qui allez m'appartenir; je jette
516-17   M S I :   veux qu'auparavant qu'il soit quatre jours, nous partions ensemble pour

---

[38] Cf. *Love for love*, III.vi (Benjamin à Angelica): 'Nay, mistress, I'm not for dropping anchor here; about ship, i'faith'; III.vii (Benjamin à Miss Prue): 'Look you, forsooth, I am, as it were, bound for the land of matrimony; 'tis a voyage, d'ye see, that was none of my seeking. I was commanded by father, and if you like of it, mayhap I may steer into your harbour.'

FANCHON

C'est donc vous, monsieur, dont mon père m'a entretenue si souvent?

M. DU CAP-VERD

Oui, ma poupe, oui, mon perroquet, c'est moi-même. 525

FANCHON

Il y a cinquante ans que vous êtes son intime ami?

M. DU CAP-VERD

Environ, si mon estime est juste.

FANCHON

Voudriez-vous faire à sa fille un petit plaisir?

M. DU CAP-VERD

Assurément et de tout mon cœur; je suis tout prêt; parlez, mon enfant; vous me paraissez timide; qu'est-ce que c'est? 530

FANCHON

C'est, monsieur, de ne me point épouser.

M. DU CAP-VERD

J'arrive pourtant exprès pour cette affaire, et pour me donner à vous avec tous mes agrès;[39] vous m'étiez promise avant que vous fussiez née. Il y a trente ans que votre père m'a promis une fille. Je consommerai tout cela, ce soir vers les dix heures, si vous le trouvez bon, ma mie. 535

FANCHON

Mais entre nous, monsieur Du Cap-Verd, vous figurez-vous qu'à mon âge et faite comme je suis, il soit si plaisant pour moi de vous

---

[39] Cf. *Le Joueur*, IV.ix (Le Marquis à la Comtesse): 'Et je me donne à vous avec tout mon mérite'.

épouser, et d'être empaquetée dans votre bord comme votre
pacotille, et d'aller vous servir d'esclave aux antipodes? 540

M. DU CAP-VERD

Vous vous imaginez donc, la belle, que je vous épouse pour votre
plaisir? Apprenez que c'est pour moi que je me marie, et non pas
pour vous. Ai-je donc si longtemps vogué dans le monde pour ne
savoir pas ce que c'est que le mariage? Si l'on ne prenait une
femme que pour en être aimé, les notaires de notre pays feraient, 545
ma foi, peu de contrats. Ma mie, il me faut une femme, votre père
m'en doit une, vous voilà, préparez-vous à m'épouser.

FANCHON

Savez-vous bien ce que risque un mari de soixante-cinq ans quand
il épouse une fille de quinze?

M. DU CAP-VERD

Eh bien, merluche, que risque-t-il? 550

FANCHON

N'avez-vous jamais ouï dire qu'il y a eu autrefois des cocus dans le
monde?

M. DU CAP-VERD

Oui oui, petite effrontée; et j'ai ouï dire aussi qu'il y a des filles qui
font deux ou trois enfants avant leur mariage, mais je n'y regarde
pas de si près. 555

FANCHON *en glapissant.*

Trois enfants avant mon mariage?

543-44 MS I: donc vogué si longtemps dans le monde pour ne pas savoir ce
545 MS I: de votre pays
548 MS I: un marin de soixante ans
551 MS I: qu'il y ait eu
554 MS I: font trois enfants

M. DU CAP-VERD

Nous savons ce que nous savons.

FANCHON

Trois enfants avant mon mariage, imposteur!

M. DU CAP-VERD

Trois ou deux qu'importe?

FANCHON

Et qui vous dit ces belles nouvelles-là?   560

M. DU CAP-VERD

Parbleu! c'est ce jeune muguet frisé.

FANCHON

Quoi! c'est vous qui...

LE CHEVALIER

Ah! mademoiselle...

M. DU CAP-VERD

Mais je suis bien bon, moi, de parler ici de balivernes avec des
enfants lorsqu'il faut que j'aille signer les articles avec le beau-   565
père; adieu, adieu, vous entendrez bientôt parler de moi.

SCÈNE XII

LE CHEVALIER, FANCHON

LE CHEVALIER

Me voilà au désespoir; ce loup marin-là vous épousera comme il le
dit, au moins.

558   MS1: mariage, requin!

FANCHON

Je mourrais plutôt mille fois.

LE CHEVALIER

Il y aurait quelque chose de mieux à faire.   570

FANCHON

Et quoi, chevalier?

LE CHEVALIER

Si vous étiez assez raisonnable pour faire avec moi une folie, pour
m'épouser, ce serait bien le vrai moyen de désorienter notre
corsaire.

FANCHON

Et que diraient le président et la présidente?   57

LE CHEVALIER

Le président s'en prendrait aux astres, la présidente ne me
donnerait plus de ses remèdes, les choses s'apaiseraient au bout
de quelques temps; M. Du Cap-Verd irait jeter l'ancre ailleurs, et
nous serions tous contents.

FANCHON

J'en suis un peu tentée, mais, chevalier, pensez-vous que mon père   58
veuille absolument me sacrifier à ce vilain homme?

LE CHEVALIER

Je le crois fermement, dont j'enrage.

FANCHON

Ah, que je suis malheureuse!

577 MS 1: plus de remèdes
580 MS 1: chevalier, croyez-vous que

LE CHEVALIER

Il ne tient qu'à vous de faire mon bonheur et le vôtre.

FANCHON

Je ne me sens pas le courage de faire d'emblée un coup si hardi. Je   585
vois qu'il faut que vous m'y accoutumiez par degrés.

LE CHEVALIER

Ma belle Fanchon, si vous m'aimiez!...

FANCHON

Je ne vous aime que trop. Vous m'attendrissez, vous m'allez faire
pleurer, vous me déchirez le cœur; allez-vous-en.

SCÈNE XIII

LA COMTESSE, FANCHON, LE CHEVALIER

LA COMTESSE

Eh bien, comment vont nos affaires?   590

FANCHON

Hélas! tout de travers.

LA COMTESSE

Quoi! n'aurait-il pas daigné?...

FANCHON

Bon, il veut seulement avoir une femme pour la faire mourir de
chagrin.

586   MSI: qu'il faudra que
587   MSI: Ma chère reine si
593   MSI: veut avoir seulement une

LA COMTESSE

Mais enfin, ma sœur, vous lui avez parlé? 595

FANCHON

Je vous en réponds et de la bonne manière; M. le chevalier y était
présent.

LA COMTESSE

Et pourquoi M. le chevalier?

FANCHON

Parce qu'heureusement il s'est trouvé là.

LA COMTESSE

Mais enfin qu'est-ce que ce cruel a répondu? 600

FANCHON

Lui, ma sœur? Il m'a répondu que j'étais une merluche, une
impertinente, une morveuse.

LA COMTESSE

Ô ciel!

FANCHON

Il m'a dit que j'avais eu deux ou trois enfants, mais qu'il ne s'en
mettait pas en peine. 605

LA COMTESSE

A quel excès!...

FANCHON

Que cela ne l'empêcherait de rien.

LA COMTESSE

Hélas!

FANCHON

Qu'il allait trouver mon père et ma mère.

LA COMTESSE

Mais, ma sœur?...   610

FANCHON

Qu'il signerait les articles ce soir.

LA COMTESSE

Quels articles?

FANCHON

Et qu'il m'épouserait cette nuit.

LA COMTESSE

Lui, ma sœur?

FANCHON *criant et pleurant.*

En dût-il être cocu. Ah! le cœur me fend: M. le chevalier et moi   615
nous sommes inconsolables.

LA COMTESSE

Je ne comprends rien à ce que vous me dites. Quoi! M. le comte,
mon mari...

FANCHON

Eh non, ce n'est pas de votre mari dont je parle, c'est du bourreau
qui veut être le mien.   620

LA COMTESSE

Quoi, mon père s'obstine à vouloir vous donner pour mari ce
grand vilain M. Du Cap-Verd? Que je vous plains, ma sœur! Mais
avez-vous parlé à M. le comte?

FANCHON

Au nom de Dieu, ma sœur, engagez mon père à différer ce
mariage. M. le chevalier vous en prie avec moi.   625

LE CHEVALIER

Vous êtes sœurs, vous devez vous rendre la vie douce l'une à
l'autre; et je voudrais vous rendre service à toutes deux.

LA COMTESSE

J'irai me jeter aux pieds de mon père et de ma mère, mais avez-
vous vu M. le comte?

FANCHON

Ma sœur, ne m'abandonnez pas.   630

LA COMTESSE

Mais dites si vous avez fait quelque chose pour moi.

LE CHEVALIER

Donnez donc quelque réponse à madame.

FANCHON

Voyez-vous, ma sœur, si l'on me force à épouser cet homme-là, je
suis fille à mettre le feu aux poudres et à sauter en l'air avec son
maudit vaisseau, lui, l'équipage et moi.   63⟨5⟩

LA COMTESSE

Si je ne puis parvenir à rendre mon mari raisonnable, vous me
verrez expirer de douleur.

626-27 MS1: vous aider l'une et l'autre
631 MS1: dites-moi donc si
636 MS1: Ma sœur, si
637 MS1: de vapeurs.

FANCHON

Ne manquez pas de représenter à ma mère la cruauté qu'il y aurait
à me laisser manger par ce cancre de corsaire.

LE CHEVALIER

Vous avez toutes deux la tête pleine de votre affaire. Daignez   640
rentrer l'une et l'autre, et souffrez que je vous donne mes petits
avis pour le bonheur de tous trois.

Fin du second acte.

ACTE III

SCÈNE PREMIÈRE

LE COMTE, L'ÉTRIER

L'ÉTRIER

Votre Excellence n'a pas le sou à ce que je vois.

LE COMTE

Il est vrai, ayant su que mon rendez-vous n'était que pour le soir, j'ai été jouer chez la grosse duchesse, j'ai tout perdu; mais j'ai de quoi me consoler, ce sont au moins des gens titrés qui ont eu mon argent. 5

L'ÉTRIER

Argent mal acquis ne profite pas, comme vous voyez.

LE COMTE

Il n'était, ma foi, ni bien ni mal acquis; il n'était point acquis du tout; je ne sais qui me l'a envoyé, c'est pour moi un rêve, je n'y comprends rien. Il semble que Fanchon ait voulu se moquer de moi. Voilà pourtant vingt mille francs que j'ai reçus et que j'ai 10 perdus en un quart d'heure; oui, je suis piqué, je suis piqué, outré! Je sens que je serais au désespoir si cela n'était pas au-dessous de moi... Mons de l'Etrier...

(*Fanchon entrée pendant que le comte parlait entend la fin de son discours.*)

11-12   MSI: oui je suis piqué, piqué comme un diable. Je sens
13a-b   MSI: [*sans indication scénique*]

SCÈNE II

LE COMTE, FANCHON

FANCHON *en faisant signe à l'Etrier de sortir.*

C'est-à-dire, mon beau-frère, que vous avez perdu l'argent que je
vous avais donné tantôt.   15

LE COMTE

Ne songeons point à ces bagatelles, ma belle enfant. Quand
voulez-vous me faire voir cette généreuse inconnue, cette
beauté, cette divinité qui se transforme en pluie d'or pour
m'obtenir?

FANCHON

Vous ne pourrez la voir que le soir sur le tard, mais je viens vous   20
consoler.

LE COMTE

Mon aimable enfant, rien n'est si consolant que votre vue, et, le
diable m'emporte! il me prend fantaisie de vous payer ce que je
dois à cette aimable personne.

FANCHON

Je ne suis point intéressée et ne vais point sur le marché des autres.   25
Réservez toutes vos bontés pour elle, elle les mérite mieux que
moi. C'est le visage du monde le plus aimable, la taille la plus belle,
des airs charmants...

LE COMTE

Ah, ma chère Fanchon!

20   MS1: que ce soir
22   MS1: si consolable que
27-28   MS1: aimable, une taille la plus noble, des

FANCHON

Un ton de voix tendre et touchant, un esprit juste, fin, doux, le 30
cœur le plus noble. Hélas! vous vous en apercevrez assez; si vous
vouliez être honnête homme au lieu d'être petit-maître, vous
conduire en homme sage au lieu de vous ruiner en grand seigneur,
elle vous adorera toute sa vie.

LE COMTE

Ma chère Fanchon! 35

FANCHON

Soyez sûr qu'elle ne vivra que pour vous, et que son amour ne sera
point incommode; qu'elle chérira votre personne, votre honneur,
votre famille comme sa personne, son honneur, sa famille propre;
que vous goûterez ensemble un bonheur dont vous n'avez point
d'idée... ni moi non plus. 40

LE COMTE

Ma chère Fanchon, vous m'éblouissez, vous me ravissez! Je suis en
extase, je meurs déjà d'amour pour elle! Ah! pourquoi faut-il que
j'attende encore une heure à la voir?

FANCHON

Vous voilà ému de tout ce que je viens de dire; vous le seriez bien
davantage si... Enfin, que diriez-vous, si je vous donnais de sa part 45
cinquante mille livres en diamants?

LE COMTE

Ce que je dirais?... Je dirais que cela est impossible, je ferais
imprimer ce conte à la fin des *Mille et une Nuits.*

FANCHON

Cela n'est point impossible. Les voilà.

44 MSI: de vous dire

LE COMTE

Juste ciel! Est-ce un miracle, est-ce un songe?... J'avoue que j'ai   50
cru jusqu'ici avoir quelque petit mérite, mais je ne pensais pas en
avoir à ce point-là.

FANCHON

Ecoutez bien, ce n'est pas parce que vous avez du mérite que l'on
vous traite ainsi, mais c'est afin que vous en ayez, si vous pouvez.
Ah çà, je vous ai parlé assez longtemps de vos affaires; venons aux   55
miennes; je vous rends, je crois, un assez joli service; il faut me
récompenser.

LE COMTE

Parlez; le service est si récent qu'il n'y a pas moyen que je sois
ingrat.

FANCHON

Mon père a chaussé dans sa tête de me faire madame Du Cap-   60
Verd: on dresse actuellement le contrat, c'est-à-dire mon arrêt de
mort. Jugez de l'état où je suis, puisque j'ai perdu toute ma gaieté.
Cependant je suis si bonne que j'ai pensé à vos affaires avant que
de régler les miennes. Le moment fatal arrive, la tête commence à
me tourner, je ne sais plus que devenir.   65

LE COMTE *d'un air important.*

Eh bien, que voulez-vous que je fasse?

FANCHON

Je n'en sais rien, mais que je ne sois pas madame Du Cap-Verd.

LE COMTE

Ma fille, il faudra voir cette affaire-là. On lavera la tête au
président. Je lui parlerai, je lui parlerai, et du bon ton; oui, fiez-

66   MS1: Eh bien, ↑mais⁺ que
69   MS1: et de bon

193

vous à moi. Mais quand viendra la fée aux diamants et à l'argent comptant? 70

FANCHON

Elle a plus d'envie de vous voir que vous n'en avez de la remercier. Elle viendra bientôt, je vous jure; vous savez que l'on court après son argent, mais ceux qui l'ont reçu sont d'ordinaire fort tranquilles. Adieu, je vais chercher une femme qui vous aime: 75 servez-moi seulement contre un homme que je n'aime point.

SCÈNE III

LE COMTE, L'ÉTRIER

LE COMTE

Mons de l'Etrier, il arrive d'étranges choses dans la vie.

L'ÉTRIER

Oui, et surtout aux étranges gens, monseigneur.

LE COMTE

Ne gratte-t-on pas à la porte?

L'ÉTRIER

Oui, monseigneur. 80

LE COMTE

C'est sans doute celle à qui j'ai tourné la tête; je vous avoue que j'ai quelque curiosité de la voir.

70   MS I: moi. Quand viendra

194

SCÈNE IV

LE COMTE, MME DU CAP-VERD *avec une canne à bec de corbin, un habillement de vieille et une petite voix glapissante.*

LE COMTE

C'est sans doute elle qui se cache dans ses coiffes.

MME DU CAP-VERD *à L'Etrier.*

C'est donc ici la maison du président Bodin?

L'ÉTRIER *en sortant.*

Oui, la vieille, c'est la maison du président Bodin, mais c'est ici   85
chez monsieur le comte.

MME DU CAP-VERD *sautant au cou du comte.*

Ah! mon petit comte, vois-tu, il faut que tu secoures ici une pauvre
affligée.

LE COMTE *se jettant à ses genoux et lui baisant la main.*

Madame, souffrez qu'à vos genoux...

MME DU CAP-VERD

Non, mon cher enfant, c'est à moi de me jeter aux tiens.   90

LE COMTE *en l'examinant.*

Elle a raison... Ah! qu'elle est laide! Eh bien, madame, c'est donc
vous qui avez bien voulu me faire des avances si solides et qui...

---

83   MSI: C'est elle sans doute qui
83a   MSI: *au page.*
84a   MSI: PAGE [*sans indication scénique*]
86a   MSI: MME DU CAP-VERD *en sautant*
88a   MSI: [*sans indication scénique*]
91   MSI: Ah quelle laide!
92   MSI: avez voulu

MME DU CAP-VERD

Oui, mon ami, je te fais toutes les avances. Est-il bien vrai que mon petit traître est dans la maison?

LE COMTE

Quoi, madame! quel traître? de qui me parlez-vous? est-ce de 95 moi?

MME DU CAP-VERD

Mon traître, mon petit traître, mon petit mari, on dit qu'il est ici?

LE COMTE

Votre mari? Eh, s'il vous plaît, comment nommez-vous ce pauvre homme-là?

MME DU CAP-VERD

M. Du Cap-Verd, M. Du Cap-Verd. 10

LE COMTE *d'un air important.*

Eh mais oui, madame, je crois qu'oui, je crois qu'il est ici.

MME DU CAP-VERD

Tu crois qu'oui! Me voilà la femme de la terre habitable la plus heureuse. J'aurai le plaisir de dévisager ce fripon-là. Il est joli! Il y a vingt ans qu'il m'a abandonnée, il y a vingt ans que je le cherche, je le trouve, voilà qui est fait: où est-il? qu'on me le montre, qu'on 10 me le montre!

LE COMTE

Quoi! sérieusement, vous seriez un peu Mme Du Cap-Verd?

MME DU CAP-VERD

Oui, mon petit fripon, il y a tantôt cinquante ans.

103   MS1: ce petit fripon-là
107   MS1: Quoi vous seriez

196

LE COMTE

Ecoutez, vous arrivez fort mal à propos pour moi, mais encore plus
mal à propos pour lui. Il va se marier à la fille du président Bodin. 110

MME DU CAP-VERD

Lui épouser une fille du président! Non, mort de ma vie! je l'en
empêcherai bien.

LE COMTE

Et pourquoi? J'en ai bien épousé une, moi qui vous parle.

MME DU CAP-VERD

Il y a vingt ans qu'il me joue de ces tours-là, et qu'il va épousant
tout le monde. Il me fit mettre dans un couvent après deux ans de 115
mariage, à cause d'un certain régiment de dragons qui vint alors à
Bayonne et qui était extrêmement galant; mais nous avons sauté les
murs,[1] nous nous sommes vengées! ah! que nous nous sommes
vengées, mon petit freluquet!

LE COMTE

Est-ce donc vous, ma bonne, qui m'avez envoyé... 120

MME DU CAP-VERD

Moi, je ne t'ai rien envoyé que je sache; je viens chercher mon
traître.

LE COMTE

Ô ciel! mon destin sera-t-il toujours d'être importuné! Ma mie, il y
a ici deux affaires importantes, la première est un rendez-vous que
vous venez interrompre, la seconde est le mariage de M. Du Cap- 125
Verd, que je ne serai pas fâché d'empêcher. C'est un brutal, il est

120   MS1: Et c'est donc

[1] Cf. *Le Comte de Boursoufle*, II.iv.63-64 (Mlle Thérèse): 'Je suis lasse d'être
traitée en petite fille, et je sauterai les murs au premier jour'.

197

bon de le mortifier un peu; je vous prends sous ma protection. Retirez-vous un peu, s'il vous plaît. Holà hé! quelqu'un! mons de l'Etrier, qu'on ait soin de madame. Allez, ma bonne, l'on vous présentera à M. Du Cap-Verd dans l'occasion.　130

MME DU CAP-VERD

Tu me parais tant soit peu impertinent, mais puisque tu me rends service de si bon cœur, je te le pardonne.

SCÈNE V

LE COMTE *seul*.

Serai-je enfin libre un moment? Ô ciel! encore un importun; ah! je n'y puis plus tenir, j'aime mieux quitter la partie.
(*Il s'en va.*)

SCÈNE VI

LE CHEVALIER *en suivant* FANCHON

LE CHEVALIER

A qui diable en a-t-il donc de s'enfuir? et vous à qui diable en avez-　13̣
vous de ne vouloir pas que je vous parle?

FANCHON

J'ai affaire ici. Retirez-vous, vous dis-je; songez seulement à éloigner M. Du Cap-Verd.

LE CHEVALIER

Mais quelle affaire si pressante?...

130　MS1:　à mons Du Cap-Verd
131　MS1:　parais un tant
131-32　MS1:　rends un service
136　MS1:　de ne pas vouloir que

198

FANCHON

Croyez-vous que je n'aie pas ici d'autres intérêts à ménager que les   140
vôtres?

LE CHEVALIER

Vous me désespérez.

FANCHON

Vous m'excédez.

LE CHEVALIER

Je veux savoir absolument...

FANCHON

Absolument vous ne saurez rien.   145

LE CHEVALIER

Je resterai jusqu'à ce que je voie de quoi il s'agit.

FANCHON

Oh oh, vous voulez être jaloux!

LE CHEVALIER

Non, mais je suis curieux.

FANCHON

Je n'aime ni les curieux, ni les jaloux, je vous en avertis, si vous
étiez mon mari je ne vous pardonnerais jamais, mais je vous le   150
passe parce que vous n'êtes que mon amant. Dénichez, voici ma
sœur.

LE CHEVALIER

Puisque ce n'est que sa sœur encore passe.

140   MS I: ici d'intérêts
147   MS I: vous êtes jaloux.
151-52   MS I: amant. Voici ma sœur. Dénichez.

SCÈNE VII

LA COMTESSE, FANCHON

FANCHON

Ma chère sœur, vos affaires et les miennes sont embarrassantes; ce
n'est pas une petite entreprise de réformer le cœur de M. le comte,   15
et de renvoyer le monstre marin qu'on me veut donner; mais où
avez-vous laissé M. Du Cap-Verd?

LA COMTESSE

Il est là-bas qui gronde tout le monde, et qui jure qu'il vous épousera
dans un quart d'heure; mais M. le comte que fait-il, ma sœur?

FANCHON

Il est à sa toilette qui se poudre pour vous recevoir.   16

LA COMTESSE

Va-t-il venir bientôt?

FANCHON

Tout à l'heure.

LA COMTESSE

Ne me reconnaîtra-t-il point?

FANCHON

Non, si vous parlez bas, si vous déguisez le son de votre voix, et s'il
n'y a point de lumières.   1

LA COMTESSE

Le cœur me bat, les larmes me viennent aux yeux...

FANCHON

Ne pleurez donc point; songez-vous bien que je vais peut-être mourir de douleur dans un quart d'heure, moi qui vous parle; mais cela ne m'empêche pas de rire en attendant. Ah! voici votre fat de mari. Emmitouflez-vous bien dans vos coiffes, s'il vous plaît. 170 Monsieur le comte, arrivez, arrivez.

SCÈNE VIII

LE COMTE, LA COMTESSE, FANCHON

LE COMTE

Enfin donc, ma chère Fanchon, voici la divinité aux louis d'or et aux diamants.

FANCHON

Oui, c'est elle-même. Préparez-vous à lui rendre vos hommages.

LA COMTESSE

Je tremble. 175

FANCHON

Ma présence est un peu inutile ici; je vais trouver mon cher M. Du Cap-Verd. Adieu, comportez-vous en honnête homme.

SCÈNE IX

LE COMTE, LA COMTESSE *dans l'obscurité.*

LE COMTE

Quoi! généreuse inconnue, vous m'accablez de bienfaits, vous daignez joindre à tant de bontés celle de venir jusques dans mon

---

176 MS1: est assez inutile
179 MS1: daignez ajouter à
  MS1: jusqu'en mon

appartement, et vous m'enviez le bonheur de votre vue qui est   180
pour moi d'un prix mille fois au-dessus de vos diamants.

LA COMTESSE

Je crains que si vous me voyez, votre reconnaissance diminue; je
voudrais être sûre de votre amour avant que vous puissiez lire le
mien dans mes yeux.

LE COMTE

Doutez-vous que je ne vous adore, et qu'en vous voyant je ne vous   185
en aime davantage?

LA COMTESSE

Hélas! oui; c'est dont je doute, et c'est ce qui fait mon malheur.

LE COMTE *se jetant à ses pieds*.

Je jure par ces mains adorables que j'aurai pour vous la passion la
plus tendre.

LA COMTESSE

Je vous avoue que je n'ai jamais rien désiré que d'être aimée de   190
vous, et si vous me connaissiez bien, vous avoueriez peut-être que
je le mérite, malgré ce que je suis.

LE COMTE

Hélas! ne pourrai-je du moins connaître celle qui m'honore de tant
de bontés?

LA COMTESSE

Je suis la plus malheureuse femme du monde; je suis mariée, et   19
c'est ce qui fait le chagrin de ma vie. J'ai un mari qui n'a jamais
daigné me regarder; si je lui parlais, à peine reconnaîtrait-il ma
voix.

LE COMTE

Le brutal! est-il possible qu'il puisse mépriser une femme comme
vous?   200

LA COMTESSE

Il n'y a que vous qui puissiez m'en venger, mais il faut que vous me
donniez tout votre cœur; sans cela, je serais encore plus malheureuse qu'auparavant.

LE COMTE

Souffrez donc que je vous venge des cruautés de votre indigne
mari, souffrez qu'à vos pieds...   205

LA COMTESSE

Je vous assure que c'est lui qui s'attire cette aventure; s'il m'aimait,
je vous jure qu'il aurait en moi la femme la plus tendre, la plus
soumise, la plus fidèle.

LE COMTE

Le bourreau! il mérite bien le tour que vous lui jouez.

LA COMTESSE

Vous êtes mon unique ressource dans le monde. Je me suis flattée   210
que dans le fond vous êtes un honnête homme; qu'après les
obligations que vous m'avez, vous vous ferez un devoir de bien
vivre avec moi.

LE COMTE

Tenez-moi pour le plus grand faquin, pour un homme indigne de
vivre, si je trompe vos espérances. Ce que vous faites pour moi me   215
touche sensiblement; et quoique je ne connaisse de vous que ces
mains charmantes que je tiens entre les miennes, je vous aime déjà

199 MSI: possible qu'on puisse
206-207 MSI: m'aimait, je ↑ne⁺ vous cache point qu'il
216 MSI: touche si sensiblement que quoique

comme si je vous avais vue. Ne différez plus mon bonheur.
Permettez que je fasse venir des lumières, que je voie toute ma
félicité.

220

LA COMTESSE

Attendez encore un instant; vous serez peut-être étonné de ce que
je m'en vais vous dire. Je compte souper avec vous ce soir, et ne
vous pas quitter sitôt. En vérité, je ne crois pas qu'il y ait en cela
aucun mal; promettez-moi seulement de ne m'en pas moins
estimer.

225

LE COMTE

Moi! vous en estimer moins, pour avoir fait le bonheur de ma vie!
Il faudrait que je fusse un monstre. Je veux dans l'instant...

LA COMTESSE

Encore un mot, je vous prie. Je vous aime plus pour vous que pour
moi. Promettez-moi d'être un peu plus rangé dans vos affaires, et
d'ajouter le mérite solide d'un homme sage et modeste aux
agréments extérieurs que vous avez. Je ne puis être heureuse si
vous n'êtes heureux vous-même, et vous ne pourrez jamais l'être
sans l'estime des honnêtes gens.

230

LE COMTE

Tout ceci me confond. Vos bienfaits, votre conversation, vos
conseils m'étonnent, me ravissent. Eh quoi, vous n'êtes venue ici
que pour me faire aimer la vertu?

235

LA COMTESSE

Oui. Je veux que ce soit elle qui me fasse aimer de vous. C'est elle

---

222 MS1: je vais vous dire; mais je compte souper avec vous, et
223 MS1: ait à cela
228 MS1: aime pour vous plus que
232 MS1: vous ne l'êtes, et
235 MS1: Eh quoi n'êtes-vous venue

qui m'a conduite ici, qui règne dans mon cœur, qui m'intéresse
pour vous, qui me fait tout sacrifier pour vous; c'est elle qui vous
parle sous des apparences criminelles, c'est elle qui me persuade   240
que vous m'aimerez.

LE COMTE

Non, madame; vous êtes un ange descendu du ciel. Chaque mot que
vous me dites me pénètre l'âme. Si je vous aimerai, grand Dieu!...[2]

LA COMTESSE

Jurez-moi que vous m'aimerez quand vous m'aurez vue.

LE COMTE

Oui, je le jure à vos pieds, par tout ce qu'il y a de plus tendre, de   245
plus respectable, de plus sacré dans le monde. Souffrez que le page
qui vous a introduite apporte enfin des flambeaux; je ne puis
demeurer plus longtemps sans vous voir.

LA COMTESSE

Eh bien donc j'y consens.

LE COMTE

Holà, page, des lumières.   250

LA COMTESSE

Vous allez être bien surpris.

LE COMTE

Je vais être charmé... Juste ciel! c'est ma femme!

240   MS1: sous les apparences
245   MS1: je vous le jure

[2] Le triomphe de la vertu sur le libertinage (et non sur le préjugé contre le
mariage) terminait l'intrigue du *Careless husband* de Cibber. Mais le débat est plus
développé dans *Love's last shift* du même auteur, que Voltaire suit dans ses grandes
lignes (III.i, IV.ii, IV.iii et V.ii).

LA COMTESSE *à part.*

C'est déjà beaucoup qu'il m'appelle de ce nom, c'est pour la première fois de sa vie.

LE COMTE

Est-il possible que ce soit vous?   255

LA COMTESSE

Voyez si vous êtes honnête homme, et si vous tiendrez vos promesses.

LE COMTE

Vous avez touché mon cœur. Vos bontés l'emportent sur mes défauts. On ne se corrige pas tout d'un coup; je vivrai avec vous en bourgeois, je vous aimerai; mais qu'on n'en sache rien, s'il vous plaît. 26o

SCÈNE X

FANCHON *arrivant tout essoufflée,* M. LE PRÉSIDENT,
MME LA PRÉSIDENTE, M. DU CAP-VERD,
LE CHEVALIER, LE COMTE, LA COMTESSE

FANCHON

Au secours, au secours contre des parents et un mari! Monsieur le comte, rendez-moi service à votre tour.

252a   MSI: [*sans indication scénique*]
257a-60   MSI:
LE COMTE *reprenant ses airs de seigneur.*
Eh mais madame... en vérité madame vous m'emb[a]rassez. Madame j'ai le cœur bon écoutez... si vous me promettiez de n'en rien dire et de ne me point déshonorer dans le monde, on verrait de qu'on pourrait faire, on vivrait avec vous en bourgeois... mais qu'on [3]
260d   MSI: LE CHEVALIER, LE COMTE

[3] Lequien releva la même variante dans le manuscrit de *Monsieur Du Cap-Vert* ayant appartenu à Pont de Veyle.

M. DU CAP-VERD

Eh bien, est-on prêt à démarrer?

LE PRÉSIDENT

Allons, ma petite fille, point de façons; voici l'heure de l'année la
plus favorable pour un mariage.   265

FANCHON

Voici l'heure la plus triste de ma vie.

LA PRÉSIDENTE

Ma fille, il faut avaler la pilule.

FANCHON *se jetant à genoux.*

Mon père, encore une fois...

M. DU CAP-VERD

Levez-vous, vous remercierez votre père après.

FANCHON

Ma chère mère...   270

LA PRÉSIDENTE

Vous voilà bien malade!

FANCHON

Mon cher monsieur le comte...

LE COMTE

Je vois bien qu'il vous faut tirer d'intrigue... Mons de l'Etrier,
amenez un peu cette dame... Mons le marin, je crois qu'on va
mettre quelque opposition à vos bans.   275

SCÈNE XI

MME DU CAP-VERD ET LES ACTEURS PRÉCÉDENTS

MME DU CAP-VERD

Eh mon petit mari! te voilà, infâme, bigame, polygame! Je vais te faire pendre, mon cher cœur.

M. DU CAP-VERD

Sainte Barbe! c'est ma femme! Quoi tu n'es pas morte il y a vingt ans?

MME DU CAP-VERD

Non, mon bijou; il y a vingt ans que je te guettais. Embrasse-moi, fripon, embrasse-moi: il vaut mieux tard que jamais.   280

LE PRÉSIDENT

Quoi! c'est là Mme Du Cap-Verd que j'ai enterrée dans toutes les règles?

MME DU CAP-VERD

Tes règles ne valent pas le diable, ni toi non plus. Mon mari, il est temps d'être sage; tu as assez couru le monde; et moi aussi: tu seras heureux avec moi, quitte cette petite morveuse-là.   285

M. DU CAP-VERD

Mais de quoi t'avises-tu de n'être pas morte?

LE PRÉSIDENT

Je croyais cela démontré.

FANCHON *à Mme Du Cap-Verd.*

Ma chère dame, embrassez-moi. Mon Dieu, que je suis aise de vous voir!

---

276 MSI: te voilà, te voilà infâme
287a MSI: [*sans indication scénique*]

LE CHEVALIER

Ma chère madame Du Cap-Verd, vous ne pouviez venir plus à   290
propos; je vous en remercie.

MME DU CAP-VERD

Voilà un assez aimable garçon. (*A M. Du Cap-Verd*) Traître, si
mes deux enfants étaient aussi aimables que cela, je te pardonnerais
tout. Où sont-ils, où sont-ils mes deux enfants?

M. DU CAP-VERD

Tes deux enfants! Ma foi, c'est à toi à en savoir des nouvelles; il y a   295
vingt ans que je n'ai vu cette marmaille-là; Dieu les bénisse! J'ai été
cinq ou six fois aux antipodes depuis, j'ai mouillé une fois à
Bayonne pour en apprendre des nouvelles; je crois que tout cela est
crevé; j'en suis fâché au fond, car je suis bon homme.

MME DU CAP-VERD

Traître, et Mme Eberne chez qui tu avais mis un de mes enfants?   300

M. DU CAP-VERD

C'était une fort honnête personne, et qui m'a toujours été d'un
grand secours.

LE CHEVALIER

Eh mon Dieu, à qui en parlez-vous? J'ai été élevé par cette Mme
Eberne, à Bayonne. Je me souviens des soins qu'elle prit de mon
enfance, et je ne les oublierai de ma vie.   305

290   MSI: Ma bonne dame Du Cap-Verd
292   MSI: [*sans indication scénique*]
296   MSI: vu toute cette
297   MSI: fois depuis aux antipodes, j'ai mouillé
304-305   MSI: Bayonne elle m'a donné le fouet vingt fois en ma vie.[4]

[4] Lequien releva la même variante dans le manuscrit de *Monsieur Du Cap-Vert*
ayant appartenu à Pont de Veyle.

LE COMTE

Mais qu'est-ce que c'est que ça? mais qu'est-ce que c'est que ça? Je me souviens aussi fort bien de cette Mme Eberne.

M. DU CAP-VERD

Et corbleu! qu'est-ce que c'est que ça aussi? Par la sembleu! voilà qui serait drôle! Vous êtes donc aussi de Bayonne, monsieur le fat?

LE COMTE

Point d'injures, s'il vous plaît; oui, la maison Des Aprêts est aussi de Bayonne.

310

M. DU CAP-VERD

Et comment avez-vous connu Mme Eberne?

LE COMTE

C'était ma gouvernante, Mme Rafle, qui m'y menait souvent.

M. DU CAP-VERD *au comte.*

Mme Rafle vous a élevé?

MME DU CAP-VERD *au chevalier.*

Mme Eberne a été votre mie?

31

LE COMTE

Oui, monsieur.

LE CHEVALIER

Oui, madame.

307   MSI: souviens fort bien
310-11   MSI: maison des Boursoufle est de Bayonne.
312-312a   MSI: [*entre ces lignes, ajoute*]
MME DU CAP-VERD
Oui comment répondez vous... vous... ouf... mon cœur me dit...
314   MSI: MME DU CAP-VERD *à Biribi.*

M. DU CAP-VERD

Ouais, cela serait plaisant! Cela ne se peut pas. Mais si cela se pouvait, je ne me sentirais pas de joie.

MME DU CAP-VERD

Je commence déjà à pleurer de tendresse.   320

SCÈNE XII

MME RAFLE ET LES ACTEURS PRÉCÉDENTS

MME DU CAP-VERD

Approchez, approchez, venez çà, madame Rafle, et reconnaissez comme vous pourrez ces deux espèces-là.

LE PRÉSIDENT

Allez, allez, je vois bien ce qui vous tient; vous vous imaginez qu'on peut retrouver vos enfants: cela ne se peut pas; j'ai tiré leur horoscope; ils sont morts en nourrice.   325

M. DU CAP-VERD

Oh! si votre art les a tués, je les crois donc en vie; sans doute je retrouverai mes enfants.

MME DU CAP-VERD

Assurément cela va tout seul, n'est-il pas vrai, madame Rafle?

320a-322 MS I: [absents]
328-36 MS I:
> Assurément cela va tout seul. (*Au Comte*) Ecoute toi, (*à Biribi*) écoute toi, n'aurais-tu pas une marque bleue au bras; dis, dis, dis?
> #### LE COMTE
> Oui, c'est une marque particulière qui a toujours été dans notre maison.
> #### LE CHEVALIER
> Oui ma mie Eberne me mit cette marque et je me souviens qu'elle me fit un mal du diable.
> #### M. DU CAP-VERT
> Juste ciel j'ai donc retrouvé mes deux enfants.

Vous savez comment celui-ci est venu; c'était un petit mystère. [5]

MME RAFLE

Eh mon Dieu, oui; je les reconnais... Bonjour, mes deux espiègles.   330
Comme cela est devenu grand!

MME DU CAP-VERD

Allons, allons, n'en parlons plus. J'ai retrouvé mes trois vaga-
bonds; tout cela est à moi.

MME RAFLE *en examinant le comte et le chevalier.*

On ne peut pas s'y méprendre. Voilà vingt marques indubitables
auxquelles je les reconnais.   335

M. DU CAP-VERD

Oh! cela va tout seul, et je n'y regarde pas de si près.

LE PRÉSIDENT

Qu'est-ce que vous dites là?

LA PRÉSIDENTE

Quelles vapeurs avez-vous dans la tête?

LE CHEVALIER *se jetant aux genoux de Mme du Cap-Verd.*

Quoi, vous seriez effectivement ma mère?

338a   MS1: *se jetant à genoux.*
339   MS1: seriez en effet ma mère?

[5] Selon Destouches, le dénouement est toujours la partie honteuse d'une
comédie. En apparence celui des *Originaux* se termine par une reconnaissance
générale des plus classiques. En réalité, il s'enfonce d'abord dans un épais mystère.
Les retrouvailles ne parviennent pas à dissimuler la dissolution systématique de tous
les liens familiaux qu'elles semblent rétablir: la disparition inexpliquée de la mère,
l'éducation séparée des deux enfants chez des nourrices qui n'ont jamais révélé aux
enfants qu'ils étaient frères, des parents qui ne se sont jamais fait connaître de leurs
enfants. On accuserait l'auteur de désinvolture si la désintégration des liens
familiaux n'était poursuivie jusqu'au bout aussi systématiquement. La déconstruc-
tion secrète de tous les liens forme la structure sous-jacente qui prend fin par la
réunion de tous les Du Cap-Verd dans l'originalité révélatrice et attractive qu'ils
partagent avec la famille Bodin.

LE COMTE

Mais qu'est-ce que c'est que ça? qu'est-ce que c'est que ça? (*A*   340
M. Du Cap-Verd) Si vous êtes mon père, vous êtes donc un
homme de qualité?

M. DU CAP-VERD

Malheureux, comment as-tu fait pour le devenir, et pour être
gendre du président?

LE COMTE

Mais que me demandez-vous là? que me demandez-vous là? cela   345
s'est fait tout seul, tout uniment. Premièrement j'ai l'air d'un grand
seigneur, j'ai épousé d'abord la veuve d'un négociant qui m'a
enrichi et qui est morte; j'ai acheté des terres, je me suis fait comte,
j'ai épousé madame; je veux qu'elle soit comtesse toute sa vie.

LA COMTESSE

Dieu m'en préserve! J'ai été trop maltraitée sous ce titre.   350
Contentez-vous d'être fils de votre père, gendre de votre beau-
père, et mari de votre femme.

M. DU CAP-VERD *au comte.*

Ecoute, s'il t'arrive de faire encore le seigneur, je te romprai bras et
jambes.[6] (*Au chevalier*) Et toi, mons le freluquet, par quel hasard
es-tu dans cette maison?   355

340-41 MSI: Mais qu'est-ce que ça? qu'est-ce que c'est que ça? [*sans indication scénique*]
344 MSI: gendre de M. le Président?
345 MSI: Mais mais que
348-49 MSI: [*un espace a été laissé à la place des mots 'suis fait comte, j'ai épousé'*]
351 MSI: père, gendre de votre père [*sic*], gendre
353 MSI: seigneur, c'est-à-dire le fat, je
354 MSI: [*sans indication scénique*]
355 MSI: cette maison-ci?

[6] Cf. *Le Comte de Boursoufle*, III.iii.79-80 (Le Baron): 'Si tu perds encore le
respect à M. le comte, je te casserai bras et jambes...'

213

LE CHEVALIER

Par un dessein beaucoup plus raisonnable que le vôtre, mon père, avec le respect que je vous dois; je voulais épouser mademoiselle dont je suis amoureux, et qui me convient un peu mieux qu'à vous.

LE PRÉSIDENT

Ma foi, tout ceci n'était point dans mes éphémérides. Voilà qui est fait, je renonce à l'astrologie. 360

LA PRÉSIDENTE

Puisque ce malade ici m'a trompée, je ne veux plus me mêler de médecine.

M. DU CAP-VERD

Moi, je renonce à la mer pour le reste de ma vie.

LE COMTE

Et moi à mes sottises.

M. DU CAP-VERD

Je partage mon bien entre mes enfants, et donne cet étourdi à cette 36 étourdie-là. Je ne suis pas si malheureux; il est vrai que j'ai retrouvé ma femme, mais puisque le ciel me redonne aussi mes deux enfants, ne pensons plus qu'à nous réjouir. J'ai amené quelques Turcs avec moi, qui vont donner un petit ballet en attendant la noce.

Fin

---

361   MS 1: ce malade-ci m'a
363a-64   MS 1: [*absents*]
365   MS 1: cet étourdi-ci à
367   MS 1: aussi deux enfants
369   MS 1: vont vous donner
369a   MS 1: *Fin du troisième et dernier acte*
369c   MS 1: [*absent*]
369d   MS 1: [*sans indication scénique*]

Entrée de diverses nations.
Après la danse.

UNE TURQUE *chante.*

Tout l'Orient 370
Est un vaste couvent.
Un musulman voit à ses volontés
Obéir cent beautés.
La coutume est bien contraire en France:
Une femme sous ses lois 375
A vingt amants à la fois.
Ah! quelle différence!

Un Portugais
Est toujours aux aguets,
Et jour et nuit de son diable battu, 380
Il craint d'être cocu.
On n'est point si difficile en France:
Un mari sans craindre rien
Est cocu tout aussi bien;
Ah! quelle différence! 385

Par tout pays
On voit de sots maris,
Fesse-mathieux, ou bourrus ou jaloux;
On les respecte tous.
C'est ma foi tout autre chose en France: 390
Un seul couplet de chanson
Les met tous à la raison;
Ah! quelle différence!

374   MSI: [*absent*]
     EL: C'est, ma foi, toute autre chose en France; [7]
387   MSI: voit des sots
390-92   EL: [*absents*]

[7] Lequien releva la même variante dans le manuscrit de *Monsieur Du Cap-Vert* ayant appartenu à Pont de Veyle.

Un Allemand
Est quelquefois pesant;   39
Le sombre Anglais même dans ses amours
Veut raisonner toujours;[8]
On est bien plus raisonnable[9] en France:
Chacun sait se réjouir,
Chacun vit pour le plaisir;   40

Ah! quelle différence!
Dans l'univers
On fait de mauvais vers;
Chacun jouit du droit de rimailler
Et de nous ennuyer.   40
On y met un bon remède en France:
On inventa les sifflets
Dont Dieu nous garde à jamais!
Ah! quelle différence!

Fin   4

---

396   EL: Anglais, dans ses tristes amours,[10]
406   EL: met bon remède
407   MSI, EL: inventa des sifflets
408   MSI: nous sauve à jamais![11]

---

[8] Cf. Vanbrugh, *The Provoked wife*, V.iii (Madamoiselle à Rasor): 'Voilà un vrai Anglais! Il est amoureux, et cependant il veut raisonner. Va-t-en au diable!' (en français dans le texte).

[9] Lequien releva la variante 'bien plus agréable' dans le manuscrit de *Monsieur Du Cap-Vert* ayant appartenu à Pont de Veyle.

[10] Lequien releva la même variante dans le manuscrit de *Monsieur Du Cap-Vert* ayant appartenu à Pont de Veyle.

[11] Lequien releva la même variante dans le manuscrit de *Monsieur Du Cap-Vert* ayant appartenu à Pont de Veyle.

216

Sur Messieurs Jean Law, Melon, et Dutot

Edition critique

par

Madeleine Raaphorst

TABLE DES MATIÈRES

INTRODUCTION

1. *Le contexte*

Les questions économiques qu'on commence à discuter en France depuis la Régence et les bouleversements dus au système de Law ne peuvent laisser indifférent un esprit universel comme Voltaire, qui s'adonne aussi aux affaires et a subi l'influence de l'Angleterre, dont il admire la prospérité et le génie commercial. Réfugié à Cirey, après la bombe des *Lettres philosophiques*, Voltaire jouit de la fortune qu'il s'est acquise. D'après son secrétaire Longchamp:

M. de Voltaire à sa mort jouissait d'une grande fortune [...] Mais ce qui lui avait procuré sa grande richesse était l'emploi qu'il avait fait de son argent. Il avait été intéressé dans l'entreprise des vivres de l'armée de l'Italie, avec MM. Pâris, Pâris Du Vernez, Pavée et autres. Dans le décompte que ces messieurs firent de leur société, M. de Voltaire reçut 600 mille livres pour sa part. [1]

Bien qu'il se montre neutre et désintéressé, ce premier ouvrage de Voltaire sur la pensée économique ne doit pas être dissocié de ses propres activités financières.

La première mention de John Law dans la correspondance de Voltaire se trouve dans une lettre non datée, mais qui est sans doute de 1719 ou 1720: 'On dit que tout ce qui était à son aise est dans la misère et tout ce qui était dans la mendicité nage dans l'opulence. Est-ce une réalité? Est-ce une chimère? La moitié de la nation a-t-elle trouvé la pierre philosophale dans les moulins à papier? Law est-il un dieu, un fripon, ou un charlatan qui s'empoisonne de la drogue qu'il distribue à tout le monde?' (D84). Les poésies des mêmes années renferment quelques allusions à Law et à son

---

[1] Voir Sébastien Longchamp, *Anecdotes sur la vie privée de Monsieur de Voltaire*, BnF, n.a.fr. 130006, f.70. Il s'agit ici de la campagne d'Italie de la guerre de la Succession de Pologne en 1734. Pour la fortune de Voltaire, voir Jacques Donzet, *De quoi vivait Voltaire?* (Paris, 1949), p.37-53.

'système' mais nulle mention de sa chute et banqueroute. [2] Dans le 'Small Leningrad Notebook', datant du séjour de Voltaire en Angleterre, nous lisons: 'Marlboroug despised [the] French because he had conquerd em. Law dispisd em also because he had cheated them.' [3]

i. *John Law*

Law naquit à Edimbourg, en 1671. Après avoir été condamné à Londres pour duel, il fut obligé de s'échapper d'Angleterre en 1694 et se réfugia d'abord en France, puis à Amsterdam où il s'initia aux affaires dans la ville la plus commerçante du monde. Après la Hollande, il alla s'instruire du commerce et du crédit à Venise, Gênes, Florence, Naples et Rome.

Nanti d'une profusion d'idées sur la monnaie, il alla proposer à l'Ecosse son mémoire, *Considérations sur le numéraire et le commerce*. Rebuté, il alla offrir en vain ses services à Louis XIV et fut expulsé de France parce qu'il s'adonnait au jeu. Dès la mort du roi il revint en France où la situation financière était catastrophique. Il impressionna le Régent, Philippe d'Orléans, qui l'autorisa à fonder une 'Banque Générale' en 1716. Cette banque privée conduisit si bien ses affaires (dépôts, virements, escompte des effets) que, malgré l'opposition des receveurs des fermes et des tailles, et en particulier des frères Pâris, Law reçut l'autorisation de transformer sa 'Banque Générale' en 'Banque Royale' (1718). Il avait déjà fondé la Compagnie d'Occident en 1717. Les billets étaient désormais stipulés, non plus en écus de banque garantis par l'or, mais en livres tournois et le volume de l'émission pouvait être fixé arbitrairement par le pouvoir royal. Les Compagnies du Sénégal, des Indes occidentales et de la Chine fusionnèrent avec sa Compagnie d'Occident qui prit le nom de Compagnie perpétuelle des Indes (1719).

[2] *OCV*, t.1B, p.380, 437, 439.
[3] *Notebooks*, *OCV*, t.81, p.55.

Law acheta alors la concession de la fabrication des monnaies, les offices des receveurs généraux et des fermes dont il se fit des ennemis. Ce fut le 'système'. Les émissions d'actions se succédèrent rapidement, la spéculation à la hausse s'ensuivit ainsi que l'agiotage sur les billets de banque. L'optimisme ne dura que peu de temps car les dividendes des actions étaient dérisoires par rapport à leur cours, à cause des difficultés de la colonisation. La confiance se transforma en panique jusqu'au moment où la banque cessa ses remboursements. Law dut s'exiler de la France; par ironie, la Compagnie des Indes prenait juste son essor et, malgré son écrasement par la liquidation de la Banque dont elle assuma les dettes, elle allait survivre à la catastrophe encore près de cinquante ans.

L'échec de Law retarda en France de près d'un demi-siècle le développement du crédit, à cause de la suspicion du public pour la monnaie de papier. La hausse des prix avait pourtant redonné un coup de fouet à l'économie et l'Etat lui-même en profita puisque la dette publique fut fortement réduite, après la liquidation du système. [4]

ii. *Jean-François Melon*

Melon naquit à Tulle, en 1675, d'une famille de robe. Ses études juridiques terminées, il s'établit à Bordeaux où la littérature l'attira plus que le barreau. En 1712, il forma une petite académie dont le duc de La Force fut le protecteur. Ce dernier, devenu membre du Conseil des Finances sous la Régence, fit venir Melon auprès du banquier Pâris-Duverney pour travailler dans ses bureaux. Après divers postes dans la ferme à Bordeaux, ainsi qu'un bref séjour en Angleterre, Melon devint le secrétaire de John Law jusqu'à la chute du 'système' en 1720. Il passa ensuite au service du Régent jusqu'à

---

[4] Voltaire parle de Law et de son 'système' dans, par exemple, *L'Opinion en alphabet*, article 'Banque' (*M*, t.17, p.536), et le *Précis du siècle de Louis XV*, ch.2, et 23-24.

la mort de ce dernier. Rentré dans la vie privée, son *Essai politique sur le commerce* fit sa renommée. Il mourut le 24 janvier 1738.

Melon est le premier théoricien français du mercantilisme que Colbert pratiquait déjà: Voltaire l'appelle 'Colbert Melon' (D1279). Le mercantilisme doit son appellation à ses critiques libéraux des dix-huitième et dix-neuvième siècles. Il est le reflet, à partir de la Renaissance, de deux faits, l'afflux des richesses et l'essor de la monarchie en France. S'adaptant à la mentalité des divers pays, il a un fonds commun: métallisme, productivisme et nationalisme. Détaché sur le plan moral de la position médiévale, le mercantilisme sépare l'économie de toute préoccupation éthique et préconise la recherche de la richesse. L'abondance d'argent, de métal précieux, est pour un Etat synonyme de puissance et de grandeur. Pour stimuler la production, il faut aussi une grande population, et la balance du commerce doit être favorable pour constituer un trésor national.

Colbert annonçait d'autres temps par sa volonté de promouvoir le progrès industriel en y appliquant toutes les classes et toutes les forces de la nation, hommes, capitaux, techniques. Ce n'est qu'avec le déclin de l'économie d'Ancien Régime et l'élévation de l'économie libérale liée à la richesse de la bourgeoisie que s'opère la transformation d'une société *subordonnée* au prince en une société *indépendante*: 'La hiérarchie, la discipline, l'ordre [...], voilà ce qu'aimaient les hommes du XVIIᵉ siècle. Les contraintes, l'autorité, les dogmes, voilà ce que détestent les hommes du XVIIIᵉ [...] La majorité des Français pensaient comme Bossuet; tout d'un coup, les Français pensent comme Voltaire: c'est une révolution.'[5]

En 1734 Melon publiait anonymement en Hollande un *Essai politique sur le commerce*.[6] L'entrée de l'ouvrage en France fut interdite, mais Prévost, évidemment lié avec Melon, en publia le

---

[5] P. Hazard, *La Crise de la conscience européenne* (Paris, 1939).

[6] *Essai politique sur le commerce, par M.M.* (s.l., 1734), 264 p.; réimpression (Amsterdam, chez P. Changuion [1735]), 251 p.; 2ᵉ édition, augmentée de sept chapitres (s.l., 1736), 399 p.

compte rendu dans *Le Pour et Contre*.[7] Voltaire, dans sa retraite, eut vent du succès de l'ouvrage. Le 26 janvier 1735 il s'enquérait de l'œuvre auprès de J. B. N. Formont (D837):

On m'a parlé aussi d'un *Traité sur le commerce*, de M. Melon; la suppression de son livre ne m'en donne pas une meilleure idée: car je me souviens qu'il nous régala il y a quelques années d'un certain *Mahmoud*,[8] qui pour être défendu n'en était pas moins mauvais. Je veux lire cependant son *Traité sur le commerce*; car, au bout du compte, M. Melon a du sens et des connaissances, et il est plus propre à faire un ouvrage de calcul qu'un roman.

Pendant son séjour à Paris, en 1736, Voltaire rencontra Melon qui lui donnait un exemplaire de la seconde édition de son *Essai*;[9] nous voyons quelques allusions à leur connaissance dans la correspondance après le retour de Voltaire à Cirey: 'Ne m'oubliez pas auprès de MM. Dubos et Melon. Nous ne jetons point au feu les réflexions sur la peinture, ni la ligue de Cambrai, ni l'*Essai sur le commerce*: libellum aureaum.'[10] Le jour avant la mort de Melon Voltaire écrivit à Thiriot: 'Je suis sensiblement touché du danger de pauvre Melon. C'est un des hommes du monde que j'estime le plus. Au nom de Dieu dites-lui combien je m'intéresse à lui. Mme Du Châtelet qui a beaucoup lu son livre, aime comme moi l'auteur' (D1436). Par la suite, Voltaire resta constamment fidèle aux idées économiques formées entre 1735 et 1738, sous l'influence de Melon.[11]

Le premier résultat de la lecture du livre de Melon, et en

---

[7] *Le Pour et Contre*, t.5 (1734), p.327-28; voir Marie-Rose de Labriolle, *Le 'Pour et Contre' et son temps*, *SVEC* 35 (1965), p.531-38.

[8] *Mahmoud le Gasnévide* (Rotterdam, 1730), satire de la Régence.

[9] Voir appendice, lignes 9-11. Cette édition se trouve dans la bibliothèque de Voltaire (BV2386) marquée de plusieurs signes de lecture. Melon était également lié à Maupertuis, qui en a parlé sans doute à Mme Du Châtelet.

[10] D1181; 24 octobre 1736 à Berger. Voir également D1202.

[11] Voir Roger Charbonnaud, *Les Idées économiques de Voltaire* (Angoulème, 1907). Voir également Maupertuis: 'le commerce, les finances, la population: science si nouvelle parmi nous qu'elle n'y a point de nom. C'est chez nos voisins qu'elle est née: et elle y demeura jusqu'à ce que M. Melon lui fit passer la mer. Ce n'est point dans le moment l'amitié qui m'aveugle, ni la mémoire d'un ami qui est mort entre

particulier de son chapitre 'Du luxe' qu'admira Voltaire, apparaît dans *Le Mondain* (1736) et *La Défense du Mondain* (1737). [12] En plus, Voltaire se sert du nom de Melon pour mettre en tête d'une lettre fictive en défense du *Mondain*. [13]

Ce qui ne veut pas dire que Voltaire accepta complètement toutes les idées de Melon. D'accord avec l'auteur de l'*Essai politique sur le commerce* sur une majorité de questions, luxe, agriculture, commerce des grains et des denrées, il condamna par exemple le servage et l'esclavage défendus avec acharnement par Melon. En matière économique, il n'adhéra pas complètement au mercantilisme, et il combattit les deux dogmes de base de la physiocratie: l'impôt unique et l'improductivité du commerce. Voltaire se forgea avec esprit critique un certain nombre d'idées et il aborda l'économie en accord avec sa croyance au progrès matériel et à l'amélioration de la condition physique de l'homme et, comme Turgot et Condorcet le feront plus tard, il distingue les phénomènes moraux des phénomènes économiques.

Le but principal de Voltaire dans notre texte, pourtant, est de répondre non à Melon lui-même mais au commentaire sur son ouvrage par Dutot.

iii. *Dutot*

Dutot fut l'un des caissiers de la Compagnie des Indes du temps de Law; son nom subsiste dans l'histoire de la pensée économique

---

mes bras; mais je ne craindrai point de mettre son Essai politique sur le commerce dans le rang de ce qu'il y a de mieux dans le livre de l'esprit des lois' (*Eloge de Monsieur de Montesquieu*, Berlin, 1755, cité dans D. Beeson, *Maupertuis: an intellectual biography*, *SVEC* 299, 1992, p.256).

[12] Ellen Ross, 'Mandeville, Melon and Voltaire: the origins of the luxury controversy in France', dans *Transactions of the fourth international congress of the Enlightenment*, *SVEC* 155 (1972), p.1897-1912.

[13] 'Lettre de M. de Melon, ci-devant secrétaire du régent du royaume, à Mme la comtesse de Verrue sur l'Apologie du luxe', *OCV*, t.16, p.310. La Lettre fut imprimée pour la première fois dans le volume 4 des *Œuvres de M. de Voltaire* publié par Ledet en 1738-1739. Il est à supposer que cet emprunt du nom de Melon est postérieur à la mort de ce dernier en janvier 1738.

grâce à ses *Réflexions politiques sur les finances et le commerce.*[14] S'adressant à ses confrères financiers, banquiers et négociants, Dutot présente ses réflexions dans le cadre d'une documentation de type comptable dont l'abondance, qui fait l'attrait des uns, peut facilement rebuter d'autres lecteurs, ainsi qu'en témoignent les *Observations sur les écrits modernes*: 'Le grand nombre de calculs que cet ouvrage renferme doit effrayer quelques lecteurs. Mais on peut, sans faire beaucoup de grâce à l'auteur, en supposer la fidélité et l'exactitude: alors il n'y aura qu'à s'arrêter aux conséquences, qui sont à la portée de tout le monde.'[15]

Les *Réflexions* furent publiées pour la première fois en 1735, dans trois lettres adressées à Melon. Dutot compléta le travail en 1736 et le réunit dans un seul volume en 1738, qui, selon *Le Pour et Contre* (t.15, p.317), sortit des presses hollandaises le jour même de la mort de Melon. En 1741 Dutot entreprit la rédaction d'une troisième partie contenant ses réponses à ses critiques, les frères Pâris en particulier. La date de sa mort n'est pas connue, vraisemblablement 1741 ou 1742, et ce manuscrit est resté quasi inconnu et inédit jusqu'au début du vingtième siècle.

Melon admettait l'importance de la fixité de la monnaie mais prétendait que son affaiblissement dans les crises financières de l'Etat devenait une ressource dont la politique commandait l'usage, et dont l'emploi n'était pas désavoué par la morale, parce qu'il favorisait les débiteurs qui sont en plus grand nombre que les créanciers. Voltaire était d'accord sur ce point.

Dutot écrivit la première partie de ses *Réflexions* pour réfuter ces idées mais aussi pour faire l'apologie du système de Law dont il était l'admirateur, et pour exposer ses idées sur le crédit, le commerce et les finances. Il complète le livre de Melon pour l'histoire économique et financière de la fin du dix-septième siècle

---

[14] La Haye, 1738; éd. P. Harsin (Liège, 1935).
[15] *Observations sur les écrits modernes*, t.12 (1738), p.163.

et du début du dix-huitième siècle. La seconde partie se concentre sur la hausse des monnaies, c'est-à-dire l'inflation. [16]

Grâce aux calculs et tableaux minutieux qu'il rapporte, le travail de Dutot attirait l'attention de plusieurs théoriciens du commerce et de l'économie au dix-huitième siècle. [17] Voltaire lui-même s'en sert pour plusieurs passages du *Dialogue entre un philosophe et un contrôleur-général des finances* (1751) et de *L'Homme aux quarante écus* (1768). [18] Bien que Dutot prenne grand soin de préciser les sources de ses calculs, la présentation de ses données évoque le caissier et les rend difficiles à suivre.

2. *Composition et publication*

Comme nous l'avons vu, Voltaire possédait l'*Essai politique* de Melon depuis 1735. Le 18 mai 1738, quatre mois après la mort de Melon, il avait déjà reçu l'ouvrage de Dutot: 'Voici encore un autre livre que je vais dévorer', écrit-il à Thiriot, 'C'est la réponse à feu Melon. Comment nommez vous l'auteur? Je veux savoir son nom, car vous l'estimez' (D1505). Il s'empresse de le lire et, moins d'un mois après, il consigne ses réflexions et les envoie à Thiriot. Le 23 juin il se plaint à Thiriot d'erreurs du copiste, [19] lui demande de les faire rectifier, et 'si vous jugez cet écrit digne de l'impression, chargez en le Pour et Contre, et que j'aie la satisfaction de voir votre nom et le mien unis comme nos cœurs le sont depuis plus de vingt ans' (D1531). Le livre de Dutot avait déjà fait l'objet d'un débat entre les *Observations sur les écrits modernes* et le *Pour et*

---

[16] Le manuscrit, cru autographe, se trouve à la Bibliothèque de l'Arsenal, ms. 4059. Il fut édité par P. Harsin dans son édition citée ci-dessus.

[17] Par exemple David Hume; voir Peter Groenewegen, 'La "French connection": influences françaises sur l'économie britannique' (trad. de l'anglais par G. Klotz), *Dix-huitième Siècle* 26 (1994), p.15-35.

[18] *OCV*, t.32A; *OCV*, t.66.

[19] Voir appendice, lignes 82-85 et note.

Contre,[20] et Thiriot s'empressait de publier la lettre de Voltaire: le 24 juillet Frédéric accuse réception d'un exemplaire envoyé par Thiriot (D1564).[21] Le 24 octobre Mme Du Châtelet en parle à Maupertuis: 'Le livre de M. Dutot m'a ennuyé pour le peu que j'en ai lu, et celui de M. Melon m'a fait un plaisir infini. La lettre de M. de V. m'a paru bien écrite et sensée' (D1636). Le même texte était imprimé en 1739 dans la *Bibliothèque française ou Histoire littéraire de la France*, sous le titre 'Lettre de M. de Voltaire à M. Tiriot sur le livre de M. du Tot'.[22]

Une version révisée et plus élaborée, sous forme de deux lettres, était incluse dans l'édition des *Œuvres* de 1738 (volume 6, 1745); le titre, et le texte sont modifiés pour inclure aussi Law et plusieurs alinéas sont ajoutés à la fin. Pour l'édition de Dresde, 1748, deux petites notes sont ajoutées afin de mettre le texte à jour. A partir de 1752 le mot 'Lettre' disparaît du titre, mais le texte restera inchangé dans toutes les éditions successives, à l'exception de variantes insignifiantes d'orthographe dues aux fautes ou particularités d'impression. A partir de 1761 le texte est suivi par le premier état de la *Lettre à Monsieur T*. L'édition de Kehl adopte une nouvelle présentation et modifie le titre, les deux parties du texte ont été unifiées et sont précédées du début de la lettre à Thiriot parue dans le *Pour et Contre*. L'édition Moland supprime l'envoi à Thiriot, en suivant Beuchot, et modifie aussi l'orthographe de Law.[23]

[20] *Observations sur les écrits modernes*, 22 février 1738, lettre 172, p.163-65, et 13 mars 1738, lettre 176, p.241-64; *Le Pour et Contre*, 1738, t.15, no.209, p.26-42. Prévost, indigné que Dutot ait semblé avoir attendu la mort de Melon pour faire paraître son livre, critiqua les *Réflexions* afin de défendre son ami.

[21] D1564. La même livraison comprend également un compte rendu détaillé des *Eléments de la philosophie de Newton*, auquel Voltaire répond au début du mois d'août (D1571).

[22] *Bibliothèque française ou histoire littéraire de la France* (Amsterdam, chez H. du Sauzet, 1739), t.29, 1ʳᵉ partie, p.108-21.

[23] Law fut toujours correctement écrit dans toutes les éditions de Voltaire, c'est Moland qui en modifia l'orthographe pour correspondre à la déformation de la prononciation française (voir *M*, t.15, p.60n).

3. *Editions*

PC

Le Pour et Contre, tome 15, no.222 (1738), p.296-312: Lettre de M. de Voltaire sur l'ouvrage de M. du Tot et sur celui de M. Melon.

Voir Bengesco 1567 (t.2, p.25-26).[24]

BF

Bibliothèque française ou histoire littéraire de la France (Amsterdam, Du Sauzet), tome 29 (1739), p.108-21: Lettre de M. de Voltaire à M. Tiriot sur le livre de M. du Tot.

w38 (1745)

Œuvres de M. de Voltaire. Amsterdam, Ledet [ou] Desbordes, 1738-1756. 9 vol. 8°.

Tome 6, contenant des pièces qui ne se trouvaient pas dans cette édition et d'autres morceaux très curieux qui n'ont jamais parus jusqu'au présent. A Amsterdam, chez Etienne Ledet et Cie (1745), p.329-43: Lettre sur messieurs Jean Law, Melon, et Dutot. Seconde lettre sur le même sujet dans laquelle on traite des changements dans les monnaies, du luxe des peuples, et du revenu des rois.[25]

Une note en bas de la première page indique que 'Cette lettre a été imprimée dans les journaux toute défigurée'. Le texte de w38 comporte quelques légères retouches de style, comme, par exemple, les leçons 'blanches' au lieu de 'blanche' (ligne 130), '*où*' pour '*ou*' (ligne 220) et 'armées' pour 'armes' (ligne 314).

Bengesco 2120 (iv. 10-11); Trapnell 39A; BnC 12-14.

Paris, BnF: Rés. Z Beuchot 7.

[24] Bengesco (t.1, p.193n) annonce qu'un fragment du texte, intitulé 'Sur le luxe', figure dans une brochure in-12, sans lieu ni date. Les autres pièces contenues dans la brochure, *La Défense du Mondain* et *Le Mondain*, font supposer qu'il s'agit d'une édition de 1739.

[25] Pour la collation de cette édition nous sommes redevables à Anne-Sophie Barrovecchio.

w43 (1745)

Œuvres de M. de Voltaire. Amsterdam [ou] Leipzig, Arckstée et Merkus, 1743-1745. 6 vol. 8°.

Réimpression de w38.

Tome 6 (1745), p.329-43: Lettre sur messieurs Jean Law, Melon, et Dutot. Seconde lettre sur le même sujet dans laquelle on traite des changements dans les monnaies, du luxe des peuples, et du revenu des rois.

Bengesco 2126; Trapnell 43.

Köln, Universitäts und Stadtbibliothek: S23/5856; PU. 3298/1743. Paris, BnF: Rés. Z. Bengesco 469.

w46

Œuvres diverses de M. de Voltaire. Londres [Trévoux], Nourse, 1746. 6 vol. 12°.

Tome 6, p.324-40: Lettre sur Messieurs Jean Law, Melon et Dutot. Seconde lettre sur le même sujet dans laquelle on traite des changements dans les monnaies, du luxe des peuples, et du revenu des rois.

Bengesco 2127; Trapnell 46; BnC 25-26.

Bamberg, Staatsbibliothek. Paris, Arsenal: THEAT. N. 1043; BnF: Rés. Z Beuchot 8 (4).

w48D

Œuvres de M. de Voltaire. Dresde, Walther, 1748-1754. 10 vol. 8°.

Edition publiée avec la participation de Voltaire.

Tome 2, p.230-41: Lettre sur Messieurs Jean Law, Melon et Dutot. Seconde lettre sur le même sujet, dans laquelle on traite des changements dans les monnaies, du luxe des peuples, et du revenu des rois.

Bengesco 2129; Trapnell 48D; BnC 28-35.

Oxford, Taylor V1 1748 (2). Paris, BnF: Rés. Z Beuchot 12 (2). Bengesco 70.

W50

La Henriade et autres ouvrages. Londres [Rouen], Société, 1750-1752. 10 vol. 12°.

Aucune évidence de la participation de Voltaire.

Tome 2 (Mélanges de littérature et de philosophie), p.354-70: I. Lettre sur Messieurs Jean Law, Melon, et Dutot. II. Lettre sur le même sujet dans laquelle on traite des changements dans les monnaies, du luxe des peuples, et du revenu des rois.

Bengesco 2130; Trapnell 50R; BnC 39.

Genève, ImV: A 1751/1 (2). Grenoble, Bibliothèque municipale: f1887.

W51P

Œuvres de M. de Voltaire. [Paris, Lambert] 1751. 11 vol. 12°.

Suit w48D, avec additions et corrections. Edition produite avec la participation de Voltaire.

Tome 11 (Mélanges de littérature et de philosophie), p.156-60, 171-81 (pagination irrégulière): I. Lettre sur Messieurs Jean Law, Melon, et Dutot. Seconde lettre sur le même sujet dans laquelle on traite des changements dans les monnaies, du luxe des peuples, et du revenu des rois.

Bengesco 2131; Trapnell 51P; BnC 40-41.

Paris, BnF: BN. Rés. Z. Beuchot 13, Z.28783-28793.

W52

Œuvres de M. de Voltaire. Dresde, Walther, 1752. 9 vol. 8°.

Suit w48D, avec des additions. Edition produite avec la participation de Voltaire.

Tome 2, p.215-27: ch.39, Sur messieurs Jean Law, Melon et Dutot; ch.40, Des monnaies, du luxe des peuples et du revenu des rois.

Bengesco 2132; Trapnell 52 et 70X; BnC 36-38.

Oxford, Taylor: V1 1752. Paris, BnF: Rés. Z Beuchot 14 (2). Vienne, Österreichische Nationalbibliothek: *38 L 1.

w56

Collection complète des œuvres de M. de Voltaire. [Genève, Cramer] 1756. 17 vol. 8°.

La première édition Cramer; produite avec la participation de Voltaire.

Tome 4 (Mélanges de littérature, d'histoire et de philosophie), p.262-76: ch.44, Sur Messieurs Jean Law, Melon et Dutot sur le commerce et le luxe; ch.45, Des monnaies et du revenu des rois.

Bengesco 2133; Trapnell 56, 57G; BnC 55-56.

Oxford, Taylor: VF. Paris, Arsenal: 8° B 34 048 (4); BnF: Z 24585.

w57G

Collection complète des œuvres de M. de Voltaire. [Genève, Cramer] 1757. 10 vol. 8°.

Edition basée sur w56, avec la participation de Voltaire.

Tome 4 (Mélanges de littérature, d'histoire et de philosophie), p.262-76: ch.44, Sur Messieurs Jean Law, Melon et Dutot sur le commerce et le luxe; ch.45, Des monnaies et du revenu des rois.

Bengesco 2134; Trapnell 56, 57G; BnC 67.

Paris, BnF: Rés. Z Beuchot 21 (4).

w57P

Œuvres de M. de Voltaire. [Paris, Lambert] 1757. 22 vol. 12°.

Edition basée en partie sur w56 et produite avec la participation de Voltaire.

Tome 7 (Mélanges de philosophie, de littérature et d'histoire), p.456-75: ch.57, Sur Messieurs Jean Law, Melon et Dutot sur le commerce et sur le luxe; ch.58, Des monnaies, et du revenu des rois.

Bengesco 2135; Trapnell 57P; BnC 45-54.

Bordeaux: B. 10.540. Oxford, Taylor: VF. Paris, BnF: Z 24642-24663.

TS61

Troisième suite des mélanges de poésie, de littérature, d'histoire et de philosophie. [Paris, Prault,] 1761. 1 vol. 8°, avec le titre de w57G.

Tome 19, p.231-42: Lettre à Monsieur T** sur l'ouvrage de Monsieur du Tot, et sur celui de Monsieur Melon, 1738.

Bengesco 2209; Trapnell 61G/61P; BnC 84-85.

Oxford, Taylor: V1 1761 (2). Paris, BnF: Z 24594, Rés. Z. Beuchot 21.

W64G

Collection complète des œuvres de M. de Voltaire. [Genève, Cramer] 1764. 10 vol. 8°.

Edition basée sur w57G, produite avec la participation de Voltaire.

Tome 4 (Mélanges de littérature, d'histoire et de philosophie), p.266-73: ch.44, Sur Messieurs Jean Law, Melon, et Dutot sur le commerce et sur le luxe; ch.45, Des monnoies, et du revenu des rois; 274-81: Lettre à Monsieur T**. Sur l'ouvrage de M. Du Tot, et sur celui de M. Melon 1738.

Bengesco 2133; Trapnell 64; BnC 89.

Oxford, Merton College; Taylor: V1 1764 (4); VF.

W70G

Collection complète des œuvres de M. de Voltaire. [Genève, Cramer] 1770. 10 vol. 8°.

Nouvelle édition de w64G.

Tome 4 (Mélanges de littérature, d'histoire et de philosophie), p.266-73: ch.44, Sur Messieurs Jean Law, Melon, et Dutot sur le commerce et sur le luxe; ch.45, Des monnoies, et du revenu des rois; 274-81: Lettre à Monsieur T**. Sur l'ouvrage de M. Du Tot, et sur celui de M. Melon 1738.

Bengesco 2133; Trapnell 64, 70G; BnC 90-91.

Cambridge, Mass., Harvard: 39543/1764. Oxford, Taylor: V1 1770G/1 (4). Paris, Arsenal: 8 BL 34054 (4).

w64r

Collection complette des œuvres de M. de Voltaire. Amsterdam, Compagnie [Rouen, Machuel], 1764. 22 tomes in 18 vol. 12°.

Tome 6, p.72-88: Lettre sur Messieurs Jean Law, Melon et Dutot. II. Lettre sur le même sujet, dans laquelle on traite des changements dans les monnaies, du luxe des peuples, du revenu des rois.

Tome 17, p.519-28: Lettre à Monsieur T**. sur l'ouvrage de Monsieur Du Tot, et sur celui de Monsieur Melon, 1738.

Bengesco 2136; Trapnell 64r; BnC 145-48.

Paris, BnF: Rés. Z Beuchot 26.

w68

Collection complette des Œuvres de M. de Voltaire. [Genève, Cramer; Paris, Panckoucke] 1768-1777. 30 vol. 4°.

Tomes 1-24 produites par Cramer avec la participation de Voltaire.

Tome 15 (Mélanges philosophiques, littéraires, historiques etc, 11), p.152-57, Sur Messieurs Jean Law, Melon et Dutot sur le commerce et sur le luxe; p.157-61, Des monnaies et du revenu des rois; p.162-70, Lettre à M. T** sur l'ouvrage de M. Dutot et de M. Melon 1738.

Bengesco 2137; Trapnell 68; BnC 141-44.

Londres, BL: 94.f. 1-19 et 94.g. 1-11. Oxford, Taylor: VF. Paris, BnF: Rés. M Z 587.

w70g

Collection complète des œuvres de M. de Voltaire. [Genève, Cramer] 1770. 10 vol. 8°.

Nouvelle édition de w64g.

Tome 4 (Mélanges de littérature, d'histoire et de philosophie), p.266-93: ch.44, Sur Messieurs Jean Law, Melon et Dutot sur le commerce et sur le luxe; ch.45 Des monnaies et du revenu des rois.

Bengesco 2133; Trapnell 64, 70g; BnC 90-91.

Oxford, Taylor: V1 1770G/1 (4). Paris, Arsenal: 8 BL 34054 (4).

W70L

Collection complète des œuvres de M. de Voltaire. Lausanne, Grasset, 1770-1781. 57 vol. 8°.

Tome 27 (Mélanges de philosophie, de morale et de politique), p.239-56: Sur Messieurs Jean Law, Melon et Dutot sur le commerce et sur le luxe. Des monnaies et du revenu des rois. Lettre (a) à M. T** sur l'ouvrage de M. Dutot et sur celui de M. Melon 1738.

Bengesco 2138; Trapnell 70L; BnC 149 (1-6, 14-21, 25).

Genève, ImV: A 1770/4. Lausanne, Bibliothèque cantonale et universitaire. Oxford, Taylor: V1 1770 L (27). Vienne, Österreichische Nationalbibliothek: 407.981-B.

W72X

Collection complette des Œuvres de M. de Voltaire. Dernière édition. Tome 4 (Mélanges de littérature, d'histoire et de philosophie), p.266-93: ch.44, Sur Messieurs Jean Law, Melon et Dutot sur le commerce et sur le luxe; ch.45 Des monnaies et du revenu des rois.

Bengesco 2133; Trapnell 72X; BnC 92, 105.

Oxford, Taylor: V1 1770G/2. Paris, BnF: 8° Yth. 5949. Vienne, Österreichische Nationalbibliothek: *38.Bb.14; Stockholm.

W72P

Œuvres de M. de V... Neuchâtel [Paris, Panckoucke] 1772-1777. 34 ou 40 vol. 8° et 12°.

Reproduit le texte de w68.

Tome 17 (Mélanges), p309-43: Sur Messieurs Jean Law, Melon et Dutot sur le commerce et sur le luxe; Des monnaies et du revenu des rois. Lettre (I) à Monsieur T** sur l'ouvrage de M. Du Tot, et sur celui de M. Melon, 1738.

Bengesco 2140; Trapnell 72P; BnC 153-57.

Paris, Arsenal: Rf. 14095; BnF: Z. 24802.

234

w75G

La Henriade, divers autres poèmes et toutes les pièces relatives à l'épopée. Genève, [Cramer & Bardin] 1775. 37 [40] vol. 8°.

L'édition *encadrée*, produite en partie avec la participation de Voltaire.

Tome 33 (Mélanges de littérature d'histoire et de philosophie, 1), p.193-204: Sur Messieurs Jean Law, Melon, et Dutot, sur le commerce et sur le luxe. Des monnaies et du revenu des rois. Lettre à Monsieur T** sur l'ouvrage de M. Dutot, et sur celui de M. Melon, 1738.

Bengesco 2141; Trapnell 75G; BnC 158-61.

Genève, ImV: A 1775/2 (33). Oxford, Taylor: V1 1775 (33); VF. Paris, BnF: Z 24871, Rés. Z. Beuchot 32 (33).

K

Œuvres complètes de Voltaire. [Kehl,] Société littéraire-typographique, 1784-1789. 70 vol. 8°.

Tome 29 (Politique et législation, 1), p.145-60: Lettre à M. T***, sur l'ouvrage de M. Melon, et sur celui de M. Dutot. / 1738. Observations sur MM. Jean Law, Melon et Dutot sur le commerce, le luxe, les monnaies et les impots. / 1738.

Bengesco 2142; Trapnell K; BnC 164-69.

Oxford, Taylor: V1 1785/2 (29); VF. Paris, BnF: Rés. P Z 2209 (29), Rés. Z. 609.

4. *Principes de cette édition*

Nous avons choisi comme version le texte de l'édition de w75G, la dernière version de ses œuvres revues par Voltaire. Nous n'avons pas jugé utile de donner intégralement la 'Lettre à Monsieur T.' qui figure dans les éditions, à partir de 1761 avec la note: 'On ne sera pas fâché de trouver ici la première façon de cette lettre', car elle n'est que le canevas du texte révisé par Voltaire pour ses *Œuvres.* Nous avons pourtant reproduit en appendice l'envoi à Thiriot qui figurait dans le *Pour et Contre* et *La Bibliothèque française.* Le texte de base est w75G. Les variantes importantes sont tirées de PC, BF, w38, w48D, w52, w53, w56, w57G, w64G, w68 et K.

Traitement du texte de base

Nous avons respecté pour l'essentiel la ponctuation du texte de base. Nous avons pourtant jugé utile pour le lecteur d'introduire les légers changements suivants:

– ligne 28: remplacement du point-virgule après le mot *Allemagne* par une virgule.
– ligne 87: suppression de la virgule après *Pérou*.
– ligne 263: suppression de la virgule entre les mots *nation* et *étant* et son remplacement après le mot *comment*.

L'orthographe des noms propres a été respectée, ainsi que les italiques, sauf pour les noms propres.

Le texte de base a fait l'objet d'une modernisation portant sur la graphie, l'accentuation et la grammaire. Les particularités du texte de base dans ces trois domaines sont les suivantes:

I. Particularités de la graphie

1. Consonnes

– absence de la consonne *p* dans: longtems, tems.
– absence de la consonne *t* dans les finales en -*ens* ou -*ans* dans: changemens, enfans, mendians, précédens, talens.
– redoublement d'une consonne dans: appellions, appellons, éclorre.
– présence d'une seule consonne là où l'usage actuel prescrit son doublement: falait, falu.

2. Voyelles

– emploi de la voyelle *e* à la place de *a* dans: inadvertences.
– emploi de la voyelle *o* à la place de *a* dans: monnoie.
– emploi de la voyelle *y* à la place de *i* dans: chymie, voye.

3. Majuscules

– présence d'une majuscule aux mots adjectifs: Allemands, Espagnol, Européanes, Romain.
– – et aux mois de l'année: Août.
– absence d'une majuscule aux mots suivants: capitole, état, le louvre, nouveau monde.

4. Abréviations
– Mr. pour M.

5. Le trait d'union
– est présent dans: à-peu-près, au-lieu, aussi-bien, Jules-César, petit-à-petit, tout-d'un-coup.

6. Graphies particulières
– l'orthographe moderne a été rétablie dans: encor.
– L'esperluette est employée.

II. Particularités d'accentuation

1. L'accent aigu
– est présent au lieu de l'accent grave dans: cinquiéme, dixiéme, piéce(s), seiziéme, siécle, siége, sixiéme, soixantiéme, vingtiéme.
– est absent dans: chetive, defendre.
– est présent à la place de *ed* dans: pié.

2. L'accent grave
– est absent dans: déja.

3. L'accent circonflexe
– est présent dans: toûjours.
– est présent au lieu de l'accent grave dans: systême.
– est absent dans: ames, eumes, primes.

III. Particularités grammaticales
– l'adjectif numéral cardinal 'cent' demeure invariable quand il est multiplié: deux cent ans, etc.

SUR MESSIEURS JEAN LAW, MELON,
ET DUTOT

Sur le commerce et sur le luxe

On entend mieux le commerce en France depuis vingt ans, qu'on ne l'a connu depuis Pharamond[1] jusqu'à Louis XIV. C'était auparavant un art caché, une espèce de chimie entre les mains de trois ou quatre hommes qui faisaient en effet de l'or, et qui ne disaient pas leur secret. Le gros de la nation était d'une ignorance si 5 profonde sur ce secret important, qu'il n'y avait guère de ministre ni de juge qui sût ce que c'était que des *actions*, des *primes*, le *change*, un *dividende*. Il a fallu qu'un Ecossais, nommé Jean Law, soit venu en France, et ait bouleversé toute l'économie de notre gouvernement pour nous instruire. Il osa, dans le plus horrible dérangement 10 de nos finances, dans la disette la plus générale, établir une banque et une compagnie des Indes. C'était l'émétique à des malades; nous en prîmes trop, et nous eûmes des convulsions. Mais enfin, des débris de son système, il nous resta une compagnie des Indes avec cinquante millions de fonds. Qu'eût-ce été, si nous n'avions pris de 15 la drogue que la dose qu'il fallait? Le corps de l'Etat serait, je crois, le plus robuste et le plus puissant de l'univers.

Il régnait encore un préjugé si grossier parmi nous, quand la présente compagnie des Indes fut établie, que la Sorbonne déclara

a-c   PC: Lettre de M. de Voltaire sur l'ouvrage de M. du Tot et sur celui de M. Melon//

　　　BF: Lettre de M. de Voltaire à M. Tiriot sur le livre de M. du Tot//

　　　w38, w48D: Lettre sur Messieurs Jean Law, Melon et Dutot// [*avec note en bas de page:* Cette lettre a été imprimée dans les journaux toute défigurée]

　　　K: Observations sur MM. Jean Law, Melon et Dutot sur le commerce, le luxe, les monnaies et les impôts

1-48   PC, BF: [*voir Appendice*]

[1] Pharamond, chef franc dont la légende a fait le premier roi des francs saliens. Il aurait vécut au début du cinquième siècle.

usuraire le dividende des actions. C'est ainsi qu'on accusa de   20
sortilège en 1470 les imprimeurs allemands qui vinrent exercer leur
profession en France.[2]

Nous autres Français, il le faut avouer, nous sommes venus bien
tard en tout genre; nos premiers pas dans les arts ont été de nous
opposer à l'introduction des vérités qui nous venaient d'ailleurs;   25
nous avons soutenu des thèses contre la circulation du sang,
démontrée en Angleterre;[3] contre le mouvement de la terre,
prouvé en Allemagne, on a proscrit par arrêt jusqu'à des remèdes
salutaires.[4] Annoncer des vérités, proposer quelque chose d'utile
aux hommes, c'est une recette sûre pour être persécuté. Jean Law,   30
cet Ecossais à qui nous devons notre compagnie des Indes et
l'intelligence du commerce, a été chassé de France, et est mort dans
la misère à Venise; et cependant, nous qui avions à peine trois cents
gros vaisseaux marchands quand il proposa son système, (a) nous
en avons aujourd'hui dix-huit cents. Nous les lui devons, et nous   35
sommes loin de la reconnaissance.

Les principes du commerce sont à présent connus de tout le
monde; nous commençons à avoir de bons livres sur cette matière.
L'*Essai sur le commerce* de M. Melon est l'ouvrage d'un homme

(a) Ceci ait été écrit en 1738.

21   w38, w48D, w56, w57G, w64G: 1570
21   w38, w48D: leur métier en
23   w38: il faut l'avouer
33   w38, w48D: trois cents vaisseaux
34   w38, PC, BF: [*note (a) absente*]
n.a   w48D: Ceci était écrit
37   w38, w48D: sont aujourd'hui connus

[2] Cf. *Essai sur les mœurs*, ch.94 (éd. R. Pomeau, Paris, 1990, t.2, p.8).
[3] La circulation harvéyenne fut opposée en France surtout par l'anatomiste Jean
Riolan II (1580-1657), dont les *Œuvres anatomiques* parurent en 1628-1629. Cf.
Eléments de la philosophie de Newton, rédigé à Cirey en 1736, (11e partie, ch.10; *OCV*,
t.15, p.358 et note).
[4] Le *De revolutionibus orbium coelestium* de Copernic, parut en 1543 à Nuremberg,
fut proscrit et mis à l'Index en 1616.

d'esprit, d'un citoyen, d'un philosophe; il se sent de l'esprit du   40
siècle; et je ne crois pas que du temps même de M. Colbert, il y eût
en France deux hommes capables de composer un tel livre.
Cependant il y a bien des erreurs dans ce bon ouvrage; tant le
chemin vers la vérité est difficile. Il est bon de relever les méprises
qui se trouvent dans un livre utile: ce n'est même que là qu'il les   45
faut chercher. C'est respecter un bon ouvrage que de le contredire;
les autres ne méritent pas cet honneur.

Voici quelques propositions qui ne m'ont point paru vraies:

I. Il dit que les pays où il y a le plus de mendiants, sont les plus
barbares.[5] Je pense qu'il n'y a point de ville moins barbare que   50
Paris, et pourtant où il y ait plus de mendiants. C'est une vermine
qui s'attache à la richesse; les fainéants accourent du bout du
royaume à Paris, pour y mettre à contribution l'opulence et la
bonté. C'est un abus difficile à déraciner, mais qui prouve
seulement qu'il y a des hommes lâches, qui aiment mieux demander   55
l'aumône que de gagner leur vie. C'est une preuve de richesse et de
négligence, et non point de barbarie.[6]

II. Il répète dans plusieurs endroits, que l'Espagne serait plus
puissante sans l'Amérique.[7] Il se fonde sur la dépopulation de
l'Espagne et sur la faiblesse où ce royaume a langui longtemps.   60
Cette idée que l'Amérique affaiblit l'Espagne se voit dans près de
cent auteurs. Mais s'ils avaient voulu considérer que les trésors du

---

40   w38, w48d: d'un bon citoyen, d'un
45   w48d: utile: il n'y a même
46   w38: ouvrage de
62   pc: auteurs. Ils auraient dû considérer

---

[5] Cf. Melon, ch.3, 'De l'augmentation des habitants': 'Un voyageur qui avait
examiné avec soin les différents gouvernements de l'Asie et de l'Europe, disait ne
s'être point trompé, en mesurant leur police à la manière dont l'oisiveté était
regardée chez eux, et il ajoutait que les pays où il y avait des mendiants approchaient
le plus de la barbarie.'

[6] Cf. *Des embellissements de Paris* (1749), *OCV*, t.31b, p.232.

[7] Cf. Melon, ch.4, 'Des colonies': 'S'il est contre la justice de subjuguer une nation
barbare pour la policer, c'est une question de morale que nous ne déciderons point.

Nouveau Monde ont été le ciment de la puissance de Charles-Quint, et que par eux Philippe II aurait été le maître de l'Europe, si Henri le Grand, Elizabeth, et les princes d'Orange n'eussent été des 65 héros ces auteurs auraient changé de sentiment.[8] On a cru que la monarchie espagnole était anéantie parce que les rois Philippe III, Philippe IV et Charles II ont été malheureux, ou faibles. Mais que l'on voie comme cette monarchie a repris tout d'un coup une nouvelle vie sous le cardinal Albéroni;[9] que l'on jette les yeux sur 70 l'Afrique et sur l'Italie, théâtres des conquêtes du présent gouvernement espagnol: il faudra bien convenir alors que les peuples sont ce que les rois ou les ministres les font être. Le courage, la

64   PC: Philippe II eût été
65   BF, PC: et le prince d'Orange n'eussent
66   PC: auteurs alors auraient changé de sentiment. Ils ont cru
71   PC: sur les autres théâtres
      w38: l'Italie, théâtre des
      w48D: et sur l'Asie, théâtres
73   PC: ou leurs ministres

Nous savons bien que ce n'est pas dans cette intention que les nations européennes ont fait leurs premières conquêtes, et l'esprit de prosélytisme s'en est mêlé avec plus de zèle que de charité. ¶Les Espagnols ont fait la découverte de l'Amérique, et leur cruelle politique a cru ne pouvoir se l'assujettir et se l'assurer qu'en exterminant les naturels du pays. Il fallut les remplacer par des Espagnols, qui accoururent avec avidité, et dépeuplèrent le pays de la domination pour aller peupler le riche pays des mines: c'est l'époque et la cause de la décadence de la puissance espagnole, qui depuis a langui avec les titres pompeux des pays qui reconnaissaient ses lois. Si l'Espagne avait en Europe tous ses Espagnols Américains, l'Amérique, sous une domination étrangère, leur serait bien plus avantageuse.'

[8] Les ambitions territoriales et dynastiques de l'Espagne sous Charles Quint et Philippe II furent opposées en France par Henri IV et dans les Pays-Bas par les princes d'Orange. L'échec de 'l'invincible armada' contre l'Angleterre sous le règne d'Elizabeth I fut la ruine de la marine espagnole de Philippe II, qui ne put pas non plus réprimer la lutte entreprise par les Pays-Bas pour se libérer.

[9] Pendant la guerre de la succession d'Espagne Alberoni rendit des services politiques très utiles au duc de Vendôme, commandant de l'armée en Italie. En 1706 il accompagna le duc à Paris où il fut favorablement accueilli par Louis XIV. Cf. *Précis du siècle de Louis XV*, ch.1 (*Œuvres historiques*, éd. R. Pomeau, Paris, 1957), p.1304 et suiv.

force, l'industrie, tous les talents restent ensevelis, jusqu'à ce qu'il paraisse un génie qui les ressuscite. Le Capitole est habité 75 aujourd'hui par des récollets, et on distribue des chapelets au même endroit où des rois vaincus suivaient le char de Paul-Emile.[10] Qu'un empereur siège à Rome, et que cet empereur soit un Jules César, tous les Romains redeviendront des Césars eux-mêmes.   80

Quant à la dépopulation de l'Espagne, elle est moindre qu'on ne le dit; et, après tout, ce royaume et les Etats de l'Amérique qui en dépendent, sont aujourd'hui des provinces d'un même empire, divisées par un espace qu'on franchit en deux mois; enfin, leurs trésors deviennent les nôtres, par une circulation nécessaire; la 85 cochenille, l'indigo, le quinquina, les mines du Mexique et du Pérou sont à nous, et par-là nos manufactures sont espagnoles. Si l'Amérique leur était à charge, persisteraient-ils si longtemps à défendre aux étrangers l'entrée de ce pays? Garde-t-on avec tant de soin le principe de sa ruine, quand on a eu deux cents ans pour faire 90 ses réflexions?

III. Il dit que la perte des soldats n'est point ce qu'il y a de plus funeste dans les guerres; que cent mille hommes tués sont une bien petite portion sur vingt millions; mais que les augmentations des impositions rendent vingt millions d'hommes malheureux. Je lui 95 passe qu'il y ait vingt millions d'âmes en France; mais je ne lui passe point qu'il vaille mieux égorger cent mille hommes, que de faire payer quelques impôts au reste de la nation. Ce n'est pas tout; il y a ici un étrange et funeste mécompte. Louis XIV a eu, en comptant

76-77   PC: et l'on distribue des chapelets où
87   PC, W38: manufactures sont aux Espagnols.
92   PC: III. M. Melon dit
98   PC, BF: payer double impôt au

[10] Le remplacement des anciens romains par des moines au Capitole est, selon Voltaire, la preuve de la superstition, donc de la décadence. Paul-Emile, général romain, Consul en 216 av. J.-C., mourut héroïquement sur le champ de bataille de Cannes.

tout le corps de la marine, quatre cent quarante mille hommes à sa 100
solde pendant la guerre de 1701. Jamais l'empire romain n'en a eu
tant. On a observé que le cinquième d'une armée périt au bout
d'une campagne, soit par les maladies, soit par les accidents, soit
par le fer et le feu. Voilà quatre-vingt-huit mille hommes robustes
que la guerre détruisait chaque année: donc au bout de dix ans, 105
l'Etat perdit huit cent quatre-vingt mille hommes, et avec eux les
enfants qu'ils auraient produits. Maintenant si la France contient
environ dix-huit millions d'âmes, ôtez-en près d'une moitié pour
les femmes, retranchez les vieillards, les enfants, le clergé, les
religieux, les magistrats et les laboureurs, que reste-t-il pour 110
défendre la nation? Sur dix-huit millions à peine trouverez-vous
dix-huit cents mille hommes, et la guerre en dix ans en détruit près
de neuf cent mille; elle fait périr dans une nation la moitié de ceux
qui peuvent combattre pour elle, et vous dites qu'un impôt est plus
funeste que leur mort? [11] 115

Après avoir relevé ces inadvertances, que l'auteur eût relevées
lui-même, souffrez que je me livre au plaisir d'estimer tout ce qu'il
dit sur la liberté du commerce, sur les denrées, sur le change, et
surtout sur le luxe. Cette sage apologie du luxe est d'autant plus

100   w38: hommes effectifs à
101   PC: la dernière guerre. Jamais
102   PC: que la cinquième partie d'une
107-108 w38: contient dix-huit millions
108   PC, BF: d'âmes, retranchez près
110   PC: magistrats, etc. [BF: magistrats;]que reste
112-13 PC: en dix années en détruit plus de
118-19 w52, K: et principalement sur

[11] Cf. Melon, ch.10, 'De l'importation et de l'exportation', chapitre qui se trouve
seulement dans la 2e édition de 1736: 'Ce n'est point par la perte des soldats que les
guerres sont le plus funestes. Cent mille hommes tués sont une bien petite portion
sur vingt millions; il y a même quelque nation qui n'évalue la perte des hommes
qu'en florins; mais les augmentations des impositions, les difficultés des recouvre-
ments, qui sont une suite nécessaire et de cette augmentation et du manque de
commerce, rendent vingt millions d'hommes malheureux, et ces malheurs sont
communs à toutes les parties.'

estimable dans cet auteur, et a d'autant plus de poids dans sa   120
bouche, qu'il vivait en philosophe.

Qu'est-ce en effet que le luxe? [12] C'est un mot sans idée précise, à
peu près comme lorsque nous disons, les climats d'orient et
d'occident: il n'y a en effet ni orient ni occident; il n'y a pas de
point où la terre se lève et se couche; [13] ou, si vous voulez, chaque   125
point est orient et occident. Il en est de même du luxe; ou il n'y en a
point, ou il est partout. Transportons-nous au temps où nos pères
ne portaient point de chemises. Si quelqu'un leur eût dit: Il faut que
vous portiez sur la peau des étoffes plus fines et plus légères que le
plus fin drap, blanche comme de la neige, et que vous en changiez   130
tous les jours; il faut même, quand elles seront un peu salies, qu'une
composition faite avec art leur rende leur première blancheur; tout
le monde se serait écrié: *Ah! quel luxe! quelle mollesse! une telle*
magnificence est à peine faite pour les rois! Vous voulez corrompre nos

124-25   PC: en effet ni occident, ni orient et il n'y a pas de point où le soleil se lève
131   PC: même qu'une
132   PC, BF: avec un art infini leur rende

[12] Voltaire s'était rendu compte de la difficulté de définir le luxe et la définition de
Melon ne lui apparaissait pas satisfaisante. Quant au reste, le chapitre de Melon lui
donna ses arguments en faveur du luxe: 'Le luxe est une somptuosité extraordinaire
que donnent les richesses et la sécurité d'un gouvernement; c'est une suite nécessaire
de toute société bien policée. Celui qui se trouve dans l'abondance veut en jouir; il a
là-dessus des recherches que le moins riche n'est pas en état de payer, et cette
recherche est toujours relative aux temps et aux personnes. [...] Le paysan trouve du
luxe chez le bourgeois de son village, celui-ci chez l'habitant de la ville voisine, qui
lui-même se regarde comme grossier par rapport à l'habitant de la capitale, plus
grossier encore devant le courtisan. ¶Le législateur peut penser du luxe comme des
colonies. Lorsqu'un Etat a les hommes nécessaires pour les terres, pour la guerre et
pour les manufactures, il est utile que le surplus s'emploie aux ouvrages du luxe,
puisqu'il ne reste plus que cette occupation, ou l'oisiveté; et qu'il est bien plus
avantageux de retenir les citoyens dans le lieu de la domination, quand ils trouvent à
vivre, que de les envoyer dans les colonies, où l'on ne travaille que pour le luxe: le
sucre, la soie, le café, le tabac, ne sont que luxe nouveau, inconnu aux Romains,
peuple du plus grand luxe, si l'on s'en rapporte à leurs déclamateurs, aussi chagrins
et aussi satiriques en vers et en prose que les nôtres.'
[13] La leçon curieuse 'la terre' semble être restée inaperçue après avoir été
introduite dans BF.

mœurs et perdre l'Etat. Entend-on par le luxe la dépense d'un 135
homme opulent? Mais faudrait-il donc qu'il vécût comme un
pauvre, lui dont le luxe seul fait vivre les pauvres? La dépense
doit être le thermomètre de la fortune d'un particulier, et le luxe
général est la marque infaillible d'un empire puissant et respectable. C'est sous Charlemagne, sous François I, sous le ministère du 140
grand Colbert, et sous celui-ci, que les dépenses ont été les plus
grandes, c'est-à-dire que les arts ont été le plus cultivés.

Que prétendait l'amer, le satirique La Bruyère? Que voulait dire
ce misanthrope forcé, en s'écriant: *Nos ancêtres ne savaient point
préférer le faste aux choses utiles; on ne les voyait point s'éclairer avec* 14
*des bougies, la cire était pour l'autel et pour le Louvre. Ils ne disaient
point, Qu'on mette les chevaux à mon carrosse; l'étain brillait sur les
tables et sur les buffets, l'argent était dans les coffres, etc.?* ¹⁴ Ne voilà-
t-il pas un plaisant éloge à donner à nos pères, de ce qu'ils n'avaient
ni abondance, ni industrie, ni goût, ni propreté? L'argent était dans 15
les coffres. Si cela était, c'était une très grande sottise. L'argent est
fait pour circuler, pour faire éclore tous les arts, pour acheter
l'industrie des hommes. Qui le garde est mauvais citoyen, et même
est mauvais ménager. C'est en ne le gardant pas, qu'on se rend utile
à la patrie et à soi-même. Ne se lassera-t-on jamais de louer les 15
défauts du temps passé, pour insulter aux avantages du nôtre?

Ce livre de M. Melon en a produit un de M. Dutot, qui l'emporte
de beaucoup pour la profondeur et pour la justesse; et l'ouvrage de
M. Dutot en va produire un autre, par l'illustre M. du Vernay,

138   PC, BF: fortune; et le luxe
140   BF: sous Charlemagne, sous le ministère
143-44 PC: Que prétendait La Bruyère, en s'écriant
151   PC, BF: cela est vrai c'était une grande
155   PC, BF: louer en pédant les
156-64 PC, BF: nôtre! ¶Mais n'opposons point ici déclamation et déclamation.
Je me hâte d'arriver aux points importants qui font l'objet de l'excellent livre de M. du
Tot; les augmentations des monnaies, si fréquentes avant notre heureux ministère,
sont-elles utiles à l'Etat ou préjudiciables? ¶M. du Tot démontre que toute mutation
159   w38: autre, de l'illustre Paris du Vernay

¹⁴ Citation à peu près exacte des *Caractères* de La Bruyère, 'De la ville', 22.

246

lequel probablement vaudra beaucoup mieux que les deux autres,   160
parce qu'il sera fait par un homme d'Etat. [15] Jamais les belles-lettres
n'ont été si liées avec la finance, et c'est encore un des mérites de
notre siècle.

Des monnaies, et du revenu des rois

On sait que toute mutation de monnaie a été onéreuse au peuple et
au roi sous le dernier règne. Mais n'y a-t-il point de cas où une   165
augmentation de monnaie devienne nécessaire?

Dans un Etat, par exemple, qui a peu d'argent et peu de
commerce, (et c'est ainsi que la France a été longtemps), un
seigneur a cent marcs de rente. Il emprunte pour marier ses filles,
ou pour aller à la guerre, mille marcs, dont il paye cinquante marcs   170
annuellement. Voilà sa maison réduite à la dépense annuelle de
cinquante marcs, pour fournir à tous ses besoins. Cependant la
nation se rend plus industrieuse, elle fait un commerce, l'argent
devient plus abondant. Alors, comme il arrive toujours, la main-
d'œuvre devient plus chère, les dépenses du luxe convenable à la   175

163-64 w38, w48D: siècle. / *Seconde lettre sur le même sujet dans laquelle on traite des changements dans les monnaies, du luxe des peuples, et du revenu des rois* / M. Dutot démontre que

163a w52-w68: *Des monnaies et du revenu des rois*

    k: [*sous-titre absent*]

166 w38: de la valeur des monnaies devient nécessaire

170-71 pc: paye actuellement cinquante marcs. Voilà

174 pc, bf: abondant. Il arrive alors ce qui arrive toujours, que la

174-75 w38: abondant, la main-d'oeuvre

[15] Joseph Pâris-Duverney, *Examen du livre intitulé Réflexions politiques sur les finances et le commerce* (La Haye, Vaillant et Prévost, 1740). L'ouvrage parut sous l'anonymat, et la rédaction était apparemment confiée à F. M. C. Deschamps, un des associés de Duverney, ce qui explique sans doute pourquoi le éditeurs de Kehl croyaient que l'ouvrage n'a jamais paru (t.29, p.152n). Sur cette réponse à Dutot, voir P. Harsin, p.xxviii et suiv. Sur les liens entre Voltaire et Pâris-Duverney, voir L. Trénard, 'Les préoccupations économiques et sociales de Voltaire', dans *Les Préoccupations économiques et sociales des philosophes, littérateurs et artistes du XVIIIe siècle* 3 (1976), éd. R. Crahay.

dignité de cette maison doublent, triplent, quadruplent, pendant
que le blé, qui fait la ressource de la terre, n'augmente pas dans
cette proportion, parce qu'on ne mange pas plus de pain qu'aupara-
avant, mais on consomme plus en magnificence: ce qu'on achetait
cinquante marcs en coûtera deux cents, et le possesseur de la terre,   180
obligé de payer cinquante marcs de rente, sera réduit à vendre sa
terre. Ce que je dis du seigneur, je le dis du magistrat, de l'homme
de lettres, etc., comme du laboureur, qui achète plus cher sa
vaisselle d'étain, sa tasse d'argent, son lit, son linge. Enfin le chef de
la nation est dans ce cas,[16] lorsqu'il n'a qu'un certain fonds réglé, et   185
certains droits qu'il n'ose trop augmenter de peur d'exciter des
murmures. Dans cette situation pressante, il n'y a certainement
qu'un parti à prendre, c'est de soulager le débiteur. On peut le
favoriser en abolissant les dettes: c'est ainsi qu'on en usait chez les
Egyptiens, et chez plusieurs peuples de l'Orient, au bout de   190
cinquante ou de trente années. Cette coutume n'était point si
dure qu'on le pense; car les créanciers avaient pris leurs mesures
suivant cette loi, et une perte prévue de loin n'est plus une perte.
Quoique cette loi ne soit point en vigueur chez nous, il a bien fallu y
revenir pourtant en effet, quelque détour que l'on ait pris: car   195
trouver le moyen de ne payer que le quart de ce que je devais, n'est-
ce pas une espèce de jubilé? Or on a trouvé ce moyen très aisément,
en donnant aux espèces une valeur idéale, et en disant, Cette pièce

176   PC: triplent pendant
182-83   PC: magistrat, du laboureur, même de l'homme de lettres etc. Le
laboureur achète alors plus
183   BF: lettres, et même du
184   PC: chef même de
194-95   PC: vigueur parmi nous il a bien fallu y revenir en effet
197   PC, W38: on trouve ce
198-99   PC: pièce qui

[16] Cf. la lettre du 23 juin 1738 à Thiriot où Voltaire signale que les mots 'ce que je
dis' jusqu'à 'dans ce cas' ont été omis du premier brouillon manuscrit destiné au *Pour
et Contre* (D1531). Le passage est restitué, selon la demande de Voltaire.

d'or qui valait six francs, en vaudra aujourd'hui vingt-quatre; et quiconque devait quatre de ces pièces d'or, sous le nom de six francs chacune, s'acquittera en payant une seule pièce d'or qu'on appellera vingt-quatre francs. Comme ces opérations se sont faites petit à petit, ce changement n'a point effrayé. Tel qui était à la fois débiteur et créancier, gagnait d'un côté ce qu'il perdait de l'autre. Tel autre faisait le commerce, tel autre enfin en souffrait et se réduisait à épargner.

C'est ainsi que toutes les nations européennes en ont usé avant d'avoir établi un commerce réglé et puissant. Examinons les Romains, nous verrons que l'*as*, la livre de cuivre de douze onces, fut réduit à six liards de notre monnaie d'aujourd'hui. Chez les Anglais, la livre sterling de seize onces d'argent est réduite à vingt-deux francs de notre monnaie. La livre de gros des Hollandais n'est plus qu'environ douze francs, ou douze de nos livres numéraires. Mais c'est notre livre qui a souffert les plus grands changements.

Nous appelions, du temps de Charlemagne, une monnaie courante, faisant la vingtième partie d'une livre, un *solide*, du nom romain *solidum*: c'est ce *solide* que nous nommons un *sou*, comme nous appelons le mois d'*Auguste*, barbarement *août*, que nous prononçons *ou*, à force de politesse; de façon que dans notre langue si polie, *hodieque manent vestigia ruris*.[17] Enfin ce *solide*, ce *sou*, qui était la vingtième partie d'une livre, et la dixième partie d'un marc d'argent, est aujourd'hui une chétive monnaie de cuivre, qui représente la dix-neuf cent soixantième partie d'une livre,

202-203   PC: faites peu à peu ce
209-10   PC: que la livre de cuivre de douze onces fut réduite à
213-14   PC, BF: qu'environ quatre de nos francs [BF: nos écus]. Mais
216   PC: appelions sous Charlemagne
224   PC, BF, W38, W48D: la dix-neuf cent vingtième partie

[17] Horace, livre II, épître Ière, vers 160 ('Les vestiges de la rusticité subsistent encore.').

l'argent supposé à quarante-neuf francs le marc. Ce calcul est   225
presque incroyable; et il se trouve, par ce calcul, qu'une famille qui
aurait eu autrefois cent *solides* de rente, et qui aurait très bien vécu,
n'aurait aujourd'hui que cinq sixièmes d'un écu de six francs à
dépenser par an.

Qu'est-ce que cela prouve? Que de toutes les nations nous   230
avons longtemps été la plus changeante, et non la plus heureuse;
que nous avons poussé à un excès intolérable l'abus d'une loi
naturelle, qui ordonne à la longue le soulagement des débiteurs
opprimés. Or puisque M. Dutot a si bien fait voir les dangers de ces
promptes secousses[18] que donnent aux Etats les changements des   235
valeurs numéraires dans les monnaies, il est à croire que, dans un
temps aussi éclairé que le nôtre, nous n'aurons plus à essuyer de
pareils orages.

Ce qui m'a le plus étonné dans le livre de M. Dutot, c'est d'y voir
que Louis XII, François I, Henri II, Henri III étaient plus riches   240
que Louis XV.[19] Qui eût cru que Henri III, à compter comme
aujourd'hui, avait cent soixante et trois millions au-delà du revenu

231   PC: changeante, mais non la plus riche et la plus heureuse
237   PC: éclairé nous n'avons plus
239-40   PC, BF: étonné et le plus instruit dans le livre [BF: dans cet excellent
livre] de M. du Tot c'est de voir qu'en effet Louis XII

[18] Voir Dutot, tome II, ch.3, articles 2-6.
[19] Cf. Dutot, ch.2, article 15: 'On me dira peut-être qu'il résulte de mon
raisonnement, que le roi n'est pas aussi riche que l'étaient ses prédécesseurs,
puisqu'il ne tire pas tant d'argent de ses peuples qu'en tiraient autrefois Louis XII,
François I, Henri II, François II et Henri III, et que par conséquent les peuples ne
payent pas assez d'impositions. ¶Cette objection se détruira en montrant que
Louis XV tire réellement beaucoup plus de ses sujets que n'en tiraient ses
prédécesseurs. Les revenus de Louis XV sont aujourd'hui de 200 millions, qui, à
710 livres 9 sous 1 denier le marc d'or fin, font 270,106 marcs que tire actuellement
Louis XV de ses sujets. ¶Or, on a vu ci-devant (page 948) que Louis XII n'en tirait

de notre roi? J'avoue que je ne sors point de surprise. Car comment avec ces richesses immenses Henri III pouvait-il à peine résister aux Espagnols? Comment était-il opprimé par les Guises?[20]   245
Comment la France était-elle dénuée d'arts et de manufactures? Pourquoi nulle belle maison dans Paris, nul beau palais bâti par les rois, aucune magnificence, aucun goût, qui sont la suite de la richesse? Aujourd'hui, au contraire, trois cents forteresses, toujours bien réparées, bordent nos frontières, deux cent mille   250
hommes au moins les défendent. Les troupes qui composent la maison du roi sont comparables à ces dix mille hommes couverts d'or qui accompagnaient les chars de Xerxès et de Darius.[21] Paris

251   PC: hommes les défendent

que 58,770 4/5 marcs, auxquels ajoutant leur cinquième pour le produit des Etats réunis à la couronne depuis son temps, on aura pour son revenu la quantité de
.... 70,524 4/5 marcs.
   François I (page 950) tirait 95,117 14/25 marcs: en y ajoutant leur cinquième on aura.. 114,141
   Henri II et François II (page 953) tiraient 104,651 marcs, qui avec leur cinquième font 125,581
   Henri III (page 953) tirait 142,587 marcs, qui avec leur cinquième font
.... 171,104 2/5
   Tout cela est fort éloigné des.. 270,106
marcs que Louis XV reçoit actuellement. Donc il ne s'ensuit pas qu'il tire moins de ses sujets que ses prédécesseurs. Il en tire, comme on le voit, beaucoup plus, et il est cependant, dans un sens, moins riche, par rapport à l'augmentation des denrées et des espèces, et à cause de ses charges, qui ont beaucoup plus augmenté que ses revenus: ce qui fait tomber l'objection, et est encore une preuve sensible que l'augmentation numéraire des espèces, et celle du prix des denrées jointes à ses charges, ont été désavantageuses au roi. Il ne s'ensuit donc pas que les peuples ne payent point assez d'impositions. Je soutiens, au contraire (ce qui n'est pas de mon sujet), qu'ils payent actuellement tout ce qu'on peut moralement exiger. La manière de percevoir ces impositions fait plus de mal aux peuples, que l'imposition même.' Voltaire revient à ce sujet en 1749 dans *Des embellissements de Paris* (*OCV*, t.31B).
   [20] François de Guise prit la tête du parti catholique sous François II et fut le véritable maître de la France. Henri de Guise profita du discrédit de Henri III pour prétendre au trône de France. Celui-ci le fit assassiner à Blois en 1588. Charles de Guise fut un moment compétiteur de Henri IV au trône.
   [21] Voir Hérodote, *Histoires*, vii.80-84.

est deux fois plus peuplé et cent fois plus opulent que sous Henri III. Le commerce qui languissait, qui n'était rien alors, fleurit aujourd'hui à notre vantage.   255

Depuis la dernière refonte des espèces, on trouve qu'il a passé à la monnaie plus de douze cents millions en or et en argent. On voit par la ferme du marc, qu'il y a en France pour environ autant de ces

254   PC: opulent et plus magnifique que sous

256-318   PC, BF: avantage. ¶En un mot la nation est plus riche. Pourquoi le roi est-il moins? C'est que Louis XIV a laissé en mourant plus de vingt fois cent millions de dettes, et que ces dettes ne sont pas encore acquittées. ¶Je conclurai mes remarques sur cet ouvrage en avouant avec l'auteur, qu'il vaut mille fois mieux pour une nation payer pendant la guerre ou dans les cas urgents de très forts impôts,   5 proportionnellement répartis, que d'être livrée aux traitants et aux mutations de monnaies; car les mutations de monnaie ruinent le commerce, et les traitants oppriment le peuple, et les impôts bien répartis soulagent l'Etat. ¶Pourquoi donc les ministres éclairés de Louis XIV et surtout le grand Colbert lui-même ont aimé recourir aux traitants si abhorrés, qu'à la dîme proportionnelle du maréchal de   10 Vauban, à laquelle enfin il a fallu avoir recours en partie? C'est que les peuples sont très ignorants, et que l'intérêt les aveugle; c'est que le mot impôt les effarouchait. On avait fait la guerre de la Fronde, pour je ne sais quel Edit du Tarif, qui ne devait pas être regardé comme un objet. Ce préjugé subsista dans sa force sous Louis XIV malgré l'obéissance la plus profonde. Un paysan ou un bourgeois quand il paye une   15 taxe s'imagine qu'on le vole, comme si cet argent était destiné à enrichir nos ennemis. On ne songe pas que payer des taxes au roi c'est les payer à soi-même, c'est contribuer à la défense du royaume, à la police des villes, à la sûreté des maisons et des chemins; c'est mettre une partie de ses biens à entretenir l'autre. Il est honteux que les Parisiens ne se taxent pas eux-mêmes pour embellir leur ville, pour avoir de l'eau   20 dans les maisons, des théâtres publics dignes de ce qu'on y représente, des places, des fontaines. L'amour du bien public est une chimère chez nous. Nous ne sommes point des citoyens, nous ne sommes pas des bourgeois. Le grand point est que les taxes soient proportionnellement réparties. On peut aisément reconnaître la justesse de la proportion quand la culture des terres, le commerce et l'industrie sont encouragés. Si   25 elles languissent, c'est la faute du Gouvernement; si elles prospèrent, c'est à lui qu'on en est redevable. ¶Au reste, que Louis XIV soit mort avec deux milliards de dettes, qu'il y ait eu depuis un système, un visa, que quelques familles aient été ruinées, qu'il y ait eu des banqueroutes, qu'on ait mis de trop forts impôts; j'appelle tout cela les malheurs d'un peuple heureux. C'était du temps de la Fronde, du temps des Guises,   30 du temps des Anglais que les peuples étaient malheureux en effet. Mais cela mènerait trop loin, et un écrit trop long est un impôt très rude qu'on met sur la patience du lecteur.//

258   w38: monnaie douze cents millions

métaux orfévris. Il est vrai que ces immenses richesses n'em-   260
pêchent pas que le peuple ne soit prêt quelquefois à mourir de faim
dans les années stériles. Mais ce n'est pas de quoi il s'agit: la question
est de savoir comment, la nation étant incomparablement plus riche
que dans les siècles précédents, le roi le serait beaucoup moins.

Comparons d'abord les richesses de Louis XV à celles de   265
François I. Les revenus de l'Etat étaient alors de seize millions
numéraires de livres, et la livre numéraire de ce temps-là était à
celle de ce temps-ci, comme un est à quatre et demi. Donc seize
millions en valaient soixante et douze des nôtres: donc avec
soixante et douze de nos millions seulement, on serait aussi riche   270
qu'alors. Mais les revenus de l'Etat sont supposés (b) de deux cents
millions: donc de ce chef, Louis XV est plus riche de cent vingt-
huit de nos millions que François I: donc le roi est environ trois fois
aussi riche que François I: donc il tire de ses peuples trois fois
autant que François I en tirait. Cela est déjà bien éloigné du compte   275
de M. Dutot. [22]

Il prétend, pour prouver son système, que les denrées sont
quinze fois plus chères qu'au seizième siècle. Examinons ces prix
des denrées. Il faut s'en tenir au prix du blé dans les capitales, année
commune. Je trouve beaucoup d'années, au seizième siècle, dans   280
lesquelles le blé est à cinquante sous, à vingt-cinq, à vingt, à dix-

(b) C'est la supposition que fait M. Dutot. Mais en 1750 les revenus du
roi montent à près de trois cents millions, à quarante-neuf livres dix sols le
marc.

271   w38, w48D: sont de deux
         PC-w48D: [note (b) absente]
273   w38, w48D: environ quatre fois
274   w38, w48D: peuples quatre fois

[22] Voir Dutot, t.i, ch.2, article 2, 'Comparaison des revenus de Louis XII et de
Louis XV'.

huit sous, à quatre francs, et j'en forme une année commune de trente sous. Le froment vaut aujourd'hui environ douze livres. Les denrées n'ont donc augmenté que huit fois en valeur numéraire; et c'est la proportion dans laquelle elles ont augmenté en Angleterre et en Allemagne. Mais ces trente sous du seizième siècle valaient cinq livres quinze sous des nôtres. Or cinq livres quinze sous, font, à cinq sous près, la moitié de douze livres: donc en effet Louis XV trois fois plus riche que François I, n'achète les choses en poids de marc que le double de ce qu'on les achetait alors. Or un homme qui a neuf cents francs, et qui achète une denrée six cents francs, reste certainement plus riche de cent écus que celui qui, n'ayant que trois cents livres, achète cette même denrée trois cents livres: donc Louis XV reste plus riche d'un tiers que François I. 285 290

Mais ce n'est pas tout: au lieu d'acheter toutes les denrées le double, il achète les soldats, la plus nécessaire denrée des rois, à beaucoup meilleur marché que tous ses prédécesseurs. Sous François I et sous Henri II, les forces des armées consistaient en une gendarmerie nationale, et en fantassins étrangers, que nous ne pouvons plus comparer à nos troupes. Mais l'infanterie sous Louis XV est payée à peu près sur le même pied, au même prix numéraire que sous Henri IV. Le soldat vend sa vie six sous par jour, en comptant son habit: ces six sous en valaient douze pareils du temps de Henri IV. Ainsi avec le même revenu que Henri le Grand, on peut entretenir le double de soldats; et avec le double d'argent on peut en soudoyer le quadruple. Ce que je dis ici suffit pour faire voir que malgré les calculs de M. Dutot, les rois, aussi bien que l'Etat, sont plus riches qu'ils n'étaient. Je ne nie pas qu'ils ne soient plus endettés. 295 300 305

Louis XIV a laissé à sa mort plus de deux fois dix centaines de millions de dettes à trente francs le marc, parce qu'il voulut à la fois avoir cinq cent mille hommes sous les armes, deux cents vaisseaux, et bâtir Versailles; et parce que dans la guerre de la succession d'Espagne ses armes furent longtemps mal- 310

314   w38: ses armées furent

heureuses. Mais les ressources de la France sont beaucoup au-   315
dessus de ses dettes. Un Etat qui ne doit qu'à lui-même ne peut
s'appauvrir, et ces dettes mêmes sont un nouvel encouragement
de l'industrie. [23]

315-16   w38: sont infiniment au-dessus
316   w38: qui n'est débiteur qu'à
318   w68: [*ajoute la* Lettre à M. Thiriot sur l'ouvrage de M. du Tot et sur celui de
M. Melon]

      K: industrie. ¶Pourquoi donc [*ajoute les deux derniers alinéas de* PC *et* BF:
voir variante à la ligne 256]

[23] Cf. Melon, ch.23, 'Du crédit public': 'Les dettes d'un Etat sont des dettes de la
main droite à la main gauche, dont le corps ne se trouvera point affaibli, s'il a la
quantité d'aliments nécessaires, et s'il sait les distribuer. Il parut, en 1731 un Mémoire
anglais, pour prouver qu'un Etat devenait plus florissant par ses dettes. Il s'autorisait
de l'exemple de la Grande-Bretagne, dont les dettes immenses forment, dit-il, la
grande puissance actuelle, par leur abondante circulation. Il en fait l'énumération à
peu près telle qu'aujourd'hui. Onze millions dus à la banque, trois à la Compagnie
des Indes, trente et un à la Compagnie de la mer du Sud, et environ quatre d'annuités
à temps différents. Total, quarante-neuf millions sterling, onze cents millions de
notre monnaie; et ce royaume est un tiers moindre de la France.' Cf. la note des
éditeurs de Kehl, t.29, p.159.

APPENDICE

Le début des éditions PC *et* BF

Pour des précisions sur les premières éditions du texte, publiés dans *Le Pour et Contre* et la *Bibliothèque française*, voir notre Introduction ci-dessus. Le texte remanié pour les éditions collectives (à partir de w38) n'est plus en forme de lettre, et manque le début original.

———————

Lettre à Monsieur T.
Sur l'ouvrage de M. Dutot et sur celui de M. Melon

Je vous remercie, mon cher ami, de m'avoir fait connaître le livre de M. Dutot sur les finances; c'est, je crois, un Euclide pour la vérité et l'exactitude. Il me semble qu'il fait à l'égard de cette science, qui est le fondement des bons gouvernements, ce que Lemery a fait en chimie. Il a rendu très intelligible un art sur ⁵ lequel, avant lui, les artistes jaloux de leurs connaissances, souvent erronées, ou n'avaient point écrit, ou n'avaient donné que des énigmes.

Je viens de relire aussi le petit livre de feu M. Melon, qui a été l'occasion de l'ouvrage plus détaillé et plus approfondi qu'a donné ¹⁰ M. Dutot.

Nardi parvus onyx eliciet cadum. [1]

L'essai de M. Melon me paraît toujours digne d'un ministre et d'un citoyen, même avec ses erreurs. Il me semble, toute prévention à part, qu'il y a beaucoup à profiter dans ces lectures; et je veux ¹⁵

[1] Horace, *Odes*, livre IV, xii: 'Un petit onyx plein de nard fera sortir une jarre.'

256

croire, pour l'amour du genre humain, que ces deux livres, et quelques-uns de ceux de M. l'abbé de Saint-Pierre, pourront, dans des temps difficiles, servir de conseils aux ministres à venir, comme l'histoire est la leçon des rois.

Parmi les choses que je remarque sur l'essai de M. Melon, il me sera bien permis, en qualité d'homme de lettres et d'amateur de la langue française, de me plaindre qu'il en ait trop négligé la pureté. L'importance des matières ne doit point faire négliger le style. Je me souviens que, lorsque l'auteur me fit l'honneur de me donner sa seconde édition, il me dit qu'il était bien difficile d'écrire en français, et qu'on lui avait corrigé plus de trente fautes dans son livre: je lui en montrai cent dans les vingt premières pages de cette seconde édition corrigée.

Passons à des inadvertances plus importantes. Il me semble que dans ces écrits que l'intérêt public a dicté, il ne faut souffrir aucune erreur.

Voici quelques [β ligne 48]

De la gloire, ou entretien avec un Chinois

Critical edition

by

Basil Guy

CONTENTS

INTRODUCTION

The anecdote *De la gloire, ou entretien avec un Chinois* was first published in 1739 in the fourth volume of the 1738 Amsterdam edition of the *Œuvres de M. de Voltaire* (w38). It appeared soon after in the *Recueil de pièces fugitives en prose et en vers* (RP40), which was banned on 24 November 1739, and subsequently in most of the editions of Voltaire's collective works, including the 1775 *encadrée*. The text was included as part of the entry on 'Gloire, glorieux' in the *Questions sur l'Encyclopédie*.[1]

Although this anecdote was first published in 1739, the subject, tone and lesson are constants in Voltaire's works from his youth until his death. China had first inspired him in 1722 and his writing on it would continue to follow two distinct lines until the *Histoire de l'établissement du christianisme* in 1774, his last recognisable use of China as a motif. These lines were exotic, in that Voltaire used *chinoiserie* largely for stylistic purposes of decoration, and 'philosophic', in that he based some of his more serious arguments on as exact a knowledge of the country, its literature and civilisation as was possible during his lifetime.[2] The tone can be discerned in works as early as *Œdipe* (1714) and as late as the *Dialogues d'Evhémère* (1777). It is also present in his theatre and his alphabetical writings, while the lesson which Voltaire shared with his epoch is one which is still pertinent today: cultural relativism.

Undoubtedly, Voltaire's personal experience in Holland is behind the setting of the anecdote in a Dutch bookshop; but more significantly, there is the important result of his travels to the United Provinces, namely, the view that commercialism and 'philosophy' were but two manifestations of a common inspiration.

[1] *M*, vol.19, p.267-70.
[2] See B. Guy, *The French image of China*, *SVEC* 21 (1963).

DE LA GLOIRE, OU ENTRETIEN AVEC UN CHINOIS

It is interesting to note that, even at the early date of 1738, Voltaire was looking ahead to what would become the *Essai sur les mœurs* with its attack on Bossuet and his *Discours sur l'histoire universelle*.

The dialogue-form in which the body of this article is couched was also characteristic. The contrast in points of view which it develops, played out against the backdrop of the Dutch bookshop (neutral ground for the higher life of the mind, free from the constraints of dogma), bears the weight of Voltaire's argument, where one prejudice vies with another in one more unedifying combat of a never-ending struggle. The author leaves the outcome hanging at the end, though he would seem to conclude with 'a plague on both your houses'.

The scepticism and wit of Voltaire's approach is essential, not only to an understanding of this *rogaton* that has little enough to do with 'gloire' (unless it be in the ironic perspective of fatuousness), but also to an appreciation of how Voltaire builds upon the theme of China throughout his life and work, enabling him in the end to become the man we revere in 'The Patriarch of Ferney' – in part because of such an early effort as this 'Entretien avec un Chinois' and all it represents.

Editions

w38

Œuvres de M. de Voltaire. Amsterdam, Ledet [or] Desbordes, 1738-1756. 9 vol. 8°.

Vol.4, p.145-49.

Volumes 1-4 at least were produced under Voltaire's supervision.

Bengesco 2120; Trapnell 39A; BnC 7-11.

Oxford, Taylor: V1 1738. Paris, BnF: Ye 9213 (4), Z 24566 (4); Rés. Z Bengesco 468 (4).

RP40 (1739)

Recueil de pièces fugitives en prose et en vers. [Paris, Prault] 1740 [1739]. 1 vol. 8°.

p.81-84.

Bengesco 2193; BnC 369-70.

W40

Œuvres de M. de Voltaire. Amsterdam [Rouen?], Compagnie, 1740. 4 vol.

Vol.4, p.137-41.

No evidence of Voltaire's participation.

Bengesco 2122; Trapnell 40R; BnC 18.

Paris, Arsenal: 8° B 34045, 8° B 34046.

W41C (1742)

Œuvres de M. de Voltaire. Amsterdam, Compagnie [Paris, Didot, Barrois] 5 vol. 12°.

Vol.4, p.117-20.

Based upon w38. No evidence of Voltaire's participation and suppressed at his request. Reissued as w42.

Bengesco 2124; Trapnell 41C; BnC 20-21.

Paris, BnF: Rés. Z Bengesco 471.

W41R

Œuvres de M. de Voltaire. Amsterdam [Rouen?], Compagnie, 1741. 4 vol. 12°.

Vol.4, p.137-41.

Based upon w38. No evidence of Voltaire's participation.

Bengesco 2123; Trapnell 41R; BnC 19.

Paris, BnF: Rés. Z Beuchot 6.

w42

Œuvres mêlées de M. de Voltaire. Genève, Bousquet, 1742. 5 vol. 12°.

Vol.4, p.117-20.

Reissue of w41c, produced with Voltaire's participation.

Bengesco 2125; Trapnell 42G; BnC 22-24.

Paris, BnF: Rés. Z 24570.

w46

Œuvres diverses de M. de Voltaire. Londres [Trévoux], Nourse, 1746. 6 vol. 12°.

Vol.4, p.1-5.

Bengesco 2127; Trapnell 46; BnC 25-26.

Paris, Arsenal: THEAT. N 1043; BnF: Rés. Z Beuchot 8.

w48D

Œuvres de M. de Voltaire. Dresde, Walther, 1748-1754. 10 vol. 8°.

Vol.2, p.3-6.

Produced with Voltaire's participation.

Bengesco 2129; Trapnell 48D; BnC 28-35.

Oxford, Taylor: V1 1748. Paris, BnF: Rés. Z Beuchot 12; Bengesco 70.

w50

La Henriade et autres ouvrages. Londres [Rouen], Société, 1750-1752. 10 vol. 12°.

Vol.2, p.34-38.

No evidence of Voltaire's participation.

Bengesco 2130; Trapnell 50R; BnC 39.

Geneva, ImV: A 1751/1. Grenoble, Bibliothèque municipale.

W51

Œuvres de M. de Voltaire. [Paris, Lambert] 1751. 11 vol. 12°.

Vol.11, p.29-32.

Based on w48D, with additions and corrections. Produced with the participation of Voltaire.

Bengesco 2131; Trapnell 51P; BnC 40-41.

Oxford, Taylor: V1 1751; VF. Paris, Arsenal: 8° B 13057; BnF: Rés. Z Beuchot 13.

W56

Collection complète des œuvres de M. de Voltaire. [Genève, Cramer] 1756. 17 vol. 8°.

Vol.4, p.79-82.

The first Cramer edition. Produced under Voltaire's supervision.

Bengesco 2133; Trapnell 56, 57G; BnC 55-56.

Oxford, Taylor: VF. Paris, Arsenal: 8° B 34 048; BnF: Z 24585.

W57G1

Collection complète des œuvres de M. de Voltaire. [Genève, Cramer] 1757. 10 vol. 8°.

Vol.4, p.79-82.

A revised edition of w56, produced with Voltaire's participation.

Bengesco 2134; Trapnell 56, 57G; BnC 67.

Paris, BnF: Rés. Z Beuchot 21.

W57P

Œuvres de M. de Voltaire. [Paris, Lambert] 1757. 22 vol. 12°.

Vol.7, p.181-86.

Based in part upon w56 and produced with Voltaire's participation.

Bengesco 2135; Trapnell 57P; BnC 45-54.

Oxford, Taylor: VF. Paris, BnF: Z 24642-24663.

w64g

Collection complète des œuvres de M. de Voltaire. [Genève, Cramer] 1764. 10 vol. 8°.

Vol.9, p.83-86.

A revised edition of w57g produced with Voltaire's participation.

Bengesco 2133; Trapnell 64; BnC 89.

Oxford, Merton College; Taylor: V1 1764; VF.

w64r

Collection complète des œuvres de M. de Voltaire. Amsterdam, Compagnie [Rouen, Machuel], 1764. 22 t. in 18 vol. 12°.

Vol.9, p.133-37.

Volumes 1-12 were produced and belong to the edition suppressed by Voltaire (w48r).

Bengesco 2136; Trapnell 64r; BnC 145-48.

Paris, BnF: Rés. Z Beuchot 26.

w68 (1771)

Collection complète des œuvres de M. de Voltaire. [Genève, Cramer; Paris, Panckoucke] 1768-1777. 30 (or 45) vol. 4°.

Vol.15, p.38-40.

Volumes 1-24 were produced by Cramer under Voltaire's supervision.

Bengesco 2137; Trapnell 68; BnC 141-44.

Oxford, Taylor: VF. Paris, BnF: Rés. M Z 587.

w70g

Collection complète des œuvres de M. de Voltaire. [Genève, Cramer] 1770. 10 vol. 8°.

Vol.9, p.83-86.

A new edition of w64g with few changes.

Bengesco 2133; Trapnell 64, 70g; BnC 90-91.

Oxford, Taylor: V1 1770G/1. Paris, Arsenal: 8 BL 34054.

W70L (1772)

Collection complète des œuvres de M. de Voltaire. Lausanne, Grasset, 1770-1781. 57 vol. 8°.

Vol.27, p.110-14.

Some volumes, particularly the theatre, were produced with Voltaire's participation.

Bengesco 2138; Trapnell 70L; BnC 149 (1-6, 14-21, 25).

Geneva, ImV: A 1770/4. Lausanne, Bibliothèque cantonale et universitaire. Oxford, Taylor: V1 1770 L.

W71L

Collection complète des œuvres de M. de Voltaire. Genève [Liège, Plomteux], 1771-1777. 32 vol. 12°.

Vol.14, p.40-43.

No evidence of Voltaire's participation.

Bengesco 2139; Trapnell 71; BnC 151.

Geneva, ImV: A 1771/1(14). Oxford, Taylor: VF.

W72P (1773)

Œuvres de M. de V.... Neuchâtel [Paris, Panckoucke], 1772-1777. 34 or 40 vol. 8° and 12°.

Vol.17, p.304-308.

Reproduces the text of w68. No evidence of Voltaire's participation.

Bengesco 2140; Trapnell 72P; BnC 153-57.

Paris, Arsenal: Rf. 14095; BnF: (various: see BnC).

W72X

Collection complète des œuvres de M. de Voltaire. [Genève, Cramer?] 1772. 10 vol. 8°.

Vol.9, p.83-86.

A new edition of w70G, probably printed for Cramer. No evidence of Voltaire's participation.

Bengesco 2133; Trapnell 72X; BnC 92, 105.

Oxford, Taylor: V1 1770G/2, vol.1, 10(1), 10(2). Paris, BnF: 8° Yth. 5949.

w75G

La Henriade, divers autres poèmes et toutes les pièces relatives à l'épopée. Genève [Cramer & Bardin], 1775. 37 [40] vol. 8°.

Vol.33, p.67-70.

The *encadrée* edition, produced at least in part under Voltaire's supervision.

Bengesco 2141; Trapnell 75G; BnC 158-61.

Geneva, ImV: A 1775/2. Oxford, Taylor: V1 1775; VF. Paris, BnF: Z 24839-24878.

Principles of this edition

The base text is w38. Variants have been collated from RP40, w48D, w51, w56, w57P, w68, w70G, w70L and w75G.

Treatment of the base text

The spelling of names and places has been retained. Orthography and grammar have been modified accordingly to conform to modern usage:

I. Consonants

- *p* was not used in: longtems, tems.
- *t* was not used in: cens, savans.
- *x* was used in place of *s* in: loix.
- the double consonant *nn* was not used in: solemnelle.
- the double consonant *tt* was not used in: flatent.

II. Vowels

- *i* was used in place of *y* in: païs.

– *o* was used in place of *a* in: avoit, connoissez, connoître, devroient, étoit, Hollandois, nommoit, parloit, prenoient.
– *y* was used in place of *i* in: payens.

III. Accents

– the circumflex accent was not used in: ane, eumes, grace(s).

IV. Capitalisation

– initial capitals were used in: Ambassade, Ane, Arts, Auteur(s), Boutique, Chevaux, Chrétiens, Commentateurs, Corps, Culte, Docteur(s), Empereur(s), Empire, Espèce(s), Etats, Fripiers, Gouverneurs, Juif, Lac, Lettré, Libraire, Livre, Maîtres, Marchands, Monde, Musulmans, Mystères, Nation, Négociant, Paroisse, Patrie, Pays, Peuple(s), Prédicateurs, Province, Religion, République, Romaine, Royaumes, Savant(s), Siècles, Suprême, Terre, Thé, Univers, Ville.

V. Various

– the ampersand was used.
– Européans was used for européens.
– Lettrez was used for lettrés.
– the cardinal number *vingt* was not pluralised in: quatre-vingt.

DE LA GLOIRE, OU ENTRETIEN
AVEC UN CHINOIS

En 1723, il y avait en Hollande un Chinois:[1] ce Chinois était lettré et négociant; deux choses qui ne devraient point du tout être incompatibles, et qui le sont devenues chez nous; grâce au respect extrême qu'on a pour l'argent, et au peu de considération que l'espèce humaine montre, a montré, et montrera toujours pour le   5
mérite.

Ce Chinois, qui parlait un peu hollandais, se trouva dans une boutique de librairie avec quelques savants: il demanda un livre; on lui proposa l'*Histoire universelle* de Bossuet, mal traduite.[2] A ce beau mot d'*Histoire universelle*, je suis, dit-il, trop heureux: je vais   10

---

5   RP40: humaine a montré, montre et montrera

     W48D-W75G: humaine a montré et montrera

---

[1] The place and date of this fictitious encounter may indicate a personal reminiscence on the part of Voltaire, who was in Holland in 1713, 1722 and, especially significant here, 1737; see J. Vercruysse, *Voltaire en Hollande*, *SVEC* 46 (Geneva, 1966). The importance of China for this trading nation may still be appreciated in the magnificent collections of porcelains and lacquers belonging to the House of Orange, especially at Huis ten Bosch. The mercantilism/letters antinomy did not originate with Voltaire; it may be observed in the fact that the Dutch profited most from commercial exchanges with China, while the French profited most from intellectual relations; see for example, Le Gentil de La Barbinais, *Nouveau Voyage autour du monde*, 2 vol. (Amsterdam, 1728), vol.2, p.102.

[2] J.-B. Bossuet, *Discours sur l'histoire universelle, ad usum Delphini* (Paris, 1681). As J. Truchet says in his introduction (Paris, 1966, p.17): 'Le *Discours* est en réalité plus, et moins qu'une histoire universelle.' Voltaire preferred to concentrate on the second element, especially in his own reply to Bossuet in the *Essai sur les mœurs*, where he pointed the way to a truly 'modern' concept of history. On this technique, see R. Mortier, *Voltaire: les ruses et les rages du pamphlétaire* (London, 1979). On Bossuet, history, and China in Voltaire's works, see Guy, *The French image of China*, p.245-76.

voir ce que l'on dit de notre grand empire, de notre nation qui subsiste en corps de peuple depuis plus de 50 mille ans, de cette suite d'empereurs qui nous ont gouvernés tant de siècles; je vais voir ce qu'on pense de la religion des *lettrés*, de ce culte simple que nous rendons à l'Etre suprême. Quel plaisir de voir comme on parle en Europe de nos arts, dont plusieurs sont plus anciens chez nous que tous les royaumes européens! Je crois que l'auteur se sera bien mépris dans l'histoire de la guerre que nous eûmes, il y a vingt-deux mille cinq cent cinquante-deux ans, contre les peuples belliqueux du Tonquin et du Japon, et sur cette ambassade solennelle par laquelle le puissant empereur du Mogol nous envoya demander des lois, l'an du monde 5000000000000079123450000.³ Hélas! lui dit un des savants, on ne parle pas seulement de vous dans ce livre: vous êtes trop peu de chose; presque tout roule sur la première nation du monde, l'unique nation, le peuple élu, le grand peuple juif.

Juif? dit le Chinois, ces peuples-là sont donc les maîtres des trois quarts de la terre, au moins? Ils se flattent bien qu'ils le seront un jour, lui répondit-on; mais en attendant ce sont eux qui ont l'honneur d'être ici marchands fripiers, et de rogner quelquefois les espèces. Vous vous moquez, dit le Chinois, ces gens-là ont-ils jamais eu un vaste empire? Ils ont possédé, lui dis-je, en propre, pendant quelques années, un petit pays; mais ce n'est point par

14   RP40: religion, des Lettrés,
26   W48D-W75G: nation, le grand peuple juif
31   RP40: ces peuples-là ont-ils

³ The question of Chinese antiquity was very important to Voltaire and his times; see *Essai sur les mœurs*, ch.1, and V. Pinot, *La Chine et la formation de l'esprit philosophique* (Paris, 1932), p.189-280. The usual sources for Voltaire's information on China – all religious – are: L. Lecomte, *Nouveaux Mémoires sur l'état présent de la Chine*, 2 vol. (Paris, 1696); *Lettres édifiantes et curieuses [...] par des membres de la Compagnie de Jésus*, 34 vol. (Paris, 1702-1773); J.-B. Du Halde, *Description [...] de la Chine et de la Tartarie chinoise*, 4 vol. (Paris, 1735); see Guy, *The French image of China*, p.56-69, 245-56.

l'étendue des états qu'il faut juger d'un peuple, de même que ce n'est point par les richesses qu'il faut juger d'un homme.[4] Mais ne parle-t-on pas de quelque autre peuple dans ce livre, demanda le lettré? Sans doute, dit le savant, qui était auprès de moi, et qui prenait toujours la parole: on y parle beaucoup d'un petit pays de quatre-vingts lieues de large, nommé l'Egypte,[5] où l'on prétend

35

38-39   w48D, w56, w57P, w68, w70G, w70L, w75G: de soixante lieues

---

[4] On Voltaire's treatment of the Hebrews, the Bible and the Jews, see H. Emmrich, *Voltaire und die Juden* (Breslau, 1930); P. Aubéry, 'Voltaire et les Juifs', *SVEC* 24 (1963), p.67-87; Alfred J. Bingham, 'Voltaire and the New testament', *SVEC* 24 (1963), p.183-218; A. Ages, 'Voltaire's biblical criticism', *SVEC* 30 (1964), p.205-22, and 'Voltaire and the Old testament: the testimony of his correspondence', *SVEC* 55 (1967), p.43-63; David Lévy, *Voltaire et son exégèse du Pentateuque: critique et polémique*, *SVEC* 130 (1975); Bertram Eugene Schwarzbach, 'The sacred genealogy of a Voltairean polemic: the development of critical hypotheses regarding the composition of the canonical and apocryphal gospels', *SVEC* 216 (1983), p.72-73, 'Voltaire et les Juifs: bilan et plaidoyer', *SVEC* 358 (1997), p.27-91, and 'Les études bibliques à Cirey', *SVEC* 2001:11, p.26-54; Marie-Hélène Cotoni, 'Présence de la Bible dans la correspondance de Voltaire', *SVEC* 319 (1994), p.357-98; François Bessire, *La Bible dans la correspondance de Voltaire*, *SVEC* 367 (1999). The following sources may have contributed to the formation of Voltaire's attitude, all of which he possessed (see *Voltaire's catalogue of his library at Ferney*, ed. G. R. Havens and N. L. Torrey, *SVEC* 9, 1959): J. Basnage de Beauval, *Antiquités judaïques*, 2 vol. (Amsterdam, 1713); P. Bayle, *Dictionnaire historique et critique*, 4 vol. (Rotterdam, 1697) and *Œuvres diverses*, 4 vol. (La Haye, 1737); E. Benoist, *Mélanges de remarques critiques* (Delft, 1712); A. Calmet, *Commentaire littéral*, 28 vol. (Paris, 1720) and *Dictionnaire historique* [...] *de la Bible*, 4 vol. (Paris, 1730); E. Dupin, *Dissertations historiques*, 2 vol. (Paris, 1711); G. Gaulmin, *De vita et morte Mosis* (Hamburg, 1714); J. Martianay, *Défense du texte hébreu* (Paris, 1689); J. Marsham, *Chronicus canon aegypticus, hebraicus, graecus* (Leipzig, 1673); H. Prideaux, *Histoire des Juifs*, 7 vol. (Paris, 1716); and R. Simon, *Histoire critique du Vieux Testament* (Rotterdam, 1685). Some of Voltaire's information also came through his study of the Deists; see N. Torrey, *Voltaire and the English Deists* (New Haven, Conn., 1930), and C. Crist, *The 'Dictionnaire philosophique portatif' and the Early French Deists* (Brooklyn, 1934).

[5] Voltaire was among the first to treat it seriously, in the *Essai sur les mœurs* (2 vol., ed. R. Pomeau, Paris, 1963; see Introduction, p.19-23). Among Voltaire's sources

qu'il y avait un lac de 150 lieues de tour. Tudieu! dit le Chinois, un   40
lac de 150 lieues dans un terrain qui en avait quatre-vingts de large;
cela est bien beau! Tout le monde était sage dans ce pays-là, ajouta
le docteur. Oh! le bon temps que c'était, dit le Chinois; mais est-ce
là tout? Non, répliqua l'Européen, il est tant question encore de ces
célèbres Grecs.⁶ Qui sont ces Grecs, dit le lettré? Ah! continua   45
l'autre, il s'agit de cette province, à peu près grande comme la
deux-centième partie de la Chine; mais qui a fait tant de bruit dans
tout l'univers. Jamais je n'ai ouï parler de ces gens-là, ni au Mogol,
ni au Japon, ni dans la Grande-Tartarie, dit le Chinois d'un air
ingénu.   50

Ah ignorant! ah barbare! s'écria poliment notre savant; vous ne
connaissez donc point Epaminondas le Thébain, ni le port de Pirée,
ni le nom des deux chevaux d'Achille, ni comment se nommait
l'âne de Silène? Vous n'avez entendu parler ni de Jupiter, ni de
Diogène, ni de Laïs, ni de Cybèle, ni de...⁷   55

---

40   w51, w56, w57p, w68, w70g, w70l, w75g: tour, fait de main d'homme.
Tudieu!
41   w48d, w56, w57p, w68, w70g, w70l, w75g: avait soixante de
44   w48d: tant de questions encore
      w51: l'Européen: y est encore question de
      w56, w57p, w68, w70g, w70l, w75g: il est question
45   rp40: Qui sont ces célèbres Grecs

---

were undoubtedly N. Caussin's *Symbolicon aegyptiorum sapientia* (Paris, 1618);
A. Kircher, *Enigma aegyptiaca restituta* (Rome, 1643), *Obelisci aegyptiani* (Rome,
1666) and *Œdipus aegyptiacus*, 4 vol. (Rome, 1652); B. de Montfaucon, *L'Antiquité
expliquée*, 10 vol. (Paris, 1719-1724); B. de Fontenelle, *Histoire des oracles* (Paris,
1724); and the famous novels by J. Terrasson, *Sethos* (Paris, 1731), and C. de Mouhy,
Lamekis (Paris, 1735). See also F. Manuel, *The Eighteenth century confronts the gods*
(Cambridge, Mass., 1959), p.189-209; N. Pevsner, 'The Egyptian revival', *Studies in
Art, etc.* 1 (New York, 1968), p.212-35; and E. Iversen, *The Myth of Egypt*
(Copenhagen, 1961).

⁶ On Voltaire and classical antiquity, see the relevant sections of R. Naves, *Le
Goût de Voltaire* (Paris, 1938); M. Mat-Hasquin, 'Voltaire et l'antiquité grecque',
SVEC 197 (1981); C. Grell, *Le Dix-huitième Siècle et l'antiquité en France 1680-1789*,
SVEC 330-31 (1995).

⁷ Voltaire mocks these titbits of information in order to reduce the notion of

J'ai bien peur, répliqua le lettré, que vous ne sachiez rien de l'aventure, éternellement mémorable du célèbre Xixofou Concochigramki, ni des mystères du grand Fi psi hi hi. [8] Mais, de grâce, quelles sont encore les choses inconnues dont traite cette histoire universelle? Alors le savant parla un quart d'heure de suite de la 60 république romaine: et, quand il vint à Jules César, le Chinois l'interrompit, et lui dit: pour celui-là, je crois le connaître; n'était-il pas Turc (a)?

Comment, dit le savant échauffé, est-ce que vous ne savez pas au moins la différence qui est entre les païens, les chrétiens, et les 65 musulmans? Est-ce que vous ne connaissez point Constantin, et l'histoire des papes? Nous avons entendu parler confusément, répondit l'Asiatique, d'un certain Mahomet.

Il n'est pas possible, répliqua l'autre, que vous ne connaissiez au moins Luther, Zuingle, Bellarmin, Œcolampade. [9] Je ne retiendrai 70

(a) Il n'y a pas longtemps que les Chinois prenaient tous les Européens pour des mahométans.

63   RP40: [note absent]

European superiority, especially as inherited from the Graeco-Roman humanistic tradition since the Renaissance. In attempting to broaden his readers' concepts by introducing the representative of another culture and in order to spread the 'blessings' of his era's new-found relativism, Voltaire does not hesitate to devalue established models which in other circumstances he undoubtedly held most dear, e.g. D381, D1729, etc.

[8] Voltaire's wit is double-edged, enabling him to make light of the exoticism in this new model, the Chinese Sage, and so deflate both his protagonists. Other writers also reduced Chinese names to nonsense, e.g. Frederick II, *Relation de Phihihu*; d'Aurigny, 'Mel-Chu-Kina'; Crébillon, fils, 'Lou-Chou-Chu-La'; together with fantastic dates, e.g., Cahusac, '59749', Chévrier, 'l'an de Salchodaï 623', or Laffichard, '1000DCC46'. See also lines 19 and 23 of the current text.

[9] Martin Luther (1483-1546), German leader of the Protestant reformation; Ulrich Zwingli (1484-1531), leading Protestant reformer of Switzerland and S. Germany in opposition to Luther; Cardinal Robert Bellarmine, (1542-1621), anti-Protestant polemicist, author of popular works of devotion, leader of the Counter-Reformation; Johannes Oecolampadius (Hausschein) (1482-1531), Protestant reformer, associate of Zwingli.

jamais ces noms-là, dit le Chinois; il sortit alors, et alla vendre une partie considérable de thé pekoe et de fin grogram, [10] dont il acheta deux belles filles et un mousse, qu'il ramena dans sa patrie en adorant *le Tien*, et en se recommandant à Confucius. [11]

Pour moi, témoin de cette conversation, je vis clairement ce que c'est que la *gloire* et je dis: Puisque César et Jupiter sont inconnus dans le royaume le plus beau, le plus ancien, le plus vaste, le plus peuplé, le mieux policé de l'univers, il vous sied bien, gouverneurs de quelques petits pays, ô prédicateurs d'une petite paroisse, dans une petite ville, ô docteurs de Salamanque, ou de Bourges, ô petits auteurs, ô pesants commentateurs; il vous sied bien de prétendre à la réputation! [12]

75

80

75   RP40: je vis ce que
78   RP40, W56, W57P, W68, W70G, W70L, W75G: bien, ô gouverneurs

[10] A coarse fabric of silk mixed with wool or mohair.
[11] Chinese religion was an important – and vexing – question for Voltaire as for his contemporaries; see *Essai sur les mœurs*, ch.2, Pinot, *La Chine et la formation de l'esprit philosophique*, p.281-366, and Guy, *The French image of China*, p.256-76.
[12] The encomium implicit in this last paragraph is repeated many times by Voltaire, notably in 'Catéchisme chinois' and 'Chine' (*Dictionnaire philosophique*), *Rescrit de l'Empereur de la Chine* (1761) and *Relation du bannissement des Jésuites de la Chine* (1768).

Shorter verse of 1738

Critical edition

by

Ralph A. Nablow

CONTENTS

COLLECTIVE EDITIONS OF VOLTAIRE'S WORKS
REFERRED TO IN THIS EDITION

w38

Œuvres de M. de Voltaire. Amsterdam, Ledet [or] Desbordes, 1738-1750. 8 vol. 8°.

Volumes 1 to 4 at least produced under Voltaire's supervision.

Bengesco 2120; Trapnell 39A; BnC 7-11.

Paris, BnF: Rés. Z Beuchot 7.

RP40

Recueil de pièces fugitives en prose et en vers. [Paris, Prault,] 1740 [1739]. 1 vol. 8°.

Bengesco 2193; BnC 369-370.

Paris, BnF: Zz 4185.

w41C

Œuvres de M. de Voltaire. Amsterdam [Paris, Didot, Barrois], Compagnie, 1741-1742. 5 vol. 12°.

Based upon w38. No evidence of Voltaire's participation and suppressed at his request; reissued as w42.

Bengesco 2124; Trapnell 41C; BnC 20-21.

Paris, BnF: Rés. Z Bengesco 471.

w42

Œuvres mêlées de M. de Voltaire. Geneva, Bousquet, 1742. 5 vol. 12°.

An amended reissue of w41C, produced with Voltaire's participation.

Bengesco 2125; Trapnell 42G; BnC 22-24.

Geneva, ImV: A1742/1. Oxford, Taylor: V2 1742. Paris, BnF: Rés. Z Beuchot 51.

w46

Œuvres diverses de M. de Voltaire. London [Trévoux], Nourse, 1746. 6 vol. 12°.

There is some evidence that Voltaire may have been involved in the preparation of this edition: see BnC.

Bengesco 2127; Trapnell 46; BnC 25-26.

Paris, BnF: Rés. Z Beuchot 8.

w48D

Œuvres de M. de Voltaire. Dresden, Walter, 1748-1754. 10 vol. 8°.

Produced with Voltaire's participation.

Bengesco 2129; Trapnell 48D; BnC 28-35.

Oxford, Taylor: V1 1748. Paris, BnF: Rés. Z Beuchot 12.

w50

La Henriade et autres ouvrages. London [Rouen], Société, 1750-1752. 10 vol. 12°.

No evidence of Voltaire's participation.

Bengesco 2130; Trapnell 50R; BnC 39.

Geneva, ImV: A 1751/1. Paris, BnF: Rés. Z Beuchot 9.

w51

Œuvres de M. de Voltaire. [Paris, Lambert,] 1751. 11 vol. 12°.

Produced with Voltaire's participation. Based on w48D, with additions and corrections.

Bengesco 2131; Trapnell 51P; BnC 40-41.

Oxford, Taylor: V1 1751. Paris, Arsenal: 8° B 13057; BnF: Rés. Z Beuchot 13.

w52

Œuvres de M. de Voltaire. Dresden, Walther, 1752-1770. 9 vol. 8°.

Based on w48D with revisions. Produced with Voltaire's participation.

Bengesco 2132; Trapnell 52 (vol.1-8), 70x (vol.9); BnC 36-38.

Oxford, Taylor: V1. 1752. Paris, BnF: Rés. Z Beuchot 14.

w56

Collection complette des œuvres de Mr. de Voltaire. [Geneva, Cramer,] 1756. 17 vol. 8°.

The first Cramer edition, produced under Voltaire's supervision.

Bengesco 2133; Trapnell 56, 57G; BnC 55-66.

Paris, Arsenal: 8° B 34 048; BnF: Z 24585.

w57G1

Collection complette des œuvres de Mr. de Voltaire. [Geneva, Cramer,] 1757. 10 vol. 8°.

A revised edition of w56, produced with Voltaire's participation.

Bengesco 2134; Trapnell 56, 57G; BnC 67.

Oxford, Taylor: V1 1757. Paris, BnF: Rés. Z Beuchot 21.

w57G2

Collection complette des œuvres de M. de Voltaire. [Geneva, Cramer,] 1757. 10 vol. 8°.

A new edition of w57G1.

Paris, BnF: Rés. Z Beuchot 20. St Petersburg: GpgbVM 11-74.

w57P

Œuvres de M. de Voltaire. [Paris, Lambert,] 1757. 22 vol. 12°.

Based in part upon w56 and produced with Voltaire's participation.

Bengesco 2135; Trapnell 57P; BnC 45-54.

Oxford, Taylor: VF. Paris, BnF: Z 24644.

SO58

Supplément aux œuvres de M. de Voltaire. London [Paris, Lambert], 1758.
2 vol. 12°.

Bengesco 2131; BnC 42-44.

Paris, BnF: Rés. Z Beuchot 16*bis*.

MP61

Mélanges de poésies, de littérature, d'histoire et de philosophie. [Paris,
Prault,] 1761. 1 vol. 8°.

Bengesco 2209; BnC 86.

OC61

Œuvres choisies de M. de Voltaire. Avignon, Giroud, 1761. 1 vol. 12°.

Bengesco 2182, 2206; Trapnell 61A; BnC 430-433.

Paris, BnF: Rés Z Beuchot 53.

TS61

*Troisième suite des mélanges de poésie, de littérature, d'histoire et de
philosophie.* [Paris, Prault,] 1761. 1 vol. 8°.

Issued, without the consent of Voltaire or Cramer, as volume 19 of w56
and related editions.

Bengesco 2133, 2209; Trapnell 61G and/or 61P; BnC 84-85.

W64G

Collection complette des œuvres de M. de Voltaire. [Geneva, Cramer,]
1764. 10 vol. 8°.

A revised edition of w57G, produced with Voltaire's participation.

Bengesco 2133; Trapnell 64, 70G; BnC 89.

Oxford, Merton College; Taylor: V1 1764; VF.

w64R

Collection complette des œuvres de M. de Voltaire. Amsterdam, Compagnie [Rouen, Machuel], 1764. 22 tomes in 18 vol. 12°.

Volumes 1 to 12 were produced in 1748 and belong to the edition suppressed by Voltaire (w48R).

Bengesco 2136; Tapnell 64R; BnC 145-148.

Paris, BnF: Rés. Z Beuchot 26.

w68

Collection complette des œuvres de M. de Voltaire. [Geneva, Cramer; Paris, Panckoucke], 1768-1777. 30 vol. 4°.

The quarto edition, volumes 1 to 24 of which were produced by Cramer, under Voltaire's supervision; based on w64G.

Bengesco 2137; Trapnell 68; BnC 141-144.

Oxford, Taylor: VF.

w70G

Collection complette des œuvres de M. de Voltaire. [Geneva, Cramer,] 1770. 10 vol. 8°.

A new edition of w64G with few changes.

Bengesco 2133; Trapnell 64, 70G; BnC 90-91.

Oxford, Taylor: V1 1770G. Paris, BnF: Z 24744.

w70L

Collection complette des œuvres de M. de Voltaire. Lausanne, Grasset, 1770-1781. 57 vol. 8°.

Some volumes, particularly the theatre, were produced with Voltaire's participation.

Bengesco 2138; Trapnell 70L; BnC 149 (1-6, 14-21, 25).

Lausanne, Bibliothèque cantonale et universitaire. Oxford, Taylor: V1 1770 L.

W71

Collection complète des œuvres de M. de Voltaire. Geneva [Liège, Plomteux], 1771-1777. 32 vol. 8°.

Reproduces the text of w68; no evidence of Voltaire's participation.

Bengesco 2139; Trapnell 71; BnC 151.

Oxford, Taylor: VF.

W72P

Œuvres de M. de V.... Neufchâtel [Paris, Panckoucke], 1771-1777. 34 or 40 vol. 8° and 12°.

Reproduces the text of w68; no evidence of Voltaire's participation.

Bengesco 2140; Trapnell 72P; BnC 152-157.

Paris, Arsenal: Rf. 14095; BnF: Z 24809.

W72X

Collection complette des œuvres de M. de Voltaire. [Geneva, Cramer?,] 1772. 10 vol. 8°.

A new edition of w70G, probably printed for Cramer; no evidence of Voltaire's participation.

Bengesco 2133; Trapnell 72X; BnC 92-110.

Oxford, Taylor: V1 1770G/2. Paris, BnF: 16° Z 15081.

W75G

La Henriade, divers autres poèmes et toutes les pièces relatives à l'épopée. [Geneva, Cramer & Bardin,] 1775. 37 [40] vol. 8°.

The *encadrée* edition, produced at least in part under Voltaire's supervision.

Bengesco 2141; Trapnell 75G; BnC 158-161.

Oxford, Taylor: V1 1775; VF.

K

Œuvres complètes de Voltaire. [Kehl,] Société littéraire-typographique, 1784-1789. 70 vol. 8°.

The first issue of the Kehl edition, based in part upon Voltaire's manuscripts.

Bengesco 2142; BnC 164-193.

Oxford, Taylor: V1 1785/2; VF. Paris, BnF: Rés. p. Z. 2209.

ÉPÎTRE AU PRINCE ROYAL DE PRUSSE, AU NOM DE MADAME LA MARQUISE DU CHÂTELET, À QUI IL AVAIT DEMANDÉ CE QU'ELLE FAISAIT À CIREY

On *c.*1 September 1736 Voltaire acknowledged his first letter from the crown prince of Prussia (D1126), who would come to the throne on 31 May 1740 and whom Voltaire was not to meet until September of that year (D2308). It was Frederick to whom the largest number of Voltaire's verse epistles was addressed, most of which appeared between 1736 and 1752.

This octosyllabic epistle is written in the name of Mme Du Châtelet, whom the crown prince had asked (in a lost letter) how she passed the time at Cirey. In his letter of 1 February 1738 Frederick told Voltaire that he was impatiently awaiting the poem ('les vers qu'Emilie se veut bien donner la peine de composer'; D1439, n.1). By 19 February he had received it. 'Mme Du Chatelet m'a adressé des vers', he told Voltaire, 'que j'ai admirés à cause de leur beauté, de leur noblesse et de leur tour original; j'ai été en même temps fort étonné d'y voir qu'on m'y donnait du divin' (D1458).[1] '[J]'ai répondu en vers à Mme Du Chatelet', Frederick added, 'et je vous prie Monsieur de vouloir bien donner quelques coups de plume à cette pièce afin qu'elle soit digne d'être offerte à Emilie'.[2]

Voltaire's poem is noteworthy for its simplicity and directness. In the manner of the Horace odes, it reflects the lady's happiness in having left the distractions of the world for the serenity and studious leisure of a country retreat. Here she values seclusion,

---

[1] See lines 31-32 of the epistle.

[2] Frederick's reply, which he indeed sent with this letter, is to be found in *Œuvres de Frédéric le Grand* (Berlin, 1846-1857), vol.14, p.[26]-29. The reply is editorially dated 10 November 1737. See also D1389, n.3.

like La Fontaine as well as Horace, but not without a friend (l.18-21). The poet indicates that a temple was being built at Cirey to Frederick, the most pleasing of the gods (cf. Horace's praise of Augustus), but wishes the crown prince were a little more accessible.

The *Epître au prince royal de Prusse* is reproduced in Métra's *Correspondance secrète politique et littéraire*, under the date of 25 August 1785 (vol.18, p.336-37), where it is attributed to Mme Du Châtelet and described as 'peu connue'.

The text

First printed in *Opuscules poétiques ou le plus charmant des recueils* (Amsterdam and Paris, 1773), the epistle did not enter Voltaire's works until the Kehl edition. Since the poem was never printed with Voltaire's supervision, K has been taken as the base text. This version differs slightly from that of the *Opuscules*, and inserts an extra line (l.42).

Editions: *Opuscules poétiques* (OP), p.5-7; K, vol.13, p.105-107.

Base text: K. Collated text: OP.

Epître au prince royal de Prusse, au nom de Madame la marquise Du Châtelet, à qui il avait demandé ce qu'elle faisait à Cirey. *1738*.

Un peu philosophe et bergère,
Dans le sein d'un riant séjour,
Loin des riens brillants de la cour,
Des intrigues du ministère,

a-c OP: *Réponse / Par Monsieur de Voltaire / Pour Madame Du Chât... au Roi de Prusse*

Des inconstances de l'amour,   5
Des absurdités du vulgaire
Toujours sot et toujours trompé,
Et de la troupe mercenaire
Par qui ce vulgaire est dupé,
Je suis heureuse et solitaire;   10
Non pas que mon esprit sévère
Haïsse par son caractère
Tous les humains également:
Il faut les fuir, c'est chose claire,[3]
Mais non pas tous assurément.   15
Vivre seule dans sa tanière,
Est un assez méchant parti,
Et ce n'est qu'avec un ami
Que la solitude doit plaire.
Pour ami j'ai choisi Voltaire,   20
Peut-être en feriez-vous ainsi.
Mes jours s'écoulent sans tristesse,
Et dans mon loisir studieux
Je ne demandais rien aux dieux
Que quelque dose de sagesse,   25
Quand le plus aimable d'entre eux,
A qui nous érigeons un temple,
A, par ses vers doux et nombreux,
De la sagesse que je veux,
Donné les leçons et l'exemple.   30
Frédéric est le nom sacré
De ce dieu charmant qui m'éclaire;
Que ne puis-je aller à mon gré
Dans l'Olympe où l'on le révère!

9   OP: le Vulgaire
10 OP: Je vis
17 OP: C'est un

[3] Cf. Horace's 'Odi profanum vulgus et arceo', *Carmina* III.i.1.

Mais le chemin m'en est bouché.   35
Frédéric est un dieu caché,
Et c'est ce qui nous désespère.
Pour moi, nymphe de ces coteaux,
Et des prés si verts et si beaux,
Enrichis de l'eau qui les baise;   40
Soumise au fleuve de la Blaise,⁴
A mon mari, ne vous déplaise,
Je reste parmi mes roseaux.
Mais vous, du séjour du tonnerre
Ne pourriez-vous descendre un peu?   45
C'est bien la peine d'être dieu
Quand on ne vient pas sur la terre!

37   OP: qui me désespère.
42   OP: [absent]
43   OP: parmi ces roseaux;

⁴ The Blaise, described by Voltaire as 'la petite rivière que je vois de mon lit'
(30 November 1735; D951); the village of Cirey is strictly Cirey-sur-Blaise.

À MONSIEUR CLÉMENT, DE MONTPELLIER, QUI AVAIT ADRESSÉ DES VERS À L'AUTEUR, EN L'EXHORTANT À NE PAS ABANDONNER LA POÉSIE POUR LA PHYSIQUE

This poem is addressed to the little-known 'M. Clément de Montpellier', who had exhorted Voltaire not to abandon poetry for physics, and was rewarded with the poem in question. A few years later Clément sent Voltaire a 'conte joliment écrit', on which Voltaire again composed some verse (11 July 1744; D3000).

The poem before us is a reply to the one of Clément beginning 'Laisse à Clairaut tracer la ligne', which Desfontaines published in 1739 in his *Observations sur les écrits modernes*.[1] In volume 20 of this work, there appears a letter by Clément himself, in which he states that his poem had not been intended for publication, but since it was already published, he would like to see it published correctly;[2] he proceeds to give an accurate version, which, he says, he inserted in a letter to Voltaire who had sent him a copy of the *Eléments de la philosophie de Newton*. Now Voltaire tells us, in fact, in his letter of 5 July 1738 to Thiriot (D1545), that he is indeed sending a copy of the *Eléments* to Clément, and it is likely that both Clément's poem and Voltaire's reply were written shortly thereafter.

The reply, with its references to Kepler and to the philosophical concepts of 'le plein' and 'le vide', reflects Voltaire's great interest at this time in Newtonian physics. It may in this connection be read in the light of Ira Wade's contention that in 1738 Voltaire decided to shift from poetry to philosophy.[3]

---

[1] Vol.19, letter 276, p.135.

[2] (Paris, 1739), letter 289, p.95.

[3] See *The Intellectual development of Voltaire* (Princeton, 1969), p.367, 375, 390. It must be admitted, however, that Voltaire wrote much poetry throughout his long career.

The text

First printed in the *Portefeuille trouvé* (Geneva, 1757), the poem entered Voltaire's works in 1761 in MP61, TS61, and OC61. All the printings of the poem during Voltaire's lifetime give the same text. Since the poem was not printed in the *encadrée* (W75G), and in the absence of a holograph, the text of W70L (1772) is reproduced here. The title is that of K.

Editions: *Le Portefeuille trouvé* (PT), vol.1, p.20; OC61, p.174; MP61, p.188; TS61, p.386-87; W64R, vol.17, p.587; W70L (1772), vol.23, p.306; K, vol.14, p.303. The poem also appears in the *Journal encyclopédique* (Bouillon) of 1 September 1766, p.114, and of June 1773, p.509.

Base text: W70L. Collated texts: PT; K.

[*A Monsieur Clément, de Montpellier, qui avait adressé des vers à l'auteur, en l'exhortant à ne pas abandonner la poésie pour la physique*]

Un certain chantre abandonnait sa lyre;
Nouveau Képler,[4] un télescope en main,
Lorgnant le ciel, il prétendait y lire,
Et décider sur le vide et le plein.[5]

a-c β: *Réponse de Monsieur de Voltaire*
    PT: *Réponse de Monsieur de V****
3 K: prétendit

[4] On Kepler's laws of planetary motion, which played an important part in the work of Newton, see the *Eléments de la philosophie de Newton* (*OCV*, vol.15, p.408, 419, 428).
[5] Descartes, like Aristotle, believed that the universe was a *plenum* and that nature abhorred a *vacuum*. Newton, following Epicurus and Gassendi, reversed this concept. See the *Eléments de la philosophie de Newton* (*OCV*, vol.15, p.205-207, 409-12).

Un rossignol, du fond d'un bois voisin,   5
Interrompit son morne et froid délire;
Ses doux accents l'éveillèrent soudain:
(A la nature il faut qu'on se soumette);
Et l'astronome, entonnant un refrain,
Reprit la lyre, et brisa sa lunette.   10

ÉPÎTRE À MONSIEUR HELVÉTIUS

In 1738 Voltaire sent the first of many letters to the future philosopher Claude-Adrien Helvétius (1715-1771), who had expressed an interest to him in poetry and philosophy (? June 1738; D1521). He proceeded to show much fondness for the young man, inviting him to Cirey (D1581, D1938), dedicating to him the fourth *Discours en vers sur l'homme* (1737-1738), and offering him counsel and encouragement. [1]

This epistle was composed in 1738, the year in which Helvétius, at the queen's request, [2] received a lucrative post of farmer-general of revenues. 'Nous avons ici un fermier général qui me paraît avoir la passion des belles-lettres', Voltaire remarked to Thiriot on 2 August, echoing his poem. 'C'est le jeune Helvétius qui sera digne du temple de Cirey s'il continue. Voilà Minerve réconciliée avec Plutus' (D1570).

This use of antithesis sustains the entire poem. Plutus is opposed to Cupid, Minerva, and Apollo, youth to old age, and the language of Plato to the strength of Hercules – all to the praise of Helvétius.

The text

The poem was first published in 1784 by the Kehl editors (vol.13, p.91), whose text is reproduced here.

---

[1] See the *Conseils à Monsieur Helvétius sur la composition et sur le choix du sujet d'une épître morale* and Voltaire's notes on Helvétius's epistles (*M*, t.23, p.1-4, 5-23).
[2] His father was chief physician to the queen.

Epître à Monsieur Helvétius

Apprenti fermier général,
Très savant maître en l'art de plaire,
Chez Plutus,[3] ce gros dieu brutal,
Vous portâtes mine étrangère;
Mais chez les Amours et leur mère,   5
Chez Minerve, chez Apollon,[4]
Lorsque vous vîntes à paraître,
On vous prit d'abord pour le maître,
Ou pour l'enfant de la maison.
Vainement sur votre menton   10
La main de l'aimable Jeunesse
N'a mis encor que son coton:
Toute la raisonneuse espèce[5]
Croit voir en vous un vrai barbon;
Et cependant votre maîtresse   15
Jamais ne s'y méprit, dit-on;
Car au langage de Platon,[6]
Au savoir qui dans vous réside,
A ce minois de Céladon
Vous joignez la force d'Alcide.[7]   20

---

[3] In his letter of 17 July 1738, Voltaire addresses Helvétius as 'mon cher élève des muses, d'Archimede, et de Plutus' (D1560; see also D1570).

[4] On 4 December 1738 Voltaire encouraged Helvétius's belletristic efforts, remarking: 'Plutus ne doit être que le valet de chambre d'Apollon' (D1673).

[5] This expression brings to mind La Fontaine: cf. 'Le raisonneur parti' from *Les deux aventuriers et le talisman* (*Fables*, X.xiii.32).

[6] Voltaire considered Plato an eloquent moralist but a bad metaphysician, 'poète plus que philosophe' (*OH*, p.1025-26; quotation, *Dieu et les hommes*, *OCV*, vol.69 (1), p.458).

[7] Céladon, a character in Honoré d'Urfé's *L'Astrée* (1607-1627); Alcides, a name of Hercules.

ODE POUR MESSIEURS DE L'ACADÉMIE DES SCIENCES, QUI ONT ÉTÉ SOUS L'ÉQUATEUR ET AU CERCLE POLAIRE, MESURER DES DEGRÉS DE LATITUDE

This ode owes its inception to the expeditions that scientists from the Académie des Sciences undertook to the equator and to the arctic circle to measure degrees of the meridian, thereby confirming Newton's claim that the earth is flattened at the poles – a claim that Cartesian astronomers had denied (cf. D1622, p.315). In May 1735 Charles Marie de La Condamine, Pierre Bouguer, and Louis Godin embarked on a protracted mission to Ecuador,[1] a report by Bouguer appearing only in 1749.[2] And in May 1736 Pierre Louis Moreau de Maupertuis, along with Alexis Claude Clairaut and others, left for the north pole regions, his observations of which he published in 1738.[3]

The ode was composed in this year. Voltaire mentions it to Thiriot on 7 August, suggesting that the latter, if he finds it passable, send it to Prévost for anonymous inclusion in *Le Pour et Contre* (D1578, n.8). He repeats this request to Thiriot on 11 August, expressing fear lest his 'petite odelette' be identified by the 'air newtonien qui règne dans cet ouvrage' (D1583).[4] The ode,

[1] See Voltaire's poem *A Monsieur de La Condamine* (1737) (*OCV*, vol.17, p.553).

[2] *La Figure de la terre, déterminée par les observations de Messieurs Bouguer, et de La Condamine, de l'Académie royale des sciences, envoyés par ordre du Roi au Pérou pour observer aux environs de l'équateur* (Paris, 1749).

[3] *La Figure de la terre, déterminée par les observations de Messieurs de Maupertuis, Clairaut, Camus, Le Monnier, de l'Académie royale des sciences, et de Monsieur l'abbé Outhier [...] faites par ordre du Roi au cercle polaire* (Paris, 1738). Voltaire had known Maupertuis since 1732 (D533).

[4] Besterman remarked that 'any but the most superficial readers of the *Pour et Contre* would certainly have recognized Voltaire's hand from the first stanza' (D1583, n.2).

apart from the last three stanzas, was indeed published by Prévost in 1738 in *Le Pour et Contre*, where it is preceded by the remark: 'Une ode nouvelle que le hasard m'a fait tomber entre les mains, va délasser agréablement ceux qui aiment de la noblesse et du feu dans la poésie'.[5] Still more complimentary was Frederick, crown prince of Prussia, who on 14 September praised the poem for its content and style: 'L'ode philosophique que je viens de recevoir est parfaite; les pensées sont foncièrement vraies, ce qui est le principal; elles ont cet air de nouveauté qui frappe, et la poésie du style, qui flatte si agréablement l'oreille et l'esprit, y brille. Je dois mes suffrages à cette ode excellente. Il ne faut point être flatteur, il ne faut être que sincère pour y applaudir' (D1614). We hear of it again on 20 September, when Mme Du Châtelet sent it to Maupertuis (D1617). Then, on 3 February 1739, Frederick proposed it for inclusion in an edition of the *Henriade* he was planning to bring out – an edition which however he finally abandoned (D1844, n.3 and 4). But not all comments were positive. The ode was in fact attacked by two Christian apologists. Claude-Marie Guyon quoted lines 1-4 and 33-36 as examples of insincere, subversive writing,[6] and Gabriel Gauchat cited lines 9-12 and 53-64, again on the charge of insincerity.[7] Finally, after a long silence, the ode reappeared in the twentieth century, and suffered a similar fate. Quoting the first two stanzas, Richard Aldington remarked: 'There is something unluckily comic in declamations of this sort. [...] Can it be, we ask anxiously, that these are meant to be Sapphics? What is all this hubbub about? What an odd resemblance it bears to the least successful declamations of Hugo, and how strange it seems that this capering on stilts should have been thought sublime and noble'.[8]

[5] Vol.16, p.46-48 (p.45).

[6] See *L'Oracle des nouveaux philosophes. Pour servir de suite et d'éclaircissement aux Œuvres de Monsieur de Voltaire* (Bern, 1759), p.131, 257.

[7] See *Lettres critiques ou analyse et réfutation de divers écrits modernes contre la religion* (Paris, 1755-1763), vol.3, p.150, 152-54.

[8] *Voltaire* (London, 1925), p.148-49.

In defence of Voltaire, we might cite one stanza (l.57-60) as an effective anticipation of Baudelaire:

> Tandis que des humains le troupeau méprisable,
> Sous l'empire des sens indignement vaincu,
> De ses jours indolents traînant le fil coupable,
> Meurt sans avoir vécu.

Here we have the Baudelairean themes of sensuality, indolence, and ignominious death; in theme, tone, and treatment the lines foreshadow the famous poem *Le Voyage* (1859), with its vision of 'Le spectacle ennuyeux de l'immortel péché' (l.88). [9]

But whether successful as poetry or not, the ode as a whole has its importance in reflecting the scientific discoveries of the time, and in showing Voltaire siding, as was his wont, with the Moderns against the Ancients (see his note to line 28). [10]

Finally, it is of interest that an English translation of the ode appeared in *The Works of M. de Voltaire*, translated from the French with historical and critical notes, by T. Smollett and others, 35 vol. (London, 1761-1765), vol.32, p.170-74.

The text

The ode was first printed, except for the last three stanzas, in Prévost's *Le Pour et Contre* of 1738. A year later it was printed in its entirety in the *Recueil de pièces fugitives en prose et en vers. Par Monsieur de V**** ([Paris], 1740 [1739]), and in 1742 entered Voltaire's works (w41C, w42). The *encadrée* (w75G), which gives the same text (except for the title) as the other authorised editions from w56 to w70L, is reproduced here. There are two textual

---

[9] For a similar anticipation of Baudelaire, see Ralph Nablow, *A study of Voltaire's lighter verse*, *SVEC* 126 (1974), p.171-72.

[10] Voltaire's general position was that of a Modern, respectful, however, of the high merits of the Ancients. See also his article 'Anciens et modernes' and the conclusion of his article 'Système', both in the *Questions sur l'Encyclopédie* (*M*, vol.17, p.225-40; vol.20, p.470-71).

traditions: (1) w56-w64G, w70G-K, and the *Epîtres* (see below), all of which agree with the base text; (2) the other editions, which contain a few variants as well as differences among themselves (see the variants).

Editions: *Le Pour et Contre* (PC), vol.16, p.46-48; *Recueil de pièces fugitives* (RP40), p.118-23; w41C (1742), vol.5, p.87-91; w42, vol.5, p.87-91; w38, 43 (1745), vol.6, p.142-46; w46, vol.5, p.19-22; w48D, vol.3, p.142-46; w50, vol.3, p.170-74; w51, vol.3, p.147-51; w52, vol.3, p.52-55; w56, vol.2, p.104-108; w57G1, vol.2, p.104-108; w57G2, vol.2, p.104-108; w57P, vol.6, p.94-97; OC61, p.7-10; w64G, vol.2, p.117-20; w64R, vol.5, p.116-20; w70G, vol.2, p.117-20; w68 (1771), vol.18, p.251-55; w72P (1771), vol.3, p.237-40; w70L (1772), vol.22, p.334-38; w72X, vol.2, p.103-106; w72P (1773), vol.14, p.253-57; w71 (1774), vol.18, p.214-17; w75G, vol.12, p.240-44; K, vol.13, p.352-55. The ode also appears in the *Recueil de nouvelles pièces fugitives en prose et en vers. Par Monsieur de Voltaire* (London [Rouen], 1741), p.85-89, and in *Epîtres, satires, contes, odes, et pièces fugitives, du poète philosophe* (London, 1771), p.327-31 (edition in 422 pages), p.393-98 (edition in 448 pages).

Base text: w75G. Collated texts: PC; RP40; w42; w38; w46; w48D; w51; w52; w56; w57G1; w57G2; w57P; w64G; w70G; w68; w70L; K.

Ode pour Messieurs de l'Académie des Sciences, qui ont été sous l'équateur et au cercle polaire, mesurer des degrés de latitude

O Vérité sublime! ô céleste Uranie!
Esprit né de l'esprit qui forma l'univers,
Qui mesures des cieux la carrière infinie,
    Et qui pèses les airs.

Tandis que tu conduis sur les gouffres de l'onde,   5
Ces voyageurs savants ministres de tes lois;
De l'ardent équateur, ou du pôle du monde,
    Entends ma faible voix.

Que font tes vrais enfants? Vainqueurs de la nature,
Ils arrachent son voile; et ces rares esprits   10
Fixent la pesanteur, la masse et la figure
    De l'univers surpris.

Les enfers sont émus au bruit de leur voyage:
Je vois paraître au jour les ombres des héros,
De ces Grecs renommés, qu'admira le rivage   15
    De l'antique Colchos.[11]

Argonautes fameux, demi-dieux de la Grèce,
Castor, Pollux, Orphée, et vous heureux Jason,[12]

a   κ: *Ode à Messieurs*
a-c PC, RP40, W38-W68: *qui ont été au cercle polaire, et sous l'équateur, déterminer la figure de la terre*
6   PC, RP40, W38-W52: Ces sages, ces héros, ministres de tes lois;
9   W38-W48D: vainqueur

[11] In Greek legend, Colchis (or Colchos) was the destination of the Argonauts.
[12] The story of Jason and the Argonauts, among whom were Castor, Pollux, and Orpheus, is the subject of Pindar's fourth Pythian ode (*c.*462 BC) and the *Argonautica* of Apollonius Rhodius (*c.*295-215 BC).

Vous de qui la valeur et l'amour et l'adresse
   Ont conquis la toison;   20

En voyant les travaux, et l'art de nos grands hommes,
Que vous êtes honteux de vos travaux passés!
Votre siècle est vaincu par le siècle où nous sommes:
   Venez et rougissez.

Quand la Grèce parlait, l'univers en silence   25
Respectait le mensonge anobli par sa voix;
Et l'admiration, fille de l'ignorance,
   Chanta de vains exploits. (a)

Heureux qui les premiers marchent dans la carrière!
N'y fassent-ils qu'un pas, leurs noms sont publiés: 30

(a) En effet, il n'y a pas un de nos capitaines de vaisseaux, pas un seul
de nos pilotes qui ne soit cent fois plus instruit que tous les Argonautes.
Hercule, Thésée et tous les héros de la guerre de Troye, n'auraient pas
tenu devant six bataillons commandés par le grand Condé, ou Turenne,
ou Marlborough.[13] Thalès et les Pythagores n'étaient pas dignes   5
d'étudier sous Newton.[14] Alcine et Armide[15] valent mieux que toutes
les poésies grecques ensemble. Mais les premiers venus s'emparent du
temple de la gloire, le temps les y affermit, et les derniers trouvent la place
prise.

n.a   PC, RP40, W38-W68: [without the note, added in W70L (1772)]
30   PC: fissent-ils

[13] On these three great military leaders, see the *Siècle de Louis XIV*, ch.12 and 19
(*OH*, p.729-37, 828-35).
[14] Thales of Miletus (*c*.634-*c*.546 BC) may be considered the founder of the first
Greek school of philosophy; Pythagoras (*c*.580-500 BC) and the Pythagorean school
advanced mathematical and astronomical knowledge. See the *Eléments de la
philosophie de Newton* (*OCV*, vol.15, p.233, 477-78) and the *Philosophe ignorant*
(*OCV*, vol.62, p.57, 92).
[15] Alcina and Armida figure respectively in Ariosto's *Orlando furioso* and Tasso's
Gerusalemme Liberata.

Ceux qui, trop tard venus, la franchissent entière,
Demeurent oubliés.

Le mensonge réside au temple de mémoire;
Il y grava des mains de la crédulité
Tous ces fastes des temps destinés pour l'histoire   35
Et pour la vérité. [16]

Uranie, abaissez ces triomphes des fables;
Effacez tous ces noms qui nous ont abusés;
Montrez aux nations les héros véritables
Que vous seule instruisez.   40

Le Génois, qui chercha, qui trouva l'Amérique, [17]
Cortez, qui la vainquit par de plus grands travaux, [18]
En voyant des Français l'entreprise héroïque,
Ont prononcé ces mots.

L'ouvrage de nos mains n'avait point eu d'exemples,   45
Et par nos descendants ne peut être imité:

34-36   PC-W42:
        Ses mains ont tout écrit, et la postérité
        N'aura plus désormais de place pour [w42: dans] l'histoire
        Et pour la vérité.
45   w38-w52: exemple

[16] Cf. a similar passage on the consecration of ancient errors in the *Philosophie de l'histoire*: 'Soyez sûr bien plutôt, quand vous voyez une ancienne fête, un temple antique, qu'ils sont les ouvrages de l'erreur. Cette erreur s'accrédite au bout de deux ou trois siècles; elle devient enfin sacrée; et on bâtit des temples à des chimères' (*OCV*, vol.59, p.173).
[17] On Christopher Columbus's discovery of the Americas in 1492, see the *Essai*, vol.2, p.[330]-32.
[18] Hernando Cortez (1485-1547), the conqueror of the Aztec empire of Mexico, entered Mexico City in 1519. See the *Essai*, vol.2, p.[347]-353. In his *Notebooks* Voltaire again associates the names of Columbus and Cortez (*OCV*, vol.82, p.509, 584, 648).

Ceux à qui l'univers a fait bâtir des temples,
    L'avaient moins mérité.[19]

Nous avons fait beaucoup, vous faites davantage:
Notre nom doit céder à l'éclat qui vous suit.   50
Plutus guida nos pas dans ce monde sauvage;
    La vertu vous conduit.

Comme ils parlaient ainsi, Newton dans l'empyrée,
Newton les regardait, et du ciel entr'ouvert,
Confirmez, disait-il, à la terre éclairée,   55
    Ce que j'ai découvert.

Tandis que des humains le troupeau méprisable,
Sous l'empire des sens indignement vaincu,
De ses jours indolents traînant le fil coupable,
    Meurt sans avoir vécu.[20]   60

Donnez un digne essor à votre âme immortelle;
Eclairez des esprits nés pour la vérité:
Dieu vous a confié la plus vive étincelle
    De la divinité.

De la raison qu'il donne il aime à voir l'usage;   65
Et le plus digne objet des regards éternels,

---

[19] Voltaire makes a similar remark concerning the discovery of the New World: 'Tout ce qui a paru grand jusqu'ici semble disparaître devant cette espèce de création nouvelle. Nous prononçons encore avec une admiration respectueuse les noms des Argonautes, qui firent cent fois moins que les matelots de Gama et d'Albuquerque. Que d'autels on eût érigés dans l'antiquité à un Grec qui eût découvert l'Amérique!' (*Essai*, vol.2, p.[330]).

[20] Frederick appreciated the merit of this stanza: 'Cette strophe, qui commence: *Tandis que des humains*, contient en elle un sens infini. A Paris, ce serait le sujet d'une comédie; à Londres, Pope en ferait un poème épique; et en Allemagne, mes bons compatriotes trouveraient de la matière suffisante pour en forger un in-folio bien conditionné et bien épais' (D1614).

Le plus brillant spectacle est l'âme du vrai sage,
  Instruisant les mortels.

Mais surtout écartez ces serpents détestables,
Ces enfants de l'envie, et leur souffle odieux;   70
Qu'ils n'empoisonnent pas ces âmes respectables,
  Qui s'élèvent aux cieux.

Laissez un vil Zoïle aux fanges du Parnasse,
De ses croassements[21] importuner le ciel,
Agir avec bassesse, écrire avec audace,   75
  Et s'abreuver de fiel.

Imitez ces esprits, ces fils de la lumière,
Confidents du Très-Haut, qui vivent dans son sein,
Qui jettent comme lui, sur la nature entière,
  Un œil pur et serein.   80

67   PC: d'un vrai
68-80   PC: mortels.//
76   w42: du fiel

[21] Note the confusion between 'croassement' (the cawing of crows) and 'coassement' (the croaking of frogs); the same confusion occurs in Voltaire's letter of 21 June 1761 to the comte and comtesse d'Argental (D9837, p.271), and in his *Epître à Monsieur D'Alembert* (1771), line 60 (*OCV*, vol.73, p.459).

POUR LE PORTRAIT DE MADAME
LA PRINCESSE DE TALMONT

Maria Anna Louise Jablonowska, princesse de Talmont, had been the mistress of Stanislas Leszczynski at Lunéville before her marriage to Anne Charles Frédéric de La Trémouïlle, duc de Châtellerault, later prince de Talmont.[1] Voltaire would no doubt have met her through Stanislas, whom he had known since 1725 (D252).

These lines, in which Voltaire praises the lady's taste and wit, probably date from 1738: in the *Nouveau recueil de pièces fugitives en prose et en vers* (appended to the *Recueil de nouvelles pièces fugitives en prose et en vers*, London [Rouen], 1741), where they first appear, they are entitled *Vers pour être mis sous le portrait de Madame la duchesse de Chatelraut, août 1738*, and they bear the same title in w41c (1742), in *Le Portefeuille trouvé* (Geneva [Paris], 1757), and in w64r. In a secondary manuscript (MS1) as well as in the Kehl edition, they are undated and addressed simply to Mme la princesse de Talmont.

As was his wont, Voltaire disavowed them. Writing to Michel Lambert in ? February 1751, he remarked: 'Des vers pour le portrait de Mme de Chatelleraut ne sont pas plus de moi que de vous' (D4382).

The text

First printed in 1741 in the above-mentioned *Nouveau recueil de pièces fugitives*, the poem entered Voltaire's works in w41c (1742). Since it did not appear in an authorised edition, and in the absence

[1] See D17227, n.3, and Gaston Maugras, *La Cour de Lunéville au XVIIIe siècle* (Paris, 1904), p.63-65.

of a holograph, к is reproduced here. All versions give the same text.

Manuscript: MS1: a copy; undated (New York, Pierpont Morgan Library, MA 634, f.22).

Editions: *Nouveau recueil de pièces fugitives en prose et en vers. Par Monsieur de V****, p.15 (appended to the *Recueil de nouvelles pièces fugitives en prose et en vers*) (RN41); W41C (1742), vol.5, p.223; *Le Portefeuille trouvé*, vol.1, p.293; W64R, vol.5, p.325; к, vol.14, p.318; *Nouvelle anthologie française* (Paris, 1769), vol.1, p.410.

Base text: к. Collated text: RN41.

Pour le portrait de Madame la princesse de Talmont

> Les dieux, en lui donnant naissance
> Aux lieux par la Saxe envahis,[2]
> Lui donnèrent pour récompense
> Le goût qu'on ne trouve qu'en France,
> Et l'esprit de tous les pays.   5

---

[2] The allusion is to the war of the Polish Succession, as a result of which Frederick Augustus of Saxony became king of Poland as Augustus III (he was elected king in 1733 and confirmed as king in 1736).

À MONSIEUR JORDAN, À BERLIN

In 1736 Frederick of Prussia called Charles Etienne Jordan (1700-1745) to his castle at Rheinsberg, and when he came to the throne (1740) appointed him *conseiller prévôt* and curator of the Prussian Academies. A minor writer, Jordan met Voltaire in Paris in 1733 (D635, n.5). His admiration was boundless. 'Je crois que ce poète [Voltaire] peut être regardé comme le plus distingué des fils d'Apollon; et, qu'après sa mort, on ne balancera pas à le mettre avec les Corneille, et les Racine', he exclaimed. [1]

The poem before us, a eulogy of Frederick, was written at Cirey (see line 11), probably in reply to the one letter that Frederick, baron Dietrich von Keyserlingk, and Jordan together sent to Voltaire in 1738, dated Remusberg, 11 September (D1613). [2] Here Jordan praises Voltaire, and indicates that he enjoyed reading his works before they were published: 'Entre les avantages distingués, que je goûte en servant son altesse royale, celui de lire vos ouvrages avant qu'ils deviennent publics, en est un que je chéris extrêmement. Votre *Epître sur l'homme* [3] est une pièce achevée, on perd de vue dans cette ingénieuse description votre humanité, vous y parlez comme un ange.' The Kehl editors, too, date the poem 1738.

The text

The poem was first printed in 1784 by the Kehl editors (vol.14, p.313), whose text is reproduced here.

---

[1] [Charles Etienne Jordan], *Histoire d'un voyage littéraire, fait en M.DCC.XXXIII. en France, en Angleterre, et en Hollande* (The Hague, 1735), p.63.

[2] See also D1537, D1628.

[3] The *Discours en vers sur l'homme* (1737-1738) (*OCV*, vol.17, p.389-536).

A Monsieur Jordan, à Berlin, 1738.

Un prince jeune, et pourtant sage,
Un prince aimable, et c'est bien plus,
Au sein des arts et des vertus,
Jordan, vous donne son suffrage;
Ses mains mêmes vous ont paré   5
De ces fleurs que la poésie
Sous ses pas fait naître à son gré.
Par vous ce prince est adoré,
Et chaque jour de votre vie
A Frédéric est consacré.   10
Si je n'étais pas à Cirey,
Que je vous porterais d'envie!

ÉPÎTRE AU PRINCE ROYAL DE PRUSSE

These lines form part of Voltaire's verse and prose letter to
Frederick dated Cirey, 18 October 1738 (D1628). They had their
inception in the crown prince's letter of 29 August, in which he
requested of Thiriot, who was contemplating a trip to Cirey: 'Il
faut m'écrire tout ce qui se fait à Cirey' (D1601; see also D1616).
More important than Voltaire's allusion to his experiments in
optics is his proposal of a new aesthetics to replace classicism.
Influenced by science and philosophy, he explains that he is
extricating himself from the old codified system of poetics, and
is probing for new ideas and aesthetic principles (l.23-25). He
spells out precisely what he means by his new aesthetics. In an
atypical passage anticipating Diderot[1] and Jean-Jacques Rousseau, he glorifies wild nature at the expense of art and discipline,
stating his preference for spontaneity and the anomalies of genius
over artifice and academic precision (l.41-58).

It is quite possible that Voltaire was influenced at this time by
the poetic aesthetics of Charles Perrault (*Le Génie*, 1686), Fénelon
(*Dialogues des morts*, no. 54, 'Léger et Ebroin'), Houdar de La
Motte (*Discours sur la poésie*, 1709), and Jean-Baptiste Dubos
(*Réflexions critiques sur la poésie et sur la peinture*, 1719). One
would, in fact, almost think that he composed this epistle under the
influence of one of La Motte's Pindaric odes, which prefigures
Voltaire's rejection of cold academic purism in favour of 'Les
belles fautes du génie' (l.45), and announces his repudiation of
formal French gardens in favour of 'La nature libre et hardie, /
Irrégulière dans ses traits' (l.56-57).[2] One need scarcely add that

---

[1] See Diderot's *De la poésie dramatique* (1758), ch.8.
[2] Cf. La Motte, *Œuvres* (Paris, 1754), I.i.228-29: 'Loin une raison trop timide: /
Les froids poètes qu'elle guide, / Languissent et tombent souvent. / Venez, ivresse
téméraire, / Transports ignorés du vulgaire, / Tels que vous m'agitiez vivant. / Je

the ideas on poetic aesthetics that Voltaire expresses in this epistle are not entirely in line with the principles he proclaims elsewhere (see, for example, his two articles 'Goût', respectively in the *Encyclopédie* and the *Questions sur l'Encyclopédie*).[3]

The artistic merit of the epistle derives from the congruence between content and form: in keeping with Voltaire's praise of the irregularities of nature (l.56-57) is the introduction of three alexandrines (l.3-5) into this octosyllabic poem, the irregular rhyme pattern, and the rambling structure of this 'longue rapsodie' (l.65).

Despite Voltaire's disparagement of the poem as 'ces petits vers croqués' (D1628), its contemporary reception was favourable. Frederick received it at Remusberg on 9 November, and was delighted with the 'vers aisés, vifs, et aimables que vous m'adressez' (D1649). Lines 48-58 of the poem are quoted in the *Mercure de France* of January 1776, with the remark: 'Quelle rapidité dans ces vers! comme ils s'échappent d'une imagination vivement frappée! et comme les autres sont languissants en comparaison!'[4] (the comparison is to Piron's *Epître à Mademoiselle Chéré, à Saint-Ouen, 1732*, 'O bel objet désiré').[5]

Finally, it is of interest that an English translation of the poem appeared in *The Works of M. de Voltaire*, translated from the French with historical and critical notes, by T. Smollett and others, 35 vol. (London, 1761-1765), vol.33, p.280-83.

---

ne veux point que mes ouvrages / Ressemblent, trop fleuris, trop sages, / A ces jardins, enfants de l'art: / On y vante en vain l'industrie: / Leur ennuyeuse symétrie / Me plaît moins qu'un heureux hasard. / J'aime mieux ces forêts altières, / Où les routes moins régulières / M'offrent plus de diversité: / La Nature y tient son empire, / Et partout l'œil surpris admire / Un désordre plein de beauté.'

[3] *OCV*, vol.33, p.128-32; *M*, vol.19, p.273-84. In the second of these articles Voltaire defines his ideal in good taste: 'Le meilleur goût en tout genre est d'imiter la nature avec le plus de fidélité, de force, et de grâce' (p.273).

[4] Vol.1, p.139-40.

[5] *Œuvres complètes d'Alexis Piron*, ed. Rigoley de Juvigny (Neuchâtel, 1778), vol.6, p.17-25.

The text

First printed in 1756 (w56), the epistle appears without the prose in all the editions up to and including κ. There are two readings of the text: (1) that of the editions, with oc61 omitting lines 5-8, 34-35, 64-68; (2) that of ms1, which contains substantive variants. As all the collective editions up to and including κ give the same text, and in the absence of a holograph, the *encadrée* (w75G) is reproduced here. The title is that of κ (w75G entitles the poem simply *Réponse*).

Manuscript: ms1: a contemporary copy of D1628, dated 'Cirey ce dix-huit octobre 1738' (Nuremberg, Germanisches National-Museum, Sammlung Böttiger, no.1).

Editions: w56, vol.2, p.191-93; w57G1, vol.2, p.191-93; w57G2, vol.2, p.191-93; w57P, vol.6, p.183-84; so58, vol.1, p.[319]-21; oc61, p.140-42; w64G, vol.2, p.208-10; w70G, vol.2, p.208-10; w72P (1771), vol.3, p.338-39; w68 (1771), vol.18, p.212-14; w70L (1772), vol.23, p.105-107; w72X, vol.2, p.183-84; w72P (1773), vol.14, p.381-83; w71 (1774), vol.18, p.180-81; w75G, vol.12, p.196-98; κ, vol.13, p.103-105.

Base text: w75G. Collated texts: ms1; w56; w57G1; w57G2; w57P; so58; w64G; w70G; w68; w70L; κ.

[*Epître au prince royal de Prusse*]

Vous ordonnez,[6] que je vous dise
Tout ce qu'à Cirey nous faisons:
Ne le voyez-vous pas, sans qu'on vous en instruise?
Vous êtes notre maître, et nous vous imitons:
Nous retenons de vous les plus belles leçons   5
De la sagesse d'Epicure.[7]
Comme vous, nous sacrifions
A tous les arts, à la nature;
Mais de fort loin nous vous suivons.
Ainsi tandis qu'à l'aventure   10
Le dieu du jour lance un rayon
Au fond de quelque chambre obscure,[8]
De ces traits la lumière pure
Y peint du plus vaste horizon
La perspective en miniature.   15
Une telle comparaison
Se sent un peu de la lecture
Et de Kirker et de Newton.[9]
Par ce ton si philosophique,

a   β, w56-w68: *Réponse*
     MS1: [*absent*]
     W70L: *Réponse au roi de Prusse*
1   MS1: Prince vous ordonnez que Tiriot vous dise

[6] In D1601 and D1616.

[7] Frederick, like Voltaire, had high praise for Epicurus: 'Je vous recommande à la sainte garde d'Epicure, d'Aristippe, de Locke, de Gassendi, de Bayle, et de toutes ces âmes épurées de préjugés que leur génie immortel a rendues des chérubins attachés à l'arche de la vérité', he told Voltaire (24 October 1766; D13624).

[8] Voltaire had had a dark room constructed at Cirey for his experiments in optics (see D1611, p.291).

[9] Voltaire was probably thinking of Athanasius Kircher's *Ars magna lucis et umbrae* (Rome, 1646), which in fact he cites in his *Eléments de la philosophie de Newton* (*OCV*, vol.15, p.387).

Qu'ose prendre ma faible voix,   20
Peut-être je gâte à la fois
La poésie et la physique.
Mais cette nouveauté me pique;
Et du vieux code poétique
Je commence à braver les lois.   25
Qu'un autre dans ses vers lyriques,
Depuis deux mille ans répétés,
Brode encor des fables antiques:
Je veux de neuves vérités. [10]
Divinités des bergeries,   30
Naïades des rives fleuries,
Satyres qui dansez toujours,
Vieux enfants que l'on nomme Amours,
Qui faites naître en nos prairies
De mauvais vers et de beaux jours,   35
Allez remplir les hémistiches
De ces vers pillés et postiches,
Des rimailleurs suivant les cours.

23-25 MS1:
    Je ne serai point entendu
    De la foule absurde et légère
    Du peuple à Paris répandu,
    Ni de l'autre important vulgaire
    A la cour toujours morfondu,   5
    Mais que m'importe de leur plaire?
    Héros placé trop loin de nous,
    Mon appui, mon dieu tutélaire,
    Vous qui possédez tous les goûts,
    Ainsi que tous les dons de plaire,   10
    Prince, je n'écris que pour vous.

[10] Cf. André Chénier's line: 'Sur des pensers nouveaux faisons des vers antiques' (*L'Invention*, l.184).

D'une mesure cadencée
Je connais le charme enchanteur;   40
L'oreille est le chemin du cœur;
L'harmonie et son bruit flatteur,
Sont l'ornement de la pensée;
Mais je préfère avec raison
Les belles fautes du génie   45
A l'exacte et froide oraison
D'un puriste d'académie.
Jardins, plantés en symétrie,
Arbres nains tirés au cordeau,
Celui qui vous mit au niveau   50
En vain s'applaudit, se récrie,
En voyant ce petit morceau:
Jardins, il faut que je vous fuie;[11]
Trop d'art me révolte et m'ennuie;
J'aime mieux ces vastes forêts;   55

39-47 MSI:
    Ecrits sans force et sans audace,
    Restez chez les imitateurs,
    Chez ces vains échos du Parnasse,
    Et mourez avec vos auteurs.
    Si quelqu'un d'une voix légère   5
    Ose chanter pour mon héros,
    Qu'il renonce à tous ces propos,
    Penser est sa première affaire.
    J'aime mieux sans comparaison,
    Des fautes avec du génie   1C
    Qu'une pure et froide oraison
    Des messieurs de l'académie.
50 MSI: met

[11] Besterman pointed out that lines 53-63 express 'an anachronistic revolt, very
rare in Voltaire, against classicism' (D1628, n.3).

316

La nature libre et hardie,
Irrégulière dans ses traits,
S'accorde avec ma fantaisie.
Mais dans ce discours familier
En vain je crois étudier   60
Cette nature simple et belle;
Je me sens plus irrégulier,
Et beaucoup moins aimable qu'elle.
Accordez-moi votre pardon
Pour cette longue rapsodie;   65
Je l'écrivis avec saillie,
Mais peu maître de ma raison,
Car j'étais auprès d'Emilie.

56   MS1: Et la nature plus hardie,

À MONSIEUR DE PLEEN, QUI ATTENDAIT L'AUTEUR CHEZ MADAME DE GRAFFIGNY OÙ L'ON DEVAIT LIRE *LA PUCELLE*

This poem is addressed to the little-known M. de Pleen (d. 1742 or 1743),[1] a Scotsman and minor poet who had sent Voltaire some of his verse and was waiting for him in the quarters of Mme de Graffigny, where a reading from the *Pucelle* was to be given. All versions of the poem are undated. Its probable date of 1738 can however be deduced from Mme de Graffigny's letters to her friend François-Antoine Devaux of 14, 15, 17 and 18 December 1738,[2] in which she recounts various readings at Cirey of cantos of the *Pucelle* (or *Jeanne* as she called it).[3]

The text

First printed in the *Almanach des muses* (Paris, 1770), and the *Elite de poésies fugitives* (London, 1770), the poem entered Voltaire's works the following year in W72P (1771). There are two slightly different readings of the text: (1) that of MS1 and the *Almanach des muses*; (2) that of K. The *Elite de poésies fugitives* gives reading 1 with a minor variant; W72P mixes 1 and 2. Since the poem appeared in none of the authorised editions, K has been taken as the base text.

---

[1] On Pleen, see *Correspondance de Madame de Graffigny*, éd. English Showalter and others (Oxford, 1985-), vol.1, p.20, n.5, and vol.2, p.12, n.6.

[2] *Graffigny*, vol.1, p.221, 222, 224, 230.

[3] The cumulative evidence of this cluster of references to readings from the *Pucelle* outweighs the view that the poem dates from 1735, as stated in Georges Noël, *Une 'Primitive' oubliée de l'école des 'cœurs sensibles': Madame de Grafigny (1695-1758)* (Paris, 1913), p.51, n.1, and *Graffigny*, vol.1, p.xxxv and 234, n.8.

Manuscript: MSI: a contemporary copy in the hand of Henri Rieu; undated (St Petersburg, BV, Annexes manuscrites 45, f.1).

Editions: *Almanach des muses* (AM), p.18; *Elite de poésies fugitives* (EP), vol.5, p.289; W72P (1771), vol.4, p.273; W72P (1773), vol.15, p.297; K, vol.14, p.328.

Base text: K. Collated texts: MSI; AM; EP.

A Monsieur de Pleen, qui attendait l'auteur chez Madame de Graffigny, où l'on devait lire 'La Pucelle'

Comment! Ecossais que vous êtes,
Vous voilà parmi nos poètes!
Votre esprit est de tout pays.
Je serai sans doute fidèle
Au rendez-vous que j'ai promis;   5
Mais je ne plains pas vos amis,
Car cette veuve[4] aimable et belle
Par qui nous sommes tous séduits,
Vaut cent fois mieux qu'une pucelle.

a-b   MSI, AM: *A Monsieur de Plenn, Ecossais, qui attendait l'auteur chez Madame de Graffigny, où il devait lire 'La Pucelle', et qui lui avait envoyé quelques vers de sa façon*

EP: *Madrigal. A Monsieur de Plenn, Ecossais* [to which is added the following footnote: 'M. de Plenn attendait l'auteur chez Mme de Graffigny, où il devait lire *La Pucelle*, et qui lui avait envoyé quelques vers de sa façon']

3   MSI, AM: de tous les pays.
6   MSI, AM: plains point vos
9   MSI, AM: que ma pucelle.
EP: que la pucelle.

[4] Mme de Graffigny, who was widowed in 1725 (see *Graffigny*, vol.1, p.xxxii).

OUVRAGES CITÉS

Ages, A., 'Voltaire's biblical criticism', *SVEC* 30 (1964).
– 'Voltaire and the Old testament: the testimony of his correspondence', *SVEC* 55 (1967).
Aldington, Richard, *Voltaire* (Londres, 1925).
Antoine, Michel, *Le Gouvernement et l'administration sous Louis XV* (Paris, 1978).
Aubéry, P., 'Voltaire et les Juifs', *SVEC* 24 (1963).
Autreau, Jacques, *Œuvres* (Paris, 1749).

Barber, William H., 'Penny plain, two-pence coloured: Longchamp's memoirs of Voltaire', *Studies in the French eighteenth century presented to John Lough*, éd. D. J. Mossop, G. E. Rodmell, D. B. Wilson (Durham, 1978).
Basnage de Beauval, J., *Antiquités judaïques*, 2 vol. (Amsterdam, 1713).
Bayle, P., *Dictionnaire historique et critique*, 4 vol. (Rotterdam, 1697).
– *Œuvres diverses*, 4 vol. (La Haye, 1737).
Beeson, David, *Maupertuis: an intellectual biography*, *SVEC* 299 (Oxford, 1992).
Benoist, E., *Mélanges de remarques critiques* (Delft, 1712).
Benoît, Marcelle, *Dictionnaire de la musique en France aux XVIIe et XVIIIe siècles* (Paris, 1992).
Bertrand, Gustave, *Catalogue des manuscrits français* (Paris, 1874).

Bessire, François, *La Bible dans la correspondance de Voltaire*, *SVEC* 367 (1999).
Bingham, Alfred J., 'Voltaire and the New testament', *SVEC* 24 (1963).
Boindin, Nicolas, *Mémoire pour servir à l'histoire des couplets de 1710. Attribués faussement à Monsieur Rousseau* (s.l., 1752).
Bossuet, J.-B., *Discours sur l'histoire universelle, ad usum Delphini* (Paris, 1681).
Bouguer, Pierre, *La Figure de la terre, déterminée par les observations de Messieurs Bouguer, et de La Condamine, de l'Académie royale des sciences, envoyés par ordre du Roi au Pérou pour observer aux environs de l'équateur* (Paris, 1749).
Brown, Andrew et André Magnan, 'Aux origines de l'édition de Kehl. Le *Plan* Decroix-Panckoucke de 1777', *Cahiers Voltaire* 4 (2005).
– 'Calendar of Voltaire manuscripts other than correspondence', *SVEC* 77 (1970).

Calmet, A., *Commentaire littéral*, 28 vol. (Paris, 1720).
– *Dictionnaire historique [...] de la Bible*, 4 vol. (Paris, 1730).
Catalogue des livres imprimés et manuscrits de Monsieur le comte de Pont-de-Vesle (Paris, 1774).
Caussin, N., *Symbolicon Aegyptiorum Sapientia* (Paris, 1618).
Caussy, Fernand, *Inventaire des manuscrits* (Paris, 1913).

Charbonneau, Roger, *Les Idées économiques de Voltaire* (Angoulême, 1907).

[Chaudon, Louis Mayeul,] *Mémoires pour servir à l'histoire de Monsieur de Voltaire* (Amsterdam, 1785).

Childs, Nick, 'Jacques Autreau', *The Burlington Magazine* (Londres, 1967).

Clément, Nicolas, *L'abbé Alary (1690-1770). Un homme d'influence au XVIIIᵉ siècle* (Paris, 2002).

Collé, Charles, *Journal historique inédit pour les années 1761 et 1762* (Paris, 1911).

Cotoni, Marie-Hélène, 'Présence de la Bible dans la correspondance de Voltaire', *SVEC* 319 (1994).

Couvreur, Manuel, 'Marie de Louvencourt, librettiste des *Cantates françoises* de Bourgeois et de Clérambault', *Revue belge de musicologie* 44 (1990).

Crist, C., *The 'Dictionnaire philosophique portatif' and the Early French Deists* (Brooklyn, 1934).

Danchet, Antoine, *Œuvres mêlées* (Paris, 1751).

Dangeau, Philippe de, *Journal de la cour de Louis XIV* (Paris, 1856).

Darin, P., *Notice bibliographique sur les dix éditions des 'Œuvres diverses du sieur Rousseau' publiées sous la rubrique 'Soleure'* (Paris, 1897).

Dictionnaire de Trévoux (Paris, 1752).

Donzet, Jacques, *De quoi vivait Voltaire?* (Paris, 1949).

Dufresnoy, Nicolas Lenglet, *De l'usage des romans*, 2 vol. (Amsterdam, 1734).

Du Halde, J.-B., *Description [...] de la Chine et de la Tartarie chinoise*, 4 vol. (Paris, 1735).

Dupin, E., *Dissertations historiques*, 2 vol. (Paris, 1711).

Dutot, Charles, *Réflections politiques sur les finances et le commerce* (La Haye, 1738), éd. P. Harsin (Liège, 1935).

El Annabi, Hassen, *Etre notaire à Paris au temps de Louis XIV: Henri Boutet, ses activités et sa clientèle (1693-1714)* (Tunis, 1995).

Emmrich, H., *Voltaire und die Juden* (Breslau, 1930).

Encyclopédie, ou dictionnaire raisonné des sciences, des arts et des métiers, éd. Diderot et D'Alembert (Paris, 1751).

Fenger, Henning, *Voltaire et le théâtre anglais*, *Orbis litterarum* 7 (1749).

Fontenelle, Bernard de, *Histoire des oracles* (Paris, 1724).

– *Œuvres* (Paris, 1742).

Frédéric II, *Œuvres de Frédéric le Grand* (Berlin, 1846-1857).

Furetière, Antoine, *Dictionnaire universel* (La Haye, 1690).

Gacon, François, *Anti-Rousseau* (Rotterdam, 1712).

Gams, Pius Bonifacius, *Series episcoporum ecclesiae catholicae* (Ratisbonne, 1873).

Gauchat, Gabriel, *Lettres critiques ou analyse et réfutation de divers écrits modernes contre la religion* (Paris, 1755-1763).

Gaudriault, Raymond, *Filigranes* (Paris, 1995).

Gaulmin, G., *De Vita et Morte Mosis* (Hambourg, 1714).

Goujet, Claude-Pierre, *Lettre de M. *** à un ami au sujet du 'Temple du goût' de M. de V**** (s.l.n.d.).

Goulbourne, Russell, *Voltaire comic dramatist*, *SVEC* 2006:03.

Graffigny, Françoise de, *Correspondance de Madame de Graffigny*, éd. E. Showalter et autres (Oxford, 1985).
– *La Vie privée de Voltaire et de Madame Du Châtelet* (Paris, 1820).
Grell, C., *Le Dix-huitième Siècle et l'antiquité en France 1680-1789*, *SVEC* 330-31 (1995).
Groenewegen, Peter, 'La "French connection": influences françaises sur l'économie britannique' (trad. de l'anglais par G. Klotz), *XVIIIᵉ Siècle* 26 (1994), p.15-35.
Grubbs, Henry A., *Jean-Baptiste Rousseau. His life and works* (Princeton, 1941).
Guy, Basil, *The French image of China*, *SVEC* 21 (1963).
Guyon, Claude-Marie, *L'Oracle des nouveaux philosophes. Pour servir de suite et d'éclaircissement aux Œuvres de Monsieur de Voltaire* (Berne, 1759).

Havens, G. R., et N. L. Torrey, *Voltaire's catalogue of his library at Ferney*, *SVEC* 9 (1959).
Hazard, Paul, *La Crise de la conscience européenne* (Paris, 1939).
Hillairet, Jacques, *Dictionnaire historique des rues de Paris* (Paris, 1963).

Inventaire Voltaire, éd. J. Goulemot, A. Magnan et D. Masseau (Paris, 1995).
Iversen, E., *The Myth of Egypt* (Copenhague, 1961).

Jal, Augustin, *Dictionnaire critique de biographie et d'histoire*, 2ᵉ éd. (Paris, 1872).
[Jordan, Charles Etienne,] *Histoire d'un voyage littéraire, fait en M.DCC.XXXIII. en France, en Angleterre, et en Hollande* (La Haye, 1735).

Kircher, Athanasius, *Ars magna lucis et umbrae* (Rome, 1646).
– *Enigma Aegyptiaca Restituta* (Rome, 1643)
– *Obelisci Aegyptiani* (Rome, 1666).
– *Œdipus Aegyptiacus*, 4 vol. (Rome, 1652).

La Barbinais, Le Gentil de, *Nouveau Voyage autour du monde*, 2 vol. (Amsterdam, 1728).
La Chenaye-Desbois et Badier, *Dictionnaire de la noblesse*, 3ᵉ éd., 19 vol. (Paris, 1863-1877).
Lacroix Jacob, Paul, *Bibliothèque dramatique de Monsieur de Soleinne*, 5 vol. (Paris, 1843).
Lajarte, Théodore de, *Bibliothèque musicale du théâtre de l'Opéra* (Paris, 1878).
La Motte, Antoine Houdar de, *Œuvres* (Paris, 1754).
Lanson, Gustave, *Nivelle de La Chaussée et la comédie larmoyante*, 2ᵉ éd. (Paris, 1903).
Lecomte, L., *Nouveaux Mémoires sur l'état présent de la Chine*, 2 vol. (Paris, 1696).
Léris, Antoine de, *Dictionnaire portatif historique et littéraire des théâtres*, 2ᵉ éd. (Paris, 1763).
Lettres édifiantes et curieuses [...] par des membres de la Compagnie de Jésus, 34 vol. (Paris, 1702-1773).
Lévy, David, *Voltaire et son exégèse du Pentateuque: critique et polémique*, *SVEC* 130 (1975).
Ligne, Charles-Joseph de, *Mémoires sur le comte de Bonneval* (Paris, 1817).

Longchamp, Sébastien, et Jean Louis Wagnière, *Mémoires sur Voltaire et sur ses ouvrages, par Longchamp et Wagnière, ses secrétaires*, 2 vol. (Paris, 1826).

Manuel, F., *The Eighteenth century confronts the gods* (Cambridge, Mass., 1959).

Marivaux, Pierre de, *Le Petit-Maître corrigé*, éd. F. Deloffre (Genève, 1955).

Marsham, J., *Chronicus Canon Aegypticus, Hebraicus, Graecus* (Leipzig, 1673).

Martianay, J., *Défense du texte hébreu* (Paris, 1689).

Maugras, Gaston, *La Cour de Lunéville au XVIIIe siècle* (Paris, 1904).

Maupertuis, Pierre Louis Moreau de, *La Figure de la terre, déterminée par les observations de Messieurs de Maupertuis, Clairaut, Camus, Le Monnier, de l'Académie royale des sciences, et de Monsieur l'abbé Outhier [...] faites par ordre du Roi au cercle polaire* (Paris, 1738).

Maupoint, *Bibliothèque des théâtres* (Paris, 1733).

[Melon, Jean,] *Réflexions politiques sur le commerce* (s.l., 1734).

Menant, Sylvain, *La Chute d'Icare: la crise de la poésie française, 1700-1750* (Genève, 1981).

Michaud, Louis-Gabriel, *Biographie universelle ancienne et moderne*, 2e éd., 45 vol. (Paris, 1843-1865).

Mongrédien, Georges, *Dictionnaire des comédiens français du XVIIe siècle* (Paris, 1961).

Monod-Cassidy, Hélène, *Un voyageur philosophe du XVIIIe siècle. L'abbé Jean-Bernard Le Blanc* (Cambridge, Mass., 1941).

Montfaucon, B. de, *L'Antiquité expliquée*, 10 vol. (Paris, 1719-1724).

Moréri, Louis, *Le Grand Dictionnaire historique* (Paris, 1759).

Mortier, R., *Voltaire: les ruses et les rages du pamphlétaire* (Londres, 1979).

Mothu, Alain, '*La Moysade* ou *L'Incrédule*. Edition critique', *La Lettre clandestine* 10 (2001).

Mouhy, C. de, *Lamekis* (Paris, 1735).

Moureau, François, *Dufresny auteur dramatique (1657-1724)* (Paris, 1979).

– Le '*Mercure galant*' de Dufresny *(1710-1714)* ou le journalisme à la mode, *SVEC* 206 (1982).

Naves, R., *Le Goût de Voltaire* (Paris, 1938).

Noël, Georges, *Une 'Primitive' oubliée de l'école des 'cœurs sensibles': Mme de Grafigny (1695-1758)* (Paris, 1913).

Parfaict, Claude et François, *Histoire du théâtre français* (Paris, 1748).

Pâris-Duverney, Joseph, *Examen du livre intitulé Réflexions politiques sur les finances et le commerce* (La Haye, 1740).

Pevsner, N., 'The Egyptian revival', *Studies in Art, etc.* 1 (New York, 1968).

Pinot, V., *La Chine et la formation de l'esprit philosophique* (Paris, 1932).

Piron, Alexis, *Œuvres complètes d'Alexis Piron*, éd. Rigoley de Juvigny (Neuchâtel, 1778).

Pitou, Spire, *The Paris Opéra* (Westport-Londres, 1983).

Pomeau, René, *Mémoires d'un siècle* (Paris, 1999).

Pons, Jean-François, *Œuvres* (Paris, 1738).

Prideaux, H., *Histoire des Juifs*, 7 vol. (Paris, 1716).

Regnaud, Noël, *Lettre d'un physicien sur la philosophie de Neuton, mise à la portée de tout le monde* (s.l., 1738).

Rollin, Charles, *Traité des études* (Paris, 1740).

Rousseau, Jean-Baptiste, *Cantates*, éd. Teresa di Scano (Bari-Paris, 1984).

– *Correspondance de Jean-Baptiste Rousseau et de Brossette*, éd. P. Bonnefon, 2 vol. (Paris, 1910).

– *Epîtres nouvelles du sieur Rousseau* (Paris, 1736).

– *Lettres sur différents sujets de littérature* (Genève, 1750).

– *Nouvelles Œuvres de Monsieur Rousseau* (Amsterdam, 1735).

– *Œuvres* (Rotterdam, 1712).

– *Œuvres* (Bruxelles, 1743).

– *Œuvres* (Londres, 1749).

– *Œuvres* (Paris, 1820).

– *Œuvres choisies* (Paris, 1741).

– *Œuvres diverses*, 2 vol. (Londres, 1723).

– *Œuvres diverses* (Amsterdam, 1732).

– *Œuvres diverses* (Amsterdam, 1734).

– *Œuvres diverses* (Paris, 1820).

– *Œuvres diverses du sieur R**** (Soleure, 1712).

– *Pièces nouvelles* (Londres, 1724).

Ross, Ellen, 'Mandeville, Melon and Voltaire: the origins of the luxury controversy in France', in *Transactions of the Fourth International Congress of the Enlightenment*, *SVEC* 155 (1972).

Roy, Pierre-Charles, *Œuvres diverses*, 2 vol. (Paris, 1727).

Schwarzbach, Bertram Eugene, 'The sacred genealogy of a Voltairean polemic: the development of critical hypotheses regarding the composition of the canonical and apocryphal gospels', *SVEC* 216 (1983).

– 'Voltaire et les Juifs: bilan et plaidoyer', *SVEC* 358 (1997).

– 'Les études bibliques à Cirey', *SVEC* 2001:11.

Sgard, Jean, *Dictionnaire des journalistes 1600-1789*, 2 vol. (Oxford, 1999).

Simon, R., *Histoire critique du Vieux Testament* (Rotterdam, 1685).

Spica, Jacques, 'Le fils substitué ou les *Ménechmes* de Voltaire', *Le Siècle de Voltaire: hommage à René Pomeau*, éd. C. Mervaud et S. Menant (Oxford, 1987).

Terrasson, J., *Sethos* (Paris, 1731).

Titon Du Tillet, Evrard, *Le Parnasse français* (Paris, 1743).

Torrey, N., *Voltaire and the English Deists* (New Haven, Conn., 1930).

Trénard, L., 'Les préoccupations économiques et sociales de Voltaire', dans *Les Préoccupations économiques et sociales des philosophes, littérateurs et artistes du XVIIIe siècle* 3 (1976), éd. R. Crahay.

Trublet, Nicolas-Charles Joseph, *Mémoires pour servir à l'histoire de la vie et des ouvrages de Monsieur de Fontenelle* (Amsterdam, 1759).

Tunley, David, *The eighteenth-century French cantata* (Londres, 1974).

Vercruysse, Jeroom, *Voltaire en Hollande*, *SVEC* 46 (1966).

Voltaire, *A Monsieur de La Condamine*, éd. R. A. Nablow, *OCV*, t.17 (Oxford, 1991).

– *Conseils à un journaliste*, éd.

F. Moureau et D. Gembicki, *OCV*, t.20A (Oxford, 2003).

– *La Crépinade*, éd. F. Moureau, *OCV*, t.16 (Oxford, 2003).

– *Des embellissements de Paris*, éd. M. Waddicor, *OCV*, t.31B (Oxford, 1994).

– *Dieu et les hommes*, éd. R. Mortier, *OCV*, t.69 (1) (Oxford, 1994).

– *Discours en vers sur l'homme*, éd. H. T. Mason, *OCV*, t.17 (Oxford, 1991).

– *Eléments de la philosophie de Newton*, éd. W. H. Barber et autres, *OCV*, t.15 (Oxford, 1992).

– *Epître à Monsieur D'Alembert*, éd. J. Pappas, *OCV*, t.73 (Oxford, 2004).

– *Essai sur les mœurs*, éd. R. Pomeau, 2 vol. (Paris, 1963).

– *Le Comte de Boursoufle*, éd. C. Duckworth, *OCV*, t.14 (Oxford, 1989).

– *Mémoire du sieur de Voltaire*, éd. O. Ferret, *OCV*, t.20A (Oxford, 2003).

– *Mémoires pour servir à la vie de Monsieur de Voltaire*, éd. J. Hellegouarc'h (Paris, 1998).

– *Le Mondain*, éd. H. T. Mason, *OCV*, t.16 (Oxford, 2003).

– *Notebooks*, éd. T. Besterman, *OCV*, t.81-82 (Genève-Toronto, 1968).

– *Ode sur l'ingratitude*, éd. R. A. Nablow, *OCV*, t.16 (Oxford, 2003).

– *Œdipe*, éd. D. Jory, *OCV*, t.1A (Oxford, 2001).

– *Œuvres historiques*, éd. R. Pomeau (Paris, 1957).

– *Le Philosophe ignorant*, éd. R. Mortier, *OCV*, t.62 (Oxford, 1987).

– *Le Temple du goût*, éd. O. R. Taylor, *OCV*, t.9 (Oxford, 1999).

– *Utile Examen des trois dernières épîtres du sieur Rousseau*, éd. F. Moureau, *OCV*, t.16 (Oxford, 2003).

Wade, Ira, *The Intellectual development of Voltaire* (Princeton, 1969).

Willens, Lilian, *Voltaire's comic theatre*, *SVEC* 136 (1975).

INDEX DES INCIPITS

INDEX

Alary, Pierre-Joseph, abbé, 38
Alberoni, Giulio, cardinal, 242
Aldington, Richard, 299
Aquin, Pierre-Louis d', 96, 111
Arenberg, Léopold-Philippe de Ligne, duc d', 7, 69, 70, 71, 80
Argens, Jean-Baptiste de Boyer, marquis d', 79n
Argental, Charles Augustin Ferriol, comte d', 7, 60, 72n, 89n, 90n, 306n
Argental, Jeanne Grâce Bosc du Bouchet, comtesse d', 306n
Ariosto, Lodovico, *dit* Arioste, 303n
Aristote, 294n
Armagnac, Louis de Lorraine, comte d', 35
Arnould, Guillaume, 10, 56, 83, 84
Arouet, François, 28
Auguste III, roi de Pologne, 308n
Autreau, Jacques, 7, 19n, 23, 34n, 49
Avaux, Jean-Antoine de Mesmes, comte d', 59

Baron, Michel Boyron, *dit*, 145n
Baudelaire, Charles, 300
Beaumarchais, Pierre-Augustin Caron de, 91
Bellarmine, Robert, cardinal, 275
Bengesco, Georges, 3, 5, 228
Berger, 223n
Bernier, Nicolas, 32
Besterman, Theodore, 298n, 316n
Beuchot, Adrien Jean Quentin, 3, 22, 23, 90n, 95, 97, 109, 111, 112, 227
Bibliothèque française, 3, 8, 12, 16, 17, 37n, 40, 55, 66n, 69n, 70, 71, 227, 228, 235, 256

Bignon, Jean-Paul, abbé, 47
Boileau-Despréaux, Nicolas, 9, 12, 54
Boindin, Nicolas, 9-11, 35, 36, 38, 39, 53, 54, 55n, 56n, 83, 84; *Mémoire pour servir à l'histoire des couplets de 1710*, 7, 9, 61n
Boisville, Mme de Louvencourt, 33n
Bonneval, Claude-Alexandre, comte de, 68-70, 77n
Bossuet, Jacques-Bénigne, évêque de Meaux, 10, 222, 262, 271
Bouguer, Pierre, 298
Bourgogne, Louis, duc de, 44, 45n
Boutet, Henri, 78n
Boutet de Monthéry, 78n
Bouzoles, Louis-Joachim de Montaigu, marquis de, 37n
Bouzoles, Marie-Françoise Colbert, marquise de, 37, 61, 66
Bragelongne, Christophe-Bernard de, abbé, 54
Breteuil, Louis Nicolas Le Tonnelier, baron de, 7, 30n, 31n
Brie, M. de, dramaturge, 46, 59
Brossette, Claude, 12-14, 16
Brueys, David-Augustin, 71, 72n
Brumoy, Pierre, 71, 78

Cadogan, William, comte, 67
Cadot de Bourdareau, Françoise de Louvencourt, 33n
Campra, André, 49; *L'Europe galante*, 39, 40; *Hésione*, 6, 9, 40, 41
Caumont, Joseph de Seîtres, marquis de, 5
Chamillard, Michel de, 43

329

335